VERSAILLES

Histoires, secrets et mystères

Sous la direction
de Jean-Christian Petitfils

VERSAILLES

Histoires, secrets et mystères

CHÂTEAU DE VERSAILLES PERRIN LE FIGARO

Ouvrage publié sous la direction éditoriale de Laurent Theis

Éditions Perrin
92, avenue de France
75013 Paris
Tél. : 01 44 16 08 00

ISBN : 978-2-262-10308-8
Dépôt légal : octobre 2023

Mise en pages : Nord Compo

SOMMAIRE

AVANT-PROPOS

par Jean-Christian PETITFILS

Une butte inhospitalière dominant un paysage doucement vallonné de landes et de pâturages, un manoir abandonné tombant en ruine – celui des seigneurs de Gondi –, un vieux moulin dont les ailes noires crissaient au vent ; en contrebas, quelques étangs aux contours incertains ainsi que des mares d'eau stagnante reflétant les caprices du ciel de l'Île-de-France ; en arrière de la butte, un essaim de timides chaumières villageoises ; enfin, aux alentours, une dense forêt dont la cime moutonnante semblait chasser les nuées : telle était la terre seigneuriale de Versailles et du val de Galie en ce début du XVIIe siècle.

Dans cette zone un peu froide, sauvage et giboyeuse, Henri IV puis son fils Louis XIII aimaient se rendre à la chasse, leur passion. Durant l'été de 1623, afin d'éviter d'avoir à retourner le soir au Louvre, le deuxième des rois Bourbons décida de construire un petit pavillon sans prétention – un corps de bâtiment et deux ailes en retour –, une « *piccola casa per ricreazione* », comme disait l'ambassadeur de Venise.

Ce rendez-vous de chasse, à peine digne d'un grand seigneur, fut rebâti de 1631 à 1634 par l'architecte Philibert Le Roy, mais n'était guère plus vaste malgré des communs agrandis. Au-delà des fossés de brique et de pierre s'étendaient une terrasse, un parapet et quelques parterres de broderie. Une pompe actionnée par un cheval tirait l'eau de l'étang voisin de Clagny. Une quarantaine d'hectares, augmentés au fil des ans par des acquisitions, constituaient l'embryon d'un domaine qui n'osait se dire royal. Le monarque, homme solitaire aux goûts simples, s'y retirait fréquemment en compagnie d'un petit nombre de familiers. Les dames de la cour y étaient rarement conviées pour d'aimables collations rustiques. Une fois cependant, ce « château de cartes », comme le nommait Saint-Simon, joua un rôle politique de première importance. C'est là en effet que, dans la soirée du lundi 11 novembre 1630, le roi reçut discrètement le cardinal de Richelieu qui, la veille, au palais du Luxembourg, venait d'être disgracié et violemment humilié par la reine mère Marie de Médicis, après avoir été destitué de toutes ses charges dans sa maison. Contre toute attente, à Versailles, tandis que sur la butte venteuse les ténèbres et les froidures enveloppaient le petit domaine, Louis XIII l'assura de sa pleine confiance et le confirma dans ses fonctions de principal ministre. Telle fut la « journée des Dupes », qui avait conduit des courtisans trop empressés à féliciter de son éphémère victoire l'irascible veuve d'Henri IV.

Ce château, Louis XIV le découvrit en 1651, alors qu'il n'avait que treize ans. C'était l'époque de la Fronde, et il n'avait guère le temps de s'y attarder, mais il y retourna les années suivantes. Étrangement, il se prit à son tour de passion pour ce tertre ingrat et, comme il était grand bâtisseur, aimant à la fois la campagne et la compagnie, il allait y édifier un immense et luxueux palais, chef-d'œuvre de l'art classique.

Toutefois, cela ne se réalisa que par étapes, au gré des circonstances. Le 17 août 1661, Nicolas Fouquet donnait en son domaine de Vaux-le-Vicomte, près de Melun, une somptueuse fête où le roi et la cour avaient été conviés. Le fastueux surintendant des Finances s'enorgueillissait d'avoir bâti en peu de temps ce domaine agrémenté d'incomparables et féeriques jardins, avec leurs « tapis de turquerie », leurs fontaines, leurs bassins, leurs bosquets, leurs statues et leurs orangers en caisse. Avivant la jalousie du roi, ce divertissement vespéral précipita la chute de son propriétaire, arrêté à Nantes, dix-neuf jours plus tard, par le fameux d'Artagnan, sous-lieutenant de la compagnie des mousquetaires de la garde. Quant à l'équipe responsable de tant de splendeurs – l'architecte Louis Le Vau, le peintre Charles Le Brun et le jardinier André Le Nôtre –, elle retourna au service du souverain et emprunta bientôt le chemin de Versailles, qui, chez les poètes de cour, rimait encore avec broussailles.

À partir de 1661-1662, Louis XIV aménagea le château, bâtit deux nouvelles ailes pour les offices et les écuries et développa sensiblement les jardins. Il acheta d'autres terres, étendit le parc, installa une ménagerie et une laiterie. Déjà les dépenses grimpaient, affolant le ministre Jean-Baptiste Colbert qui tenait les cordons de la bourse. « Cette maison, écrivait-il à son maître, regarde bien davantage le plaisir et le divertissement de Votre Majesté que sa gloire [...]. Ô ! quelle pitié que le plus grand roi et le plus vertueux, de la véritable vertu qui fait les plus grands princes, fût mesuré à l'aune de Versailles ! » Louis, heureusement, ne tint aucun compte de l'avis de ce grincheux.

Du 7 au 14 mai 1664 s'y déroula, devant une cour réduite à six cents personnes, la fête des Plaisirs de l'Île enchantée, dont le thème était inspiré d'un épisode du *Roland furieux* de l'Arioste. Les spectacles en plein air eurent pour cadre les jardins, entre le futur parterre de Latone et le grand rondeau, futur bassin d'Apollon, où avaient été dressées de gigantesques machineries baroques et des architectures de verdure et de carton. Tout fut prétexte à ballets équestres, à musique triomphale où éclataient trompettes et timbales, bref à féeries. Molière et Lully s'étaient surpassés dans les ballets et représentations théâtrales.

Ces magnificences de mai, agrémentées de festins, de courses de bagues et de loteries, firent apparaître l'inconvénient majeur du lieu : l'exiguïté du château. Les grands seigneurs se plaignirent au roi de n'avoir, comme l'écrivit Mme de Sévigné, que « quasi un trou pour se mettre à couvert ».

De 1664 à 1668 l'aménagement des jardins se poursuivit : sculptures, fleurs, verdure. Louis voulait des eaux jaillissantes, comme à Vaux, plus belles qu'à Vaux. Le Nôtre commença également le creusement du Grand Canal. Et la cour, qui résidait habituellement à Saint-Germain-en-Laye, fut une nouvelle fois conviée à admirer la maison dont le roi était amoureux. La maison, et surtout les jardins. Cette fête mémorable se déroula le 18 juillet 1668, deux mois après la signature de la paix d'Aix-la-Chapelle avec le roi des Espagnes, afin de « réparer », comme l'admettait le galant souverain, le carnaval manqué en raison de la campagne de Franche-Comté. Elle fit une nouvelle fois ressortir la modicité de l'édifice.

En octobre de la même année, Louis XIV décida donc de le faire envelopper par Louis Le Vau et son gendre François d'Orbay de trois amples façades de pierre blanche qui en triplaient la superficie du côté des jardins, tout en conservant le château de brique et de pierre de son père, dont le décor lui était familier.

À la fin de 1673, il prit possession de sa demeure rénovée et agrandie, notamment de son somptueux appartement, auquel faisait pendant celui de la Reine. Chacune de ses sept pièces en enfilade, inspirées des *Sale degli Pianeti* du palais Pitti, était dédiée à une divinité mythologique. Les thèmes dominants y étaient l'Olympe et les héros de l'Antiquité. L'appartement avait pour objet de mettre en relief les qualités du roi, ses exploits et les vertus de son gouvernement : l'amour, la chasse et le négoce, la victoire, les arts et les sciences, la gloire, la justice, l'économie… La chambre du souverain était tapissée de brocart d'or et d'argent, dit « brocart des Amours ». Un extraordinaire mobilier d'argent (aujourd'hui disparu) venait en rehausser la splendeur.

Le décor était planté. La magnificence se déployait désormais à la fois dans le château et les jardins. Le village de Versailles devint une ville où les courtisans, encouragés par le roi, construisirent fébrilement des hôtels particuliers. Les réjouissances de l'été de 1674, qui se déroulèrent sur plusieurs jours, préfiguraient le nouveau statut du lieu, offrant l'éblouissant visage d'une architecture de rêve et de fête. Mais Versailles allait devenir bien davantage : l'instrument de la grandeur, la manifestation de l'absolutisme et le centre du pouvoir monarchique. Pour cela, il fallait y héberger la cour et le gouvernement. La décision fut prise en 1677. Au regard de l'Histoire, Louis voulait être fondateur plutôt qu'héritier et se servir des beaux-arts pour laisser sa propre marque dans la pierre, tandis que ses lourds canons de bronze remodelaient les frontières encore incertaines du royaume des lys.

Ainsi, après la paix de Nimègue (1678-1679), l'agréable et somptueux château campagnard, où seule une élite était ordinairement conviée, se transforma progressivement en ce mythique « palais du soleil » dont parle le poète latin Ovide dans ses *Métamorphoses*. Afin de loger dans des appartements dignes d'eux le grand dauphin, les princes et princesses du sang, le monarque fit édifier à partir de 1678 l'aile du Midi. Peu après, Jules Hardouin-Mansart, qui avait succédé à Le Vau et d'Orbay, entreprit de couvrir la terrasse centrale à l'italienne, qui séparait, côté jardins, l'appartement du Roi de celui de la Reine, d'une longue et prestigieuse galerie flanquée de deux antichambres. Ce furent la Grande Galerie (galerie des Glaces) et ses salons de la Paix et de la Guerre. Enfin, le 6 mai 1682, Louis XIV s'installa définitivement à Versailles.

En même temps, dans un dessein éminemment politique, afin d'enchaîner la partie la plus active de la noblesse à sa propre gloire, mais aussi d'avoir un œil sur elle, il décida de la loger et de la distraire. C'est la raison pour laquelle, de 1682 à 1684, il fit ériger le Grand Commun et les deux ailes des Ministres. Enfin, la longue aile du Midi créant un déséquilibre du côté des jardins, il n'hésita pas, entre 1685 et 1689, à développer un bâtiment symétrique, l'aile du Nord, qui donna sa dimension monumentale à cette phénoménale ruche de pierre. Le gouvernement et la société de cour se trouvaient ainsi concentrés en un lieu unique, et pour la première fois à la campagne.

Tout au long du règne, le château resta en perpétuel chantier, peuplé d'une foule besogneuse et tourbillonnante d'ouvriers. Le roi piaffait. Les travaux n'avançaient pas suffisamment vite à son gré, et, perfectionniste comme il l'était, il faisait renverser et recommencer ce qui ne lui paraissait pas à son goût. Parfois l'argent manquait et les guerres interrompaient l'entreprise. Pour le terrassement, la construction de nouveaux réservoirs, le creusement de plans d'eau, l'aménagement de l'orangerie, il se décida à faire appel à la troupe. En 1684, la Grande Galerie était encore couverte d'échafaudages, au sommet desquels Charles Le Brun et son équipe travaillaient à la voûte. La dernière chapelle, chef-d'œuvre de Jules Hardouin-Mansart et Robert de Cotte, ne fut consacrée qu'en 1710. Quant à l'opéra, il sera construit sous Louis XV. Mais le résultat était là. Le château allait servir de résidence aux deux successeurs du roi et survivre à la Révolution.

Prodigieux rêve de pierre, d'or, de verdure, d'eau et de lumière, domaine enchanté d'harmonie et de majesté, Versailles a été conçu pour manifester au monde la gloire immortelle de la monarchie française. Paradoxalement, ce lieu scintillant de mille feux, comme les reflets terrestres de l'Olympe et de l'imaginaire apollinien, est aussi un endroit secret, enveloppé de légendes, baigné d'ombres et de mystères, avec ses vies cachées, ses intrigues opaques, ses conciliabules inavouables, ses murmures étouffés dans les corridors, ses froissements de soie à la nuit tombante sur la terrasse et ses rendez-vous insolites avec l'Histoire.

À côté des grandes heures du château, c'est précisément cet aspect moins connu, cet envers de la tapisserie, la quête du sens obscur ou énigmatique de ce chef-d'œuvre architectural, que le présent ouvrage, coproduit par les éditions Perrin, le château de Versailles et *Le Figaro,* se propose de déchiffrer et de présenter en vingt et un chapitres, en convoquant les meilleurs spécialistes.

1. – LE CHOIX DE VERSAILLES

Diplômé des Beaux-Arts et des Arts décoratifs, ayant renouvelé sensiblement les connaissances de l'histoire du château, Jean-Claude Le Guillou était bien placé pour faire comprendre comment Louis XIV, séduit dans sa jeunesse par l'élégante petite demeure de brique de son père, se prit progressivement de passion pour le lieu, décida les premiers travaux, puis, se laissant entraîner par des transformations constantes, ne cessa de l'agrandir et de l'embellir, malgré les réticences de son entourage.

2. – LA SYMBOLIQUE DE VERSAILLES

Gérard Sabatier, professeur émérite des universités, grand spécialiste de l'histoire culturelle et des représentations, se penche avec finesse et érudition sur le problème complexe d'une lecture symbolique du

Grand Œuvre de Louis XIV, faisant le point sur ses formulations successives ou entremêlées – l'imaginaire apollinien, la thématique solaire, le narratif mythologique teinté d'un contenu réaliste et guerrier –, tout en mettant en garde contre les excès d'interprétations allégorisantes ou initiatiques de certains auteurs, souvent déconnectées des réalités historiques.

3. – VERSAILLES, PALAIS DES BELLES AMOURS ROYALES

Il existe assurément une relation essentielle, voire quasi existentielle, entre Versailles et les amours royales, depuis le petit château où Louis XIV recevait en tapinois sa jeune maîtresse Louise de La Vallière en 1663 jusqu'à Mme du Barry, la dernière favorite de Louis XV, en passant par Mme de Montespan, Mlle de Fontanges, Mme de Maintenon, du temps de Louis XIV, les sœurs de Nesle, dont la flamboyante duchesse de Châteauroux, puis Jeanne-Antoinette Poisson, faite marquise de Pompadour par le roi suivant. Tout cela donna lieu à de multiples intrigues, à des anecdotes pittoresques et savoureuses ainsi qu'à des changements d'appartement en fonction du crédit plus ou moins appuyé de la maîtresse royale. C'est ce que montre dans ce chapitre bien enlevé Jean-Paul Desprat, docteur en droit, auteur d'une trentaine de romans, d'essais, de biographies historiques sur les XVIIe et XVIIIe siècles, dont un ouvrage consacré à Mme de Maintenon.

4. – LE MARIAGE SECRET DE LOUIS XIV

Parmi les grands mystères de Versailles celui du mariage secret de Louis XIV et de la veuve Scarron, devenue marquise de Maintenon, a fait couler beaucoup d'encre et suscité bien des controverses. Comment les choses se sont-elles réellement passées ? Conservateur au musée national des châteaux de Versailles et de Trianon, directeur du Centre de recherche du château, Alexandre Maral, à qui l'on doit la dernière biographie de Mme de Maintenon, nous donne ici la solution la plus vraisemblable, après avoir soupesé tous les arguments.

5. – LES SECRETS DU PARC AUX CERFS

La quarantaine passée, Louis XV, qui n'avait plus de rapports intimes avec la marquise de Pompadour, se trouva travaillé par les affres d'un furieux démon de midi. Il se mit alors en quête d'aventures rapides et faciles. Un réseau de rabatteurs se constitua sous la haute surveillance de Mme de Pompadour et le concours actif de Lebel, premier valet de chambre du roi. Telle fut la peu reluisante histoire du Parc aux Cerfs, ce quartier de Versailles à l'est de la pièce d'eau des Suisses, où un élégant logis vit défiler tout un lot de jeunes Vénus du demi-monde, la plupart engagées dans la galanterie, les autres en voie de l'être, pour le « service » de Sa Majesté. Agrégé d'histoire, conseiller d'État, ancien collaborateur du président

Sarkozy à l'Élysée et de Jean Castex à Matignon, essayiste et romancier à succès, mais aussi grand connaisseur du Versailles de Louis XV, Camille Pascal fait le point sur cette sulfureuse et mystérieuse entreprise, au-delà des mythes et des fantasmes.

6. – LE MARÉCHAL-FERRANT ET LE FANTÔME

Parmi les dizaines de milliers de personnes ayant fréquenté la cour de Versailles, des individus étranges, parfois marginaux, s'y sont fait remarquer, suscitant curiosité, intérêt ou émotion. Philippe Delorme, historien, journaliste, directeur de revues, auteur de plus d'une quarantaine d'ouvrages sur les dynasties souveraines et les destins d'exception, nous en présente trois exemples : François Michel, maréchal-ferrant de Salon-de-Provence, qui prétendait détenir un secret à ne confier qu'à Louis XIV en personne, Jean Boudin, premier médecin du grand dauphin (« boudin de figure comme de nom », disait méchamment Saint-Simon), passionné d'alchimie, qui parraina au moins deux chercheurs d'or convaincus de rétablir les finances du royaume, et l'empirique Brun, ou Lebrun, venu de Marseille au chevet du roi mourant avec un élixir prétendument miraculeux.

7. – COMPLOTS, INTRIGUES POLITIQUES ET CONCILIABULES À VERSAILLES

Si Louis XIV a tenu, à compter de 1682, à concentrer à Versailles la cour, le théâtre du pouvoir et le gouvernement du royaume, c'est bien parce qu'il se méfiait des intrigues de la haute aristocratie, de ses tropismes complotistes et de ses séjours prolongés dans ses châteaux de province, où elle échappait à sa surveillance. Pour autant, comme je le montre dans ce chapitre, Louis XIV n'y réussit pas pleinement. À la fin de son règne, dans la perspective de sa succession, complots, intrigues politiques et conciliabules s'y développèrent. Sous les deux règnes suivants, le feu de la réaction aristocratique repartit de plus belle jusqu'à l'embrasement final.

8. – L'AFFAIRE DU COLLIER

L'arrestation dans la galerie des Glaces, le 15 août 1785, du cardinal Louis de Rohan, prince du Saint Empire, grand aumônier de France, évêque de Strasbourg, suivie de son incarcération à la Bastille et de son procès devant le parlement de Paris, déclencha la fameuse affaire du Collier dont les conséquences politiques pour la monarchie française seront d'une extrême gravité, au point de figurer parmi les causes de la Révolution. Plusieurs personnes y furent impliquées, Mme de La Motte, le mage Cagliostro, et la reine Marie-Antoinette y fut hélas compromise.

C'est cette affaire judiciaire que je me suis efforcé de reconstituer dans ce chapitre.

9. – L'ENVERS DU DÉCOR. LA « MACHINERIE » DE VERSAILLES

Sous l'Ancien Régime, Versailles était une sorte de théâtre : l'enfilade des grands appartements représentait la scène sur laquelle se produisait le spectacle de la cour. Tout le reste, les petits appartements, avec leurs pièces souvent somptueuses et raffinées, les innombrables cabinets, « privances » du roi ou de la reine, passages, corridors, entresols inférieurs ou supérieurs, escaliers dérobés formaient les coulisses où fonctionnait la « machinerie ».

Conservatrice du patrimoine « Mobilier et objets d'art » au musée national des châteaux de Versailles et de Trianon, chargée notamment des appartements de Marie-Antoinette, commissaire de nombreuses expositions, Hélène Delalex était toute désignée pour nous faire découvrir cet « univers parallèle », obscur et secret, et nous montrer comment la prépondérance grandissante des espaces privés sur les espaces publics, au cours du XVIIIe siècle, menaçait les équilibres fragiles de la société de cour.

10. – LES DÉSORDRES DE LA COUR

C'est le côté sombre de la cour qu'explore ici Mathieu Da Vinha, directeur scientifique du Centre de recherche du château et docteur en histoire, avec une thèse consacrée aux *Valets de chambre de Louis XIV*. Haut lieu de raffinement, de civilité, de sociabilité culturelle et artistique, Versailles fut aussi, en effet, un lieu de désordres matériels – vols de bijoux, de vaisselles d'argent, de vases de Sèvres... – auxquels s'ajoutaient les désordres criminels – duels, morts mystérieuses (repêchage de noyés dans les pièces d'eau) – et les désordres moraux – passion excessive pour le jeu, ivrognerie, viols, « vice italien » (pratiques sodomites), banalisation de l'adultère. Toutes les strates de la société étaient impliquées.

11. – VERSAILLES ET LA DIPLOMATIE SECRÈTE

À côté de la diplomatie officielle, des audiences d'apparat des ambassadeurs et des réceptions, figurait à Versailles une diplomatie secrète ou discrète, qui avait toujours eu la prédilection des rois de France. Thierry Sarmant, archiviste paléographe, docteur habilité de l'université Paris Panthéon-Sorbonne, conservateur aux Archives nationales, nous fait découvrir avec talent les arcanes de ce monde secret, ses bureaux, ses commis, ses agents, ses espions, sans omettre les essais de diplomatie parallèle dont le plus célèbre est, bien sûr, ce qu'on a appelé sous Louis XV le « Secret du roi », dont l'existence n'a été connue qu'un siècle plus tard, en 1866.

12. – LA FRANC-MAÇONNERIE, LE ROI ET VERSAILLES

Bien des questions et des mystères subsistent à propos de la franc-maçonnerie sous l'Ancien Régime, particulièrement à la cour. Née en Angleterre, elle était apparue en France sous l'influence des Stuarts émigrés au début du XVIIIe siècle et s'était développée grâce à l'action de deux grands maîtres, tous deux princes du sang, Louis de Bourbon-Condé, comte de Clermont, puis Louis-Philippe d'Orléans, futur Philippe Égalité, ce dernier présidant en 1773 à la transformation de la Grande Loge en Grand Orient de France. Mais quelle influence a-t-elle vraiment exercée et qui a été initié à la cour ? Louis XV, Louis XVI, le comte d'Artois, futur Charles X ? La plupart des membres de l'aristocratie ? Jean-Vincent Bacquart, éditeur, historien, doctorant, spécialiste de ce sujet, mène l'enquête.

13. – MARIE-ANTOINETTE ET FERSEN

La nature des relations entre la reine Marie-Antoinette et le comte suédois Axel de Fersen, grand, beau, élégant, à l'allure marmoréenne, reste un mystère. Ont-ils été amis ou amants ? Une soixantaine de lettres de leur correspondance secrète, codée et caviardée à certains endroits, ont survécu et se trouvent aux Archives nationales. Il revenait à Isabelle Aristide-Hastir, chartiste, conservatrice du patrimoine au sein de cet établissement, qui a supervisé les récents travaux de décryptage du projet REX, associant les Archives nationales et le Centre de recherche sur la conservation du Muséum national d'histoire naturelle, de nous donner des éléments d'appréciation.

14. – OCTOBRE ROUGE

Docteur en histoire, auteur de plusieurs ouvrages consacrés à la Révolution, Antoine Boulant décrit dans un minutieux récit pathétique, au-delà des mythes et légendes, les deux journées traumatisantes des 5 et 6 octobre 1789 qui ont vu, le premier soir, l'arrivée à Versailles d'une foule de plusieurs milliers de femmes du peuple et d'émeutiers armés de faux, de faucilles, de haches, de piques et de fusils, puis, le lendemain matin, l'invasion du château, mal gardé par les soldats du marquis de La Fayette, les scènes de massacre, les menaces de mort visant Marie-Antoinette et l'acceptation résignée du roi, contraint de venir s'installer à Paris.

15. – VERSAILLES SOUS LA RÉVOLUTION

« Tachez de préserver mon pauvre Versailles », avait dit le roi au comte de Gouvernet en quittant son domaine le 6 octobre 1789. S'il est vrai que le château échappa à la destruction, après l'arrestation de la famille royale à Varennes, il fut placé sous scellés. C'est alors que les déprédations et les aliénations commencèrent. On enleva les bustes de la cour de Marbre, certaines œuvres étant censées représenter les symboles de la « féodalité », on procéda aux « ventes révolutionnaires », on voulut aussi convertir le château en un établissement d'éducation nationale ou en un musée. Quant aux jardins, ils furent saccagés, transformés en vergers ou en potagers. Yves Carlier, conservateur général du patrimoine et adjoint au directeur du château, nous révèle en détail les malheurs de la demeure des rois sous la Révolution.

16. – NAPOLÉON ET VERSAILLES

Face au Versailles de la toute fin du XVIIIe siècle, en grande partie à l'abandon, Napoléon, enfant de la Révolution, semble avoir eu des sentiments partagés, comme nous le montre Charles-Éloi Vial, chartiste, docteur en histoire, conservateur à la Bibliothèque nationale de France. Indiscutablement séduit par le château, il ordonna de le remeubler, fit racheter les parcelles du parc vendues et remettre en eau le Grand Canal. Mais il hésita à reconstruire toutes les façades donnant sur la ville dans le style néoclassique du pavillon de Gabriel, abandonnant finalement (et heureusement) ce projet faute d'argent. Ce fut surtout le Petit et le Grand Trianon qu'il aménagea et fit remeubler pour lui et l'impératrice Marie-Louise. Son dernier séjour date de mars 1813, peu après son retour de la campagne de Russie.

17. – LA NATIONALISATION DE VERSAILLES PAR LOUIS-PHILIPPE

Parmi les domaines attribués au nouveau roi des Français par la loi du 2 mars 1832, il y avait naturellement celui de Versailles, dont le prince n'avait pas gardé de bons souvenirs dans sa jeunesse. Qu'en faire ? L'idée de Louis-Philippe fut d'y installer un vaste musée dédié « À toutes les gloires de la France ». C'était le moment où la discipline historique prenait son envol, en liaison avec le concept de nation. Laurent Theis, normalien, historien, éditeur et critique, auteur notamment d'une remarquable biographie de François Guizot, nous conte cette aventure qui allait sauver Versailles de la ruine et de l'abandon.

18. – LES FANTÔMES DE LA COMMUNE

Claire Bonnotte Khelil, docteur en histoire de l'art de l'université de Paris-Nanterre, diplômée d'études supérieures de l'École du Louvre, collaboratrice scientifique au château de Versailles, aborde ici la période tragique et mouvementée que vécut le domaine durant la guerre de 1870, la Commune et les débuts de la IIIe République : l'occupation prussienne, la proclamation de l'Empire allemand le 18 janvier 1871, l'installation dans le château des députés, sénateurs et ministres, la détention de milliers de communards dans l'orangerie, la tenue des conseils de guerre dans la Grande Écurie, le procès de Bazaine au Grand

Trianon. Un pesant fardeau dans la mémoire de Versailles !

19. – LES TRAITÉS DE VERSAILLES

Essayiste et historien bien connu, Jean Sévillia, chroniqueur au *Figaro Magazine* et membre du conseil scientifique du *Figaro Histoire*, met en relief dans ce chapitre l'importance de Versailles comme lieu de signature d'une dizaine de traités, et non des moindres, depuis le premier, signé en 1756, dit traité de Jouy, concrétisant le renversement des alliances et l'entente entre Louis XV et Marie-Thérèse d'Autriche, jusqu'à celui de 1919 mettant fin à la Première Guerre mondiale, en passant par celui de 1783 consacrant l'indépendance américaine, et le traité préliminaire de 1871 consécutif à l'humiliante défaite de Napoléon III.

20. – LA RÉPUBLIQUE GAULLIENNE DANS LES MEUBLES DES ROIS

Depuis 1871, on le sait, le château accueille le Parlement dans ses séances extraordinaires et est utilisé pour recevoir avec éclat les chefs d'État étrangers. Dans les années soixante du XXe siècle, Charles de Gaulle conçut un projet plus ambitieux, consistant à aménager l'aile sud du Grand Trianon, chef-d'œuvre de Hardouin-Mansart, pour les hôtes de marque et l'aile nord pour les réceptions. Son souhait fut même un moment d'y installer la présidence de la République. Nul autre que Fabien Oppermann, ancien élève de l'École des chartes et de l'Institut du patrimoine, spécialiste du domaine de Versailles à l'époque contemporaine, n'était mieux à même de nous conter le détail de cette aventure.

21. – LES FANTÔMES DE TRIANON

Le domaine de Versailles et de Trianon est-il hanté ? Ce livre consacré aux aspects les plus secrets et mystérieux se devait naturellement d'aborder le sujet. Parmi les récits à la fois curieux et les mieux documentés, on trouve ceux de deux universitaires anglaises, Annie Moberly et Eleanor Jourdain, qui assurent avoir été projetées subitement en août 1901 dans un univers parallèle et avoir vécu un phénomène de « hantise » dans le jardin du Petit Trianon. En confrontant leurs curieuses relations aux données historiques, j'ai essayé d'avancer au plus près de leur témoignage et de faire le point sur cette étrange affaire dont on parle encore plus d'un siècle plus tard.

*

En une soixantaine d'années, que de progrès ont été accomplis ! Grâce aux subventions du ministère de la Culture, aux efforts de la direction de l'Établissement public du château, du musée et du domaine national de Versailles, créé en 1995, des travaux de rénovation ont été entrepris dans les jardins ou sur les façades afin de restituer tout son éclat à cet ensemble architectural inimitable. Grâce à l'action des conservateurs, mais aussi au mécénat et aux efforts inlassables de la Société des amis de Versailles, des meubles, des tableaux, des œuvres de toutes sortes ont réintégré en quantité le château. On est loin, fort heureusement, du Versailles triste et désolé qu'a connu le remarquable et prolixe Pierre de Nolhac, conservateur de 1892 à 1919 !

La recherche historique a fait de son côté des progrès substantiels, grâce en particulier au Centre de recherche du château de Versailles, créé en 2004, chargé d'étudier le site en tant que lieu de pouvoir et de civilisation de cour, en liaison avec les archives départementales des Yvelines, la bibliothèque municipale de Versailles, le centre de musique baroque de Versailles, l'École nationale du paysage de Versailles et l'Académie du spectacle équestre. Des revues de haute qualité, comme *Versalia. Revue de la Société des amis de Versailles*, ou *Le Château de Versailles*, destiné à un plus large public, ont fait connaître l'état des dernières découvertes. Ainsi, progressivement, les ombres se dissipent, les mystères s'estompent, les secrets se révèlent, un peu comme la douce lumière du matin, émergeant des nappes de brouillard du parc, dévoile la finesse architecturale et l'éblouissante beauté de ce grandiose et magnétique « palais enchanté », dédié à juste titre « À toutes les gloires de la France ».

1

Le choix de Versailles

par Jean-Claude LE GUILLOU

Le 1er octobre 1641, alors qu'il terminait une campagne militaire dans le nord du royaume, Louis XIII avait écrit à son ministre Richelieu : « La reine vient de me mander que la petite vérole augmente fort dans Saint-Germain, où je voulais que mes enfants aillent. Je lui demande qu'elle les envoie à Versailles et qu'elle loge à Noisy[1]. »

Ce fut donc à cause d'une épidémie que le dauphin, futur Louis XIV, alors âgé de trois ans, eut son premier contact avec Versailles. Il n'y resta que quelques jours et n'en conserva probablement aucun souvenir.

Peut-être, au cours de son enfance, alors qu'il était déjà roi, lui avait-on parlé de l'élégant petit château de pierre et de brique que son père avait fait bâtir à Versailles, mais personne ne l'y avait jamais conduit. Et surtout pas sa mère, la reine-régente Anne d'Autriche, qui abhorrait ce lieu parce qu'il lui

1. Comte de Beauchamp, *Louis XIII d'après sa correspondance avec le cardinal de Richelieu*, Renouard, 1902, p. 418.

rappelait la blessante misogynie de son défunt mari, lequel non seulement ne l'y avait jamais admise, mais même avait poussé l'indélicatesse jusqu'à s'en expliquer sans ambages : « Je crains ce grand nombre de femmes qui me gâterait tout si la Reine y allait[2]. »

Alors, par rancœur, dès qu'elle fut veuve et régente, s'était-elle empressée d'exclure Versailles de la liste des résidences entretenues sur les fonds des Bâtiments royaux, escomptant que le château et le parc, privés de leurs ressources essentielles, finiraient par tomber en ruine et en broussaille, de telle sorte que son fils ne serait jamais tenté de fréquenter ce lieu disgracié.

Or, le 18 avril 1651, alors que Louis XIV allait bientôt atteindre ses treize ans, âge de la majorité des rois, le capitaine des chasses de Saint-Germain-en-Laye, René de Longueil, se sentit obligé de présenter sa capitainerie à Sa Majesté. À cette fin, il l'invita à dîner (déjeuner) dans le château qu'il venait de se faire construire à Maisons et, en manière de divertissement, organisa une « chasse autour du château de Versailles », ce qui était bien naturel puisque Versailles était inclus dans sa capitainerie. Ce jour-là le jeune roi ne put qu'entrevoir le château de son père. Mais, intrigué, il tint à y revenir le plus tôt possible ; ce qu'il fit le 15 juin en s'arrangeant pour y dîner, puis deux semaines plus tard pour une chasse.

Sans doute le domaine de Versailles lui fit-il grande impression, et souhaita-t-il le connaître mieux, mais les aléas politiques du moment et un voyage de plusieurs mois en Poitou et en Touraine avec sa mère l'en empêchèrent jusqu'en avril 1652.

---

2. *Ibid.*

Au retour de ce voyage, juste avant d'atteindre Saint-Germain, il se montra si impatient de revoir Versailles, qu'il y improvisa une étape pour dîner avec sa mère, sans s'aviser de l'aversion de celle-ci pour ce domaine ; peut-être même espérait-il l'amener à changer d'avis, car il s'était déjà mis en tête que Versailles pourrait être un lieu idéal pour réunir occasionnellement ses proches à l'écart de la cour.

Ce fut d'ailleurs dans cet état d'esprit qu'il y revint plusieurs fois en 1652 et 1653 avec son frère afin de lui faire découvrir le parc et le château ; puis en compagnie de son parrain le cardinal Mazarin, pensant peut-être que celui-ci considérerait Versailles d'un œil favorable, en mémoire du temps où le roi Louis XIII l'y recevait affablement.

Malheureusement, les tentatives de séduction réitérées par le jeune Louis XIV produisirent l'effet inverse à celui qu'il avait espéré : la reine, inquiète de voir son fils s'enticher de Versailles, s'entendit avec Mazarin pour l'en détourner en l'incitant à se porter vers Vincennes, une résidence bien plus convenable puisque le cardinal en était le gouverneur, et que l'on se préparait à y édifier de nouveaux appartements pour toute la famille royale. En bon fils et en bon filleul, le jeune roi se laissa faire et, à partir de 1654, alla fréquemment loger et chasser à Vincennes, laissant croire qu'il s'y plaisait.

Mais évidemment, comme c'était toujours Versailles qui lui tenait intimement à cœur, il parvint, de temps à autre, à s'échapper pour y revenir, simplement accompagné d'une suite réduite. À cette époque il aurait voulu que le domaine de son père, devenu le sien, perdure intégralement. Mais il voyait bien que le lieu, déjà devenu un navrant « Pays de bois et de broussailles[3] », était menacé par l'incurie délibérée dont il était victime. De fait, vers 1659, après seize années de négligence, le château s'était dégradé et souffrait de se trouver entre les mains d'un intendant incompétent, ainsi que d'un concierge peu scrupuleux qui en dilapidait impunément le mobilier ; tandis que le jardin et le parc étaient abandonnés aux malversations d'un jardinier qui s'autorisait à en vendre les arbres à son compte. Et si l'on ajoute qu'en mai 1660 le capitaine des chasses, M. de Beaumont (successeur de René de Longueil), avait été assassiné par deux cavaliers inconnus, nous comprenons que Versailles était en pleine déchéance, à tous points de vue.

Le premier Versailles de Louis XIV

Ce fut en octobre 1660, à l'âge de vingt-deux ans et marié depuis peu, que Louis XIV décida, seul et contre tous, de redresser la situation avec les moyens dont il pouvait disposer, en l'occurrence le maigre revenu des fermages de la seigneurie de Versailles, puisqu'il ne pouvait espérer aucun subside de la part de sa mère ou de Mazarin.

Allant au plus pressé, il commença par remplacer le personnel indélicat par des gens de confiance, puis, afin de se donner un peu plus d'aisance pécuniaire, il imposa une augmentation de 30 % du montant des

3. Jean Loret, *La Muze historique*, publiée par C. Livet, J. Ravenel et Ed. V. de La Pelouze, chez P. Jannet, 1857, tome 1, p. 128 et p. 358.

fermages, lesquels passèrent de 4 000 livres annuelles à 5 200. Grâce à quoi il se trouva mieux armé pour faire réparer ce qui devait l'être et repeindre les appartements du château. Il les remeubla ensuite tant bien que mal et, dans la mesure du possible, envisagea de revaloriser les jardins et d'augmenter la superficie du parc. Son programme était donc modeste et fort respectueux puisque, hormis l'accroissement du parc, il ne visait qu'à réhabiliter Versailles en lui rendant sa fraîcheur originelle du temps de Louis XIII. Cela toujours dans le dessein d'y loger avec ses proches, mais cette fois résolument, puisque, la maturité venant, il se sentait désormais assez fort pour les y amener, même si l'idée n'était pas à leur goût.

Il s'y employait déjà lorsque, au cours de l'année 1661, la mort de Mazarin lui ayant permis de s'affirmer encore plus souverainement, il lui devint possible de donner plus d'ampleur à son dessein. Et cela de manière pressante, en raison de la soudaine évolution de la famille royale : en effet, au début du printemps, il lui fallut prévoir un appartement de couple pour Monsieur son frère qui venait de se marier ; et simultanément l'annonce de la première grossesse de la reine son épouse rendit nécessaire un appartement princier pour l'enfant à naître. En outre, comme le roi craignait le tenace ressentiment de sa mère envers Versailles, il se devait de redoubler d'attentions afin de l'y loger avec magnificence dans un appartement neuf, bien exposé et précieusement meublé de tout ce qu'elle aimait.

Naturellement, dans une résidence que Louis XIII avait jadis conçue pour y vivre en célibataire, il ne suffisait pas de réorganiser les intérieurs, il fallait aussi compléter les extérieurs au moyen de nouveaux offices à bâtir pour le service de tant de princes et de princesses, ainsi que des écuries et des remises à carrosses à la mesure de leurs équipages.

Pour conduire ces travaux, le roi, qui pouvait enfin disposer des fonds alloués aux résidences royales, s'en remit au surintendant des Bâtiments Antoine de Ratabon et à l'architecte Louis Le Vau.

Au cours de l'hiver de 1661-1662 Le Vau recomposa donc les intérieurs et ceintura le premier étage au moyen d'un superbe balcon de ferronnerie peinte et dorée. Par ailleurs il corrigea la forme trop militaire des fossés du temps de Louis XIII et les entoura d'une balustrade de pierre ponctuée de vases de fleurs. Mais la plus grande affaire consista en la reconstruction de l'avant-cour, qu'il amplifia, encadra de longues ailes, pour les écuries à gauche et les offices à droite, et qu'il referma par un haut mur de clôture du côté de l'arrivée en venant de Paris. Pendant ce temps, le nouvel intendant de Versailles, Jérôme Blouin, faisait procéder à l'arpentage des terres nécessaires à l'accroissement du parc.

Tout cela était fonctionnel, raisonnable et bien maîtrisé. Mais à partir de 1663, lorsque Louis XIV fit appel au jardinier paysagiste André Le Nôtre, les choses s'emballèrent.

En effet, celui-ci, estimant les visées du roi beaucoup trop timorées, imagina de leur donner l'impulsion souveraine qui leur manquait. À cet effet, il dressa un plan grandiose qui, surpassant largement celui qu'il avait conçu peu auparavant pour Vaux-le-Vicomte, tendait à amplifier encore le domaine en y joignant le proche village de Trianon, et à organiser l'ensemble selon un axe magistral, ponctué d'esplanades desservies par de longues avenues rayonnantes. Du côté de l'avant-cour, là où Le Vau venait de bâtir un mur de clôture, il ouvrait largement la perspective ; et du côté du parterre, il transformait la majeure partie de l'ancien parc de Louis XIII en un immense jardin. Enthousiasmé par ce projet qui surclassait tout ce qu'il aurait pu imaginer, Louis XIV en fit, et pour toujours, sa ligne de conduite à l'égard de Versailles.

Dès l'année 1663, de prodigieux terrassements transformèrent le terrain naturel. On creusa, on combla et on arasa pour créer des avenues et une place devant l'avant-cour, de vastes parterres en terrasses dans les jardins, une orangerie et même une ménagerie.

Attentif à ces travaux conduits par Le Nôtre en collaboration avec Le Vau, Louis XIV en suivait constamment l'évolution, tantôt en se rendant sur place, tantôt en se faisant établir des rapports détaillés, et toujours en ordonnant maintes mises au point de nature à rendre les choses parfaites. Il s'ensuivit de considérables dépenses que le surintendant des Bâtiments, Antoine de Ratabon, assumait sans jamais freiner l'ardeur du roi.

Aussi, à la fin de l'année 1663, voyant comme les choses se passaient, l'intendant des Finances royales Jean-Baptiste Colbert avait-il exprimé sa désapprobation et son inquiétude en mettant le roi en garde : « Si Votre Majesté veut bien chercher dans Versailles où sont plus de 500 000 écus qui y ont été dépensés depuis deux ans, elle aura assurément peine à les trouver. Si elle veut faire réflexion que l'on verra à jamais dans les comptes [...] que, pendant le temps qu'elle a dépensé de si grandes sommes en cette maison, elle a négligé le Louvre, qui est assurément le plus superbe palais qu'il y ait au monde et le plus digne de la grandeur de Votre Majesté[4]... »

Et ce n'était pas tout, car il lui fallait aussi alerter le roi sur le comportement de son architecte Louis Le Vau et de son jardinier André Le Nôtre : « Votre Majesté observera de plus, s'il lui plaît, qu'elle est entre les mains de deux hommes qui ne la connaissent presque qu'à Versailles, c'est-à-dire dans le plaisir et le divertissement [...] ; que la portée de leurs esprits, suivant leurs conditions, divers intérêts particuliers, la pensée qu'ils ont de faire bien leur cour à Votre Majesté, [...] fera qu'ils traîneront Votre Majesté de desseins en desseins pour rendre ces ouvrages immortels, si elle n'est en garde contre eux[5]. »

Louis XIV, qui respectait Colbert, fut évidemment ébranlé par la leçon. Toutefois, comme il ne pouvait en aucun cas renoncer à sa passion pour les embellissements de Versailles, ni se priver des services des maîtres d'œuvre qu'il y employait, il pensa remettre de l'ordre dans l'affaire en destituant le surintendant Ratabon et en acceptant de le remplacer par Colbert, lequel ne demandait que cela. Agissant ainsi, le roi espérait bien que son ministre, quoique foncièrement hostile à Versailles parce qu'il provenait de l'entourage de Mazarin, apprendrait à comprendre l'ambition royale, et qu'il s'y impliquerait en apportant son savoir-faire en matière de gestion. Entré en fonction le 1er janvier 1664, le nouveau surintendant réorganisa

---

4. Pierre Clément, *Lettres, instructions et mémoires de Colbert*, Imprimerie impériale, 1868, tome 5, chap. « Sciences, lettres, beaux-arts, bâtiments », n° 24, p. 269.

5. *Ibid.*, p. 269-270.

son administration, et assura effectivement un étroit et juste contrôle des projets entrepris autant que de ceux déjà programmés.

Vers un nouveau Versailles

En 1668, tout était terminé, de telle sorte que le petit château de Versailles, devenu resplendissant, avait atteint toute la perfection qu'il pouvait avoir. Sa Majesté aurait pu se satisfaire de l'œuvre accomplie et en tirer une légitime fierté, mais contre toute attente, comme l'écrivit plus tard le contrôleur des Bâtiments Charles Perrault : « À peine monsieur Colbert se fut-il réjoui de voir une maison royale achevée, où il ne serait plus besoin d'aller que deux ou trois fois l'an pour y faire les réparations qu'il conviendrait, que le roi prit la résolution de l'augmenter de plusieurs bâtiments[6]. »

L'idée d'agrandir le château s'était indirectement imposée à la fin de l'été de 1668, à la suite d'une fête éblouissante que le roi avait organisée le 18 juillet dans les jardins de Versailles afin de compenser, en quelque sorte, les plaisirs que la cour avait perdus au moment du carnaval, annulé l'hiver précédent à cause de la campagne menée en Franche-Comté.

Pour cette fête, trois pavillons provisoires faits de bois, de carton peint, de tapisseries et de verdure naturelle avaient été construits aux carrefours des allées des jardins : « Le sieur Vigarani avait eu ordre

---

6. *Mémoires de ma vie, par Charles Perrault, publiés par Paul Bonnefon*, Paris, Renouard, Laurens, 1909.

de dresser le théâtre pour la Comédie, le sieur Gissey d'accommoder un endroit pour le souper, & le sieur Le Vau premier architecte du roi, un autre pour le bal[7]. »

Comme ces pavillons, quoique fragiles, étaient d'une magnificence extrême, le roi avait ordonné de les conserver après la fête, Ainsi, le 17 septembre, avait-il pu aller, accompagné de la reine, « se divertir jusqu'à six heures du soir dans la salle de feuillage dressée dans le jardin pour le précédent bal[8] ». Ce fut certainement ce jour-là que Louis XIV, mesurant tout l'agrément que pouvaient lui procurer de telles installations à Versailles, se résolut à en faire construire de plus pérennes ; car évidemment, celles de la fête de juillet se faneraient bien vite puis se délabreraient sous l'action du vent et de la pluie.

Un visiteur de Versailles, le fabuliste Jean de La Fontaine, l'avait observé en octobre 1668 : « Le salon et la galerie [...] sont demeurés debout après la fête qui a été tant vantée. [...] Les feuillages qui la couvraient [étaient] déjà secs et rompus en beaucoup d'endroits ; mais on a jugé à propos de les conserver afin d'en bâtir de plus durables sur le modèle[9]. »

Ainsi était-il notoirement entendu que de grands pavillons définitifs seraient prochainement bâtis dans les jardins, dont l'un au sud du château pour la comé-

---

7. André Félibien, *Recueil de descriptions de peintures et d'autres ouvrages faits pour le Roy*, Paris, chez la Veuve de Sébastien Mabre-Cramoisy, 1689, p. 199.

8. Christophe Levantal, *Louis XIV. Chronographie d'un règne*, Gollion (Suisse), Infolio, 2009, p. 279.

9. Jean de La Fontaine, *Les Amours de Psiché et de Cupidon*, À Paris, chez la Veuve de Claude Barbin, 1701, p. 121-122.

die et l'autre vers le nord pour les festins et le bal[10]. Certes, cela serait coûteux, mais Sa Majesté et le surintendant Colbert pouvaient y voir un sage investissement grâce auquel les finances royales s'épargneraient les futiles dépenses de salles éphémères à construire puis à démolir avant et après chaque fête.

L'idée semblait raisonnable ; mais il en découlait une conséquence que le roi allait bientôt découvrir : en équipant Versailles de salles permanentes, il admettait que les divertissements de la cour pourraient y être organisés comme à Saint-Germain, sa résidence principale, c'est-à-dire avec tout l'apparat requis dans une maison royale. Or, comment un tel apparat pourrait-il se déployer à Versailles si le roi et la reine n'y étaient pas logés plus au large que dans leurs minuscules appartements du petit château, dont l'exiguïté interdisait toute forme de cérémonial public ? Par la force des choses, le programme se révélait donc double : en faisant construire des salles pour les divertissements, on se condamnait à construire aussi de grands logis pour contenir les amples appartements de parade désormais nécessaires au couple royal.

Sur le plan pratique, il fut décidé que l'on réaliserait l'ensemble en deux temps : dans un premier temps on bâtirait les grands logis royaux, puis, ceux-ci achevés, on entreprendrait la construction des pavillons pour la comédie, les festins et le bal.

Naturellement, comme le roi restait très attaché au petit château polychrome de pierre et de brique

---

10. Plan de Versailles avec le pavillon pour la comédie, et celui des festins et du bal, Nationalmuseum de Stockholm, n° THC 2.

avec toitures d'ardoise jadis bâti pour son père, il le conserverait du côté des cours ; se contentant de l'envelopper du côté des jardins par les logis neufs, lesquels seraient monochromes, en pierre de taille et sans toitures apparentes.

Cette idée consistant à juxtaposer deux genres d'architecture dans un seul édifice parut incongrue aux gens de goût, qui tentèrent de dissuader le roi, témoin Charles Perrault : « On trouva que le petit château n'aurait aucune proportion ni aucune convenance avec le nouvel édifice. On proposa au roi d'abattre ce petit château et de faire en la place des bâtiments qui fussent de la même nature et de la même symétrie que ceux que l'on bâtirait. Mais le roi n'y voulut point consentir. On eut beau lui représenter qu'une grande partie menaçait ruine, il fit rebâtir ce qui avait besoin d'être rebâti, et se doutant qu'on lui faisait ce petit château plus caduc qu'il n'était pour le faire résoudre à l'abattre, il dit avec un peu d'émotion, qu'on pouvait l'abattre tout entier, mais qu'il le ferait rebâtir tout tel qu'il était, et sans y rien changer[11]. »

Un chantier difficile

Le chantier des logis royaux fut entrepris dès le mois d'octobre 1668. Mais il faut croire que la conception de ces logis imaginés par Louis Le Vau et acceptés par le roi n'était pas vraiment au point, car, toujours selon le témoignage de Charles Perrault : « On com-

11. *Mémoires de ma vie, par Charles Perrault, publiés par Paul Bonnefon, op. cit.*

mença par quelques bâtiments qui, étant à moitié, ne plurent pas et furent aussitôt abattus[12]. »

À lire ce propos, on pourrait penser que les maçonneries commencées en octobre et poursuivies pendant plusieurs semaines auraient finalement été entièrement démolies alors qu'elles parvenaient déjà « à moitié », c'est-à-dire probablement jusqu'à la hauteur du premier étage. En réalité, ce n'est pas tout à fait exact, car, comme l'ont démontré les fouilles archéologiques pratiquées en 2017 au niveau des fondations des logis royaux, l'ensemble ne fut pas rasé, mais seulement modifié. Sans entrer dans les détails, nous pouvons dire qu'au début de l'année 1669 le roi, insatisfait de ce qu'il voyait s'élever, a cru pouvoir l'améliorer en faisant retailler les murs, déplacer certaines fenêtres, supprimer des arcades, transformer les avant-corps, etc. Malheureusement, en agissant ainsi ponctuellement, il n'a fait qu'aggraver la situation. Le résultat s'étant bientôt révélé catastrophique, il ordonna de nouveaux changements qui embrouillèrent tout. Au printemps de 1669 il ne savait plus que faire.

Colbert était ulcéré par la situation : « Tout ce que l'on projette de faire n'est que rapetasserie, qui ne sera jamais bien. [...] Tout homme qui aura du goût de l'architecture, et à présent et à l'avenir, trouvera que ce château ressemblera à [...] un monstre en bâtiments. Par ces raisons, il semble que l'on devrait conclure de raser et faire une grande maison [...] ; il faudrait tout renverser, faire une prodigieuse dépense, laquelle il sera plus à propos ou plus glorieux au roi de faire au Louvre ou en quelques grands ouvrages,

---

12. *Ibid.*

et que le roi se retranchât pour longtemps du plaisir qu'il prend en cette maison. [...] Il reste à examiner s'il faut tout raser ou conserver ce qui est élevé de neuf. En rasant tout, il est certain que l'incertitude, le changement perpétuel et la grande dépense ne concourent pas à toutes les grandes actions du roi. [...] Il restera donc à prendre le parti, ou de ne rien faire qui vaille en conservant ce qui est fait, ou de ne rien faire que de petit en le rasant. En l'un et en l'autre, la mémoire éternelle qui restera du roi par ce bâtiment sera pitoyable. Il serait à souhaiter que le bâtiment tombât quand le plaisir du roi sera satisfait[13]. »

Pour excédé qu'il fût, Colbert n'était pas homme à s'en tenir à des lamentations. Son sens du devoir l'obligeait à trouver une solution pour sortir honorablement le roi de l'impasse. Pour cela il eut probablement une franche discussion avec lui, car nous savons qu'au début du mois de juin 1669 Louis XIV avait cédé aux arguments de Colbert.

En premier lieu, il avait fait volte-face en prononçant la « grande et publique déclaration [...] de raser le petit château[14] ». De plus, il avait accepté de se plier à une nouvelle méthode de travail : afin de terminer sereinement la construction des logis commencés du côté des jardins, et de concevoir ceux qui remplaceraient le petit château du côté des cours, ce serait Colbert qui prendrait les choses en main. Afin de repartir sur des bases saines, Sa Majesté acceptait

13. Pierre Clément, *op. cit.*, n° 23, p. 266-268.
14. *Ibid.*, p. 268.

de retirer le chantier à Louis Le Vau, sous condition que Colbert fût en mesure de lui proposer un architecte dont la compétence supérieure aurait été démontrée. À cet effet, le surintendant était autorisé à organiser un concours impartial, ouvert aux meilleurs architectes du moment. Louis Le Vau serait admis à y participer, mais en simple concurrent à égalité avec cinq de ses confrères.

Afin que tous les participants soient exactement informés de ce que l'on attendait d'eux, Colbert rédigea un cahier des charges détaillant minutieusement tout « ce que le roi désire dans son bâtiment de Versailles[15] ».

Dans l'urgence, les concurrents ne disposeraient que d'un délai de huit à dix jours pour concevoir leurs projets, en tracer les dessins, puis remettre leurs dossiers le mardi 25 juin 1669 entre les mains du contrôleur Charles Perrault, lequel les transmettrait à Colbert en y joignant ses commentaires. Ensuite Colbert les examinerait et enfin irait les soumettre au roi avec ses propres observations.

Évidemment, tous s'illusionnaient sur la faisabilité d'une étude si complexe en si peu de temps. Comme on aurait pu s'y attendre, aucun architecte ne fut en mesure d'y satisfaire au jour dit. Ce mardi-là Perrault fut donc amené à écrire au surintendant : « Pour ce qui est des dessins de Versailles, Monseigneur ne peut en avoir aucun aujourd'hui. J'ai été ou envoyé partout. M. Le Vau promet de lui porter ce qu'il a fait, demain, à huit heures du matin. M. Le Pautre m'a mandé qu'il ne pourrait porter le sien avant samedi

15. *Ibid.*, n° 38, p. 282.

au matin. Gabriel dit qu'il a beaucoup corrigé le sien, qu'il est encore après, et qu'il ne peut l'avoir mis au net qu'à la fin de la semaine. Mon frère [...] pourra avoir fait demain ou jeudi matin. M. Vigarani est aux champs, et on lui a envoyé mon billet. Je n'ai pas trouvé M. Gobert chez lui. À mesure qu'il y aura quelque chose de fait, je l'enverrai ou le porterai à Monseigneur avec les remarques que j'aurai faites sur les dessins que je verrai. Comme tous ces Messieurs travaillent nuit et jour, je crois que Monseigneur doit leur donner le temps dont ils ont besoin[16]. »

En supposant que les concurrents aient tous tenu leurs promesses, on peut penser que les projets étaient parvenus sur le bureau de Colbert aux alentours du lundi 1er juillet. Aujourd'hui, tous les dessins de ce concours sont perdus. Nous pouvons toutefois nous en faire une idée à travers les critiques que Colbert en a faites[17] : aucun ne répondait entièrement aux impératifs du cahier des charges, et certains (ceux de Vigarani et Gabriel) étaient d'une nullité ridicule. Les dessins « du sieur P. » (probablement Claude Perrault, frère de Charles), malgré quelques qualités, s'entachaient de tant de fautes qu'ils ne pouvaient être sérieusement considérés. Seul Louis Le Vau avait présenté un projet qui, sans être satisfaisant, était du moins défendable, moyennant une sérieuse mise au point.

Que Le Vau ait pu se distinguer de ses confrères ne saurait nous surprendre, puisque, étant l'auteur des logis commencés, il était le seul à pouvoir œuvrer en connaissance de cause. Nous savons qu'il corri-

---

16. *Ibid.*, n° 39, p. 284, note 1.
17. *Ibid.*, p. 284-287.

gea quelques détails de son plan de concours, mais, comme il s'était obstiné à conserver maints arrangements maladroits qui avaient déplu à Colbert[18], son projet fut finalement repoussé.

Alors le roi, se trouvant démuni et sachant désormais que nul architecte ne pourrait lui fournir une étude satisfaisante dans l'immédiat, fut contraint de renoncer à relancer les travaux interrompus depuis la mi-juin.

Achèvement des logis neufs

Le *statu quo* se prolongea jusqu'à la fin de l'hiver ; puis, au début du printemps de 1670, le roi fit connaître sa décision : il reprendrait les choses en main, sans rien demander à Colbert, sinon une parfaite soumission. Louis Le Vau terminerait les logis neufs en suivant le dessin commencé avant le concours, et le vieux petit château serait temporairement conservé, dans l'attente du moment où un architecte de talent serait en mesure de produire un projet valable pour le remplacer.

Cette fois les travaux reprirent sans aucun heurt, de telle sorte que, du côté des jardins, les maçonneries des logis, arrêtées à la hauteur des planchers du premier étage en juin 1669, s'élevèrent rapidement au cours du mois d'avril 1670.

Le 5 mai, Colbert, qui n'objectait plus rien à l'encontre du dessein royal, pouvait écrire à Sa Majesté,

---

18. Plan du rez-de-chaussée avec une grande cour à la place du château de Louis XIII, Nationalmuseum de Stockholm, n° THC 2392.

alors en voyage en Flandre : « Pour Versailles, la corniche de la face sur le parterre est entièrement posée. L'on continue avec grande diligence[19]. » Quatre jours plus tard il confirmait : « La corniche de la face sur le parterre sera achevée demain, et l'attique en quinze jours suivants. Le charpentier travaille en même temps à préparer le comble[20]. » Puis le 22 mai : « Pour Versailles il y a deux ateliers de charpentiers, dont l'un travaille le jour et l'autre la nuit. » Ce à quoi le roi répondit : « Je suis persuadé qu'on ne perd pas de temps à Versailles[21]. »

Enfin, après que Colbert l'eut assuré que : « Je ne perds aucun moment de temps pour faire en sorte que Votre Majesté soit satisfaite de Versailles [...] », Louis XIV l'informa de son imminent retour : « Les changements que j'ai faits dans mon voyage m'avancent encore de trois jours, de sorte que je serai à Saint-Germain [...] le dimanche 8 de juin. Comptez là-dessus pour Versailles [...][22]. »

Effectivement rentré à Saint-Germain ce jour-là, le roi fit peut-être bientôt une visite éclair à Versailles ; mais on ne l'y vit notoirement que le 20 juin, avec la famille royale, officiellement pour y prendre « les divertissements de la belle saison[23] ». Dès lors, le gros œuvre des logis neufs était achevé. Mais non point les décors intérieurs, dont la réalisation demanda

19. Pierre Clément, *op. cit.*, n° 49, p. 296.
20. *Ibid.*, n° 50, p. 298.
21. *Ibid.*, n° 51, p. 299.
22. Pierre Clément, *Lettres, instructions et mémoires de Colbert*, Imprimerie impériale, 1869, tome 6, chap. « Affaires diverses », n° 40, p. 280.
23. Rapporté par la *Gazette*, n° 78, « De Versailles, le 27 juin 1670 », p. 628.

encore de longues années. Aussi le roi put-il se féliciter d'avoir conservé l'ancien château, longtemps seul lieu habitable pour lui-même et la famille royale.

Par la suite, et jusqu'à la fin de sa vie, Louis XIV n'eut de cesse qu'il n'ait corrigé, agrandi et embelli encore son château. Il en résulta le palais que nous connaissons et qui, aujourd'hui, plutôt que de séduire par sa perfection architecturale, fascine parce qu'il exprime la passion qui l'a fait naître.

Quant au projet de pavillons pour la comédie, les festins et le bal, prétexte initial des agrandissements de Versailles, il fut mis en sommeil.

Et si nous voulons savoir ce que pensait vraiment Louis XIV de son œuvre à Versailles, il nous faut lire le témoignage de sa belle-sœur, Madame, duchesse d'Orléans : « Le roi avoue lui-même qu'il y a des fautes dans l'architecture de Versailles. Cela vient de ce que, dans le principe, il ne voulait pas y bâtir un si vaste palais, mais seulement faire agrandir un petit château qui s'y trouvait. » Alors la conclusion s'imposait : « Au lieu de faire abattre entièrement le petit château et d'en construire un grand sur un dessin nouveau, il a, pour sauver l'ancien château, fait élever des constructions tout autour, le recouvrant, pour ainsi dire, d'un beau manteau, et cela a tout gâté [...][24]. »

---

24. *Lettres de Madame, duchesse d'Orléans, née princesse Palatine*, Mercure de France, 1981, p. 182, 5 novembre 1699.

2

La symbolique de Versailles

par Gérard SABATIER

En 1966 paraissait chez Tchou, éditeur, dans la série « Les guides noirs », le *Guide de Versailles mystérieux*. Surprenant oxymore. Versailles, lieu le plus ostentatoire qui fût, serait-il un lieu occulte ? Son habillage mythologique, les divinités et héros antiques qui peuplent ses allées et les ciels de ses appartements, à la fois déroutent et surprennent. La structuration d'un espace vierge en univers ordonné révèle-t-elle, plus que l'œuvre d'un jardinier, l'entreprise d'un démiurge ? On voudrait ici aborder la question délicate et controversée de la symbolique de Versailles, en faisant le point sur ses formulations successives.

N'est-ce pas du SOLEIL le Palais et l'ouvrage ?

En 1686 M. de Vertron, de l'Académie royale d'Arles, historiographe de Sa Majesté, publiait *Le Nouveau*

Panthéon, ou le Rapport des divinitez du paganisme, des héros de l'Antiquité, et des princes surnommez Grands, aux vertus et aux actions de Louis le Grand. Face à la page de titre, un frontispice montre Versailles précédé de ses cours et, au-dessus, dans un ciel immense, l'assemblée des dieux siégeant sur des nuages, avec au sommet Apollon, la lyre et le sceptre en main, irradiant des rayons qui des nues tombent jusqu'au château.

Ô vous que la beauté de Versailles surprend,
Cessez d'en admirer la gloire et l'avantage ;
Pourquoi vous étonner s'il vous paroist si grand ?
N'est-ce pas du SOLEIL le Palais et l'ouvrage ?

Depuis la seconde moitié du XVIe siècle, un imaginaire apollinien revêtait toutes les fêtes monarchiques, les entrées, les ballets de cour, dans une recrudescence croissante. Dans la concurrence avec les Habsbourg (Philippe IV d'Espagne n'était-il pas le « roi planète » ?) Mazarin fit de Louis XIV un Apollon. Ainsi figura-t-il en 1653 dans le *Ballet de la nuit,* et, lors du carrousel de 1662, quoique « empereur des Romains », son apparition était plus solaire que romaine, car c'était bien en effet l'hégémonie du Soleil-roi que proclamait le choix des devises des chefs de quadrille. C'est alors, comme il le rapporte dans ses *Mémoires,* que Louis XIV prit – ou que l'on prit pour lui – sa devise, avec pour corps le soleil et pour âme *nec pluribus impar*[1].

Pendant une décennie – de 1664 à 1674 – la thématique solaire satura l'espace versaillais. Le Nôtre y avait appliqué les principes du jardin « à la française »

1. « À nul autre pareil ».

structuré par un axe principal. Tenant compte de la topographie, il créa, partant du château en hauteur, un axe aboutissant à l'ouest collectant les eaux de ruissellement, et un second, perpendiculaire, conduisant l'eau du réservoir vers un bassin en contrebas. Les deux extrémités de l'axe est-ouest, qui entrait en conformité, bien qu'approximative, avec la course diurne de l'astre, furent pourvues d'allégories du lever et du coucher, Apollon enlevant son quadrige au-dessus des eaux dans le bassin occidental, se reposant, sa course achevée, soigné par des nymphes, dans la grotte de Téthys jouxtant le château. L'anomalie du soleil se levant à l'ouest et se couchant à l'est s'expliquait par le spectacle de l'astre sortant des eaux avec en fond le Grand Canal et par la proximité de la grotte avec la chambre du Roi. Ainsi allégorisée, la course diurne du soleil devait être complétée par l'histoire d'Apollon, détaillée le long de l'axe nord-sud. Le premier ensemble à être mis en place (1668-1670) le fut à la croisée de ces deux axes, sans attendre la réalisation du reste de la *storia*. Dans un bassin, la nymphe Latone accompagnée de ses deux enfants Apollon et Diane demande la protection de Jupiter leur père, poursuivie par la vengeance de Junon qui interdit aux paysans de Lycie de venir en aide aux fuyards. Le groupe de marbre, suppliant, est cerné par des figures de plomb, humains devenant grenouilles, allégories des paysans châtiés par le maître de l'Olympe. À l'extrémité nord fut creusé en 1664 un bassin dans lequel, mettant à profit la forte déclivité et la proximité des réservoirs, on voulut créer un puissant jet d'eau. Il serait lancé par un « dragon ». En 1667, les sculpteurs Gaspard et Balthazar Marsy installèrent une sorte de gros oiseau environné de quatre cygnes portant des amours décochant leurs flèches et de quatre dauphins, le tout de plomb doré. Dans le mur de soutènement en hémicycle à l'arrière du bassin de Latone, on projeta d'aménager dix-sept niches qui contiendraient des fontaines ornées de statues et où se déroulerait l'histoire d'Apollon.

Sur la terrasse devant la façade occidentale on devait représenter la création du cosmos. Le Brun fit le dessin d'un parterre d'eau quadrilobé à grande pièce centrale. Aux angles, des statues représentant des enlèvements allégoriseraient les éléments et les continents. Pour les bordures, Colbert passa en 1674, la « Grande Commande » de vingt-quatre statues en six groupes de quatre sujets : les éléments, les saisons, les parties du jour, les continents, les tempéraments de l'homme, les poèmes. Au milieu de la pièce centrale, sur un rocher se dresserait Apollon entouré des muses, et Pégase frappant le sol faisant naître les quatre fleuves de l'univers. Cette masse devait représenter les effets et les vertus du soleil.

Alors que la Grande Commande, expression la plus ambitieuse du mythe apollinien, n'était encore qu'à l'état de projet, la course annuelle du soleil avait été représentée entre 1670 et 1674 sur la façade occidentale du château comme complément à sa course diurne. Sur la corniche se dressèrent les statues des douze mois, allégorisés par des femmes avec leurs attributs et les signes du zodiaque. En 1673-1674, les clefs des arcades de l'étage bas furent ornées de vingt-trois masques masculins et féminins, représentant les âges de la vie, de l'enfance à la vieillesse. Les façades latérales du corps central, puis celles des ailes nord et sud, ne reçurent pas un décor conforme à la thématique apollinienne qui se déployait dans la perspective occidentale, juxtaposant allégories de gouvernement et de vertus politiques, des sciences et des arts, des genres de poésie et des muses. La thématique solaire subsistait en éléments détachés, non comme programme.

Celui-ci fut, en fait, assez rapidement abandonné. Pour une raison d'esthétique, la volumineuse fontaine du cosmos projetée fut remplacée, pour ne pas rompre la linéarité majestueuse de la façade occidentale, par le parterre d'Eau bordé des bronzes allongés des fleuves et rivières de France (la représentation du royaume préférée ainsi à celle du cosmos), les marbres de la commande de 1674 furent placés sans cohérence en fonction de leur convenance esthétique. La grotte de Téthys fut détruite en 1684 lors de la construction de l'aile nord, Apollon, ses nymphes et ses chevaux commençant leurs migrations dans le jardin. L'appartement des bains, dédié à Mme de Montespan, dans l'angle nord-ouest, au-dessous de celui du Roi, où l'Olympe servait de décor aux déités du jour, Apollon poursuivant Daphnée au plafond, les murs resplendissant des signes du zodiaque, fut détruit en 1685 lors de la disgrâce de la favorite.

*

Apollon entra dans le château en même temps que dans le parc. « Comme le Soleil est la devise du Roy, l'on a pris les sept Planètes pour servir de sujet aux Tableaux des sept pièces de cet appartement », écrit

André Félibien dans sa *Description sommaire du chasteau de Versailles* en 1687[2]. Voulut-on faire du château du Roi-Soleil un palais cosmique ? Aucun des systèmes astronomiques alors connus ne correspondait au dispositif retenu[3]. La logique n'était pas la représentation d'un cosmos héliocentrique, mais celle de l'ordre protocolaire. Dans le principe de l'enfilade, les pièces se commandaient les unes aux autres. La logique décorative était liée à leur fonction : ainsi la chambre du lit, pièce centrale, se devait de recevoir un plafond apollinien. La non-prise en compte d'un système cosmique se constate de plus presque immédiatement avec l'abandon des trois pièces terminales – et de leurs plafonds – lors de la construction de la galerie des Glaces et de ses deux salons, suivi de la redistribution des pièces restantes. Le dernier avatar d'une lecture cosmique des appartements est la symbolique prêtée au positionnement de la chambre du Roi exactement sur l'axe solaire, les lever et coucher du monarque allégorisant le parcours de l'astre. Cet emplacement (tardif, 1701) ne résultait pas d'une intention valorisante, mais d'un déplacement de la chambre pour agrandir la salle d'attente des courtisans au moment des rituels quotidiens.

Les deux appartements jumeaux du Roi et de la Reine sont décorés sur un principe identique, avec dans le second une application à féminiser les vertus, actions et références antiques.

---

2. André Félibien, *Description sommaire du chasteau de Versailles*, Paris, 1687, p. 31.

3. Discussions dans Gérard Sabatier, *Versailles ou la Disgrâce d'Apollon*, Rennes, PUR/Versailles, CRCV, 2016, p. 40.

Sur des « salons » carrés ou rectangulaires, les « plafonds » sont des coupoles retombant sur les parois en voussures. Dans les coupoles sont peintes les « planètes » sous forme de divinités de la mythologie, avec leurs attributs et animaux emblématiques. Ces « planètes » allégorisent des « vertus » dont des réalisations concrètes figurent dans des « *exempla* », actions accomplies par des héros de l'Antiquité, peintes dans les voussures. On a là, sous forme de figures, un jeu de société particulièrement prisé dans le monde des beaux esprits, des salons et de la cour : celui des énigmes. L'ingéniosité résidait dans le voile de la fable, le jeu dans la découverte. Les « intellectuels d'état », porte-parole plus ou moins officieux de la cour, à moins qu'on veuille parler de « communicants », se sont plu à donner les clefs. Ainsi Charles Perrault : « Dans les tableaux des quatre faces des costez sont représentées les actions des plus grands hommes de l'Antiquité qui ont du rapport à la planète qu'ils accompagnent, et qui sont aussi tellement semblables à celles de S.M. que l'on y voit en quelque sorte toute l'histoire de son règne sans que sa Personne y soit représentée[4]. » C'est chez Jean-François Félibien, successeur de son père comme historiographe, que l'on trouve les descriptions les plus exactes et les explicitations les plus pertinentes : il sait conduire le lecteur vers le sens caché, il révèle le signifié politique[5].

---

4. Charles Perrault, *Parallèle des Anciens et des Modernes en ce qui regarde les arts et les sciences. Dialogues*, tome 1, Paris, Coignard, 1692, p. 116-117.

5. Jean-François Félibien, *Description sommaire de Versailles ancienne et nouvelle...*, Paris, 1703. Le grand appartement du

Mais est-ce bien du Roi-Soleil qu'il est question dans ces appartements ou de son ministre Colbert ? Feignant de parler du roi, parlerait-il de lui-même ? C'est lui qui avec son cabinet-conseil de la Petite Académie réunie à son domicile, son homme de confiance Perrault et son protégé Le Brun, était le maître des programmes. Les récits de l'appartement seraient-ils des récits en abyme : derrière le roi caché, le ministre caché ? Nicolas Milovanovic a proposé de lire l'iconographie des appartements comme l'allégorie du bon gouvernement. Le programme colbertien ne l'est cependant qu'en partie. Les salons de Vénus et de Mars font référence à des activités peu ministérielles, ceux de Diane avec la chasse, de Jupiter avec la Justice et la Piété parlent d'autre chose.

C'est bien le portrait du roi que construisent pièce après pièce figures mythologiques, allégoriques et historiques. Un portrait en sept attributs : gracieux, sage, juste, pieux, valeureux, magnanime, magnifique[6]. Si sa personne n'est pas représentée, quelles figures composent le portrait dont il est la somme ? D'une recension dans les plafonds réalisés ou projetés, on dénombre quinze héros en vingt-sept occurrences : huit Romains représentés treize fois, cinq Grecs paraissant dix fois (dont Alexandre, cinq fois), deux Orientaux, vus quatre fois. Le roi, qui est leur somme, accomplit la somme

---

Roi, p. 105-198. Reproduit *in* Nicolas Milovanovic, *Les Grands Appartements de Versailles sous Louis XIV. Catalogue des décors peints*, Éditions de la Réunion des musées nationaux, Paris, 2005, p. 190-201.

6. Références détaillées aux peintures dans Sabatier, *op. cit.*, p. 59.

de leurs actions. Ce qu'ils ont fait à quinze, Louis XIV le fait à lui seul. Alexandre réalise cinq exploits, Louis est crédité des vingt-sept puisque chacun renvoie explicitement à un de ses actes. Comment mieux illustrer l'âme de la devise du roi : *nec pluribus impar* ? Propos réitéré par un marbre de Domenico Guidi arrivé dans le jardin en 1686 sur un dessin de Le Brun en 1677. Une Renommée ailée écrit l'histoire du roi sur un livre ouvert soutenu par le Temps, l'Envie essayant de l'empêcher en s'agrippant à elle. Le Temps présente sur le livre un médaillon à l'effigie de Louis XIV, tandis que derrière lui gisent à terre les médailles brisées d'Alexandre, Scipion, César et Trajan.

La première décennie du règne avait connu la mise en place d'une statuaire mythologique ordonnée autour de l'histoire d'Apollon et de la représentation du cosmos issues des *Métamorphoses* d'Ovide, éloge d'un ordre immuable garanti par le Soleil-roi. La plongée dans l'histoire et la thématique politique fut l'âme des décors peints pendant la décennie suivante, tandis que le mythe solaire cédait insensiblement la place à la représentation de l'histoire du roi, jugée plus opportune que celle d'Apollon.

« Son histoire sur les conquêtes devait y être représentée »

En 1663 le roi répondit aux membres de la Petite Académie que lui présentait Colbert : « Messieurs, je vous confie la chose du monde qui m'est la plus précieuse, qui est ma gloire. [...] Je tâcherai de vous fournir la matière qui mérite d'être mise en œuvre[7]. » La grande affaire du règne de Louis XIV fut d'assurer l'hégémonie de la France en Europe et la victoire des Bourbons sur les Habsbourg d'Espagne. C'est pendant les années d'affrontement jusqu'au triomphe de 1678 que les décors de Versailles furent réalisés, et c'est cette histoire qu'on voulut représenter. Comme le mythe solaire, elle le fut à l'extérieur par la statuaire et à l'intérieur par la peinture.

C'est à l'entrée du château face à Paris que le politique devait s'exprimer, mais les succès du roi trouvèrent aussi place dans les jardins, mêlés au mythe apollinien.

Les trois façades sur la cour de Marbre reçurent un décor sculpté en lien avec les pièces où se décidait la politique de la France : quatre-vingt-quatre bustes à l'antique en façade, mémorial des grands hommes que le roi de France avait tous dépassés, dix-huit figures des quatre continents et des vertus royales sur les corniches. Ce décor assez banal fut complété par une statuaire historisante publiant les triomphes du roi. En 1679 Le Brun fit le projet pour la cour d'une fontaine avec un rocher où un Louis XIV piétinerait l'Envie et la Discorde et d'où sortiraient quatre fleuves avec leurs animaux symbolisant les vaincus de la guerre de Hollande (Empire, Provinces-Unies et Espagne) ainsi que la papauté en conflit diplomatique avec Louis[8]. C'était le pendant poli-

7. Charles Perrault, *Mémoires de ma vie*, Macula, 1993, p. 134.

8. « L'attentat des Corses », gardes pontificaux ayant agressé ceux de l'ambassadeur de France. Le roi envoya des troupes et le cardinal Chigi dut venir présenter des excuses.

tique à celui, mythologique, du jardin. Il fut abandonné à la mort de Colbert en 1683. Adossés à l'horloge au fronton, Hercule et Mars allégorisent par leurs animaux emblématiques les Puissances vaincues. Les deux guérites aux extrémités de la Grille royale reçurent une Abondance et une Paix, celles sur l'avant-cour des Victoires sises sur des captifs exhibant le lion et l'aigle.

Dans le jardin, des éléments mythologiques se teintèrent d'un contenu guerrier. Dans les années 1680 les fontaines du Théâtre d'eau reçurent des Olympiens, Jupiter, Pluton et Mars, ou les génies de la puissance royale, des richesses, de la guerre. Dans le bosquet de la Renommée une figure de plomb debout sur un globe envoyait par sa trompette un jet d'eau et la balustrade extérieure fut ornée de reliefs de marbre avec les armes des différentes nations du monde. Tout près, une figure colossale émergeant d'une rocaille expulse le plus haut jet d'eau du jardin : c'est le géant Encelade enseveli par Jupiter sous les rochers de l'Etna. Cette gigantomachie, combat des géants contre les dieux de l'Olympe, pourrait être une allégorie de la victoire sur la Triple-Alliance[9]. Le bosquet de l'Arc de Triomphe était, lui, franchement explicite : une armature de marbre et de fer doré environnée de jets d'eau servait de fond à trois groupes de plomb doré : *La France triomphante* (le seul qui subsiste), guerrière tenant un bouclier frappé du lys royal et coiffée d'un casque au coq « français »[10], dominant dans un char de guerre deux captifs au lion et à l'aigle, et

9. La Fontaine, *Les Amours de Psyché et de Cupidon*.

10. Jeu de mots sur *gallus/coq/gaulois*. La symbolique est ici explicite : le roi protège la France.

une hydre à trois têtes rappelant que l'alliance adverse était « triple », accompagnée de la *Victoire de la France* et de la *Gloire de la France*.

Commandés en 1684 et mis en place en 1686, les deux vases de la Guerre et de la Paix, sur le perron occidental à l'aplomb des salons homonymes à l'étage, présentent une iconographie en rupture avec celle, traditionnelle, de la statuaire politique de la cour orientale et du jardin. Ils reprennent les partis figuratifs des décors intérieurs qui viennent d'être achevés, ceux de l'escalier royal sur le vase de la Paix, de la galerie des Glaces sur le vase de la Guerre.

*

L'escalier conduisant à l'appartement du Roi au nord fut appelé escalier « des Ambassadeurs » parce que c'est celui qu'empruntaient les envoyés étrangers. Cette fonction détermina son décor. Les quatre parois étaient des murs pleins et l'éclairage zénithal tombait d'une verrière. Décoré de 1676 à 1680, il était contemporain de la guerre de Hollande, et le principe allégorique de l'appartement ne convenait plus. À l'étage étaient intercalées quatre tapisseries feintes représentant des vues de batailles des Flandres et quatre loggias en trompe-l'œil d'où les habitants des quatre continents peints au vrai levaient les yeux au plafond vers les victoires du roi. Huit épisodes y étaient représentés en grisaille à l'antique sur le modèle des scènes figurées sur la colonne Trajane à Rome, dont l'Académie de France avait pris le moulage. Le mythe apollinien n'avait cependant pas disparu, dans la coexistence du zodiaque, des continents (ici allégorisés), des Muses, de quelques Olympiens, Apollon et Hercule écrasant le Python ou l'hydre à trois têtes. Collectant des modes de représentation divers, très chargé, loin des yeux, l'escalier ne pouvait se suffire à lui-même. Le *Mercure galant* en donna une description dès son achèvement[11], Jean-François Félibien en 1703, avec la même minutie que pour les appartements. Le plafond fut gravé en 1679-1683, les parois en 1725[12].

La décoration de la galerie fut réalisée à la suite de celle de l'escalier (1680-1684) mais en rupture avec les partis figuratifs suivis jusqu'alors. Un projet apollinien fut à peine esquissé, le mythe solaire étant définitivement obsolète. Un projet d'Hercule très avancé, dont les travaux allégoriseraient ceux du roi, fut refusé. « Le Conseil secret de Sa Majesté trouva à propos et résolut que son histoire sur les conquêtes devait y être représentée[13]. » Les partis mythologiques et antiquisants récusés, la convenance excluant le réalisme dans un bâtiment royal, le vocabulaire héroïque s'imposait. Procédé discursif et rhétorique hautement performant, lui seul permettait par l'usage de l'allégorie de rendre visibles des réalités géographiques, sociales, politiques

11. *Mercure galant*, septembre 1680, seconde partie, p. 277-320. Félibien, *Description sommaire de Versailles ancienne et nouvelle...*, *op. cit.*, p. 87-105. Pour une étude complète de l'escalier, voir Sabatier, *op. cit.*, p. 65-99, avec reproduction des planches du plafond et un schéma de localisation.

12. Il fut détruit en 1752 pour libérer des espaces à aménager.

13. Claude Nivelon, *Vie de Charles Le Brun et description détaillée de ses ouvrages*, (1695-1698), éd. Lorenzo Pericolo, Droz, 2004, p. 486.

comme les puissances amies ou ennemies, des entités morales comme les vertus ou les vices, des raisonnements comme la décision de commencer une guerre, des opérations militaires, des actes diplomatiques… Puisant dans le vocabulaire codifié par Ripa et Baudoin, répertoire des figures de la peinture parlante[14], Le Brun introduit des éléments réalistes comme fortifications, vaisseaux, prêtant à ses figures des attitudes, des gestes, par où s'exprime un narré explicite. L'allégorie atteint ainsi à Versailles une performativité étonnante. Les Olympiens sont très rarement là en tant que tels, fonctionnant comme allégories. Ils ne sont que l'extrapolation emphatique des pensées et des actes du roi. C'est à tort que l'on dit voir dans la galerie de Versailles Louis XIV parmi les dieux. On ne voit que le roi, et le ciel n'existe pas.

L'histoire du roi est représentée dans une suite de tableaux qui prennent place comme *quadri riportati* dans la voûte feinte d'une galerie scandée par six arcs doubleaux, semblant une architecture ouvrant sur le ciel[15]. Au centre est le face-à-face des protagonistes, le défi des « puissances », Allemagne, Espagne et Hollande, lancé au « roi »[16]. Huit scènes de la guerre de Hollande figurent sur les grands tableaux, six de part et d'autre du central, deux dans les ceintes aux extrémités. Mais ce n'est pas seulement l'histoire

---

14. Cesare Ripa, *Iconologia…*, 1611, trad. Jean Baudoin, 1643.

15. Étude complète de la galerie des Glaces dans Sabatier, *op. cit.*, p. 112-202. Schéma des légendes et positionnement des tableaux p. 137.

16. À Versailles, l'Empire est réduit à son acception territoriale.

des conquêtes qui est représentée. Dix-huit tableaux petit format évoquent des épisodes de la vie du roi depuis sa prise de pouvoir en 1662 jusqu'à la fin de la guerre en 1678. L'académicien Charpentier publia en 1684 une *Explication des tableaux de la galerie de Versailles*. Commençant par les grands, il poursuit : « Les petits tableaux [...] sont dans les intervalles des grands et forment six larges bandes qui partagent toute la voûte d'espace en espace. [...] Il importe peu par lequel on commence parce que les actions du roi qu'on y a représentées ne sont point rangées selon l'ordre des temps. Ainsi nous commencerons par la première bande de la voûte qui s'offre en entrant dans la galerie et nous continuerons de suite. » Ce « parcours Charpentier » rend compréhensible chacun des tableaux, mais incohérent et inintelligible l'ensemble. Cet arpentage nord-sud reste encore celui des visiteurs d'aujourd'hui. Il existe cependant un fil d'Ariane. La même année, en décembre, le *Mercure galant* publia une explication de tous les tableaux de la galerie due à un prête-nom de Le Brun. Avant d'entrer dans le détail de chacun, il commence par une présentation sommaire où le sujet de chaque tableau est indiqué en une phrase : « Voilà en gros la distribution et l'ordonnance de la galerie. » C'est tout l'ensemble qui alors prend un sens.

Le parcours n'est pas chronologique, mais thématique. Il faut partir du face-à-face central, continuer par les ovales : les quatre proches (restauration de l'État), passer au sud (reconnaissances d'Espagne et de Rome, défenses des Alliés), puis au nord (prodiges accomplis, ambassades), venir aux octogones de la bande centrale (le roi bienfaiteur) et conclure par les octogones du centre : guerre de Dévolution et paix insatisfaisante. La liaison se fait alors avec la guerre de Hollande. La question se pose de la raison d'être de ce dispositif. On s'interroge sur les intentions de Le Brun et des meneurs de jeu. Voici une galerie qui fonctionne comme une coupole. Voici un lieu profane qui plonge dans le sacral. Comme Dieu le Père dans la coupole, le roi est au centre, et comme le pèlerin dans sa déambulation, le visiteur parcourt le champ de ses effets. Tout se passe comme s'il s'agissait de faire passer et repasser sous une icône, ou plutôt une icône dédoublée, le roi/la France : le roi dans les grands tableaux, la France dans les ovales. Comme le roi, elle porte le manteau royal bleu à fleurs de lys. Comment mieux signifier que la France, c'est le roi, et réciproquement[17] ? Centralité et isolement du roi dans les tableaux où il paraît : comment mieux signifier l'absolutisme[18] ? Toute la galerie devient alors une parabole de l'axiome central : *le roi gouverne par lui-même*. Le « mystère » de Versailles gît au cœur du château. L'histoire de ses conquêtes devient la théologie de la monarchie française.

Les deux salons de la Guerre et de la Paix furent peints deux ans après l'achèvement de la galerie, et leurs programmes n'ont plus rien à voir avec elle.

17. Doublet réitéré dans l'architecture. Les feuilles de palmier formant les chapiteaux des colonnes de la galerie portent en leur milieu un soleil rhodien et dans leur retour « le symbole de la France, qui est le coq placé sous les angles des tailloirs » ; Nivelon, *op. cit.*, p. 546. « L'ordre français » avait été dessiné par Le Brun en 1672.

18. Sabatier, *op. cit.*, « Ce que c'est qu'un roi », p. 190-202.

Reprenant le principe des appartements, chacun est couvert d'une coupole où dans un ciel apparaît la France en guerre entourée de tableaux de victoires, ou en paix présidant aux mariages princiers. Dans les parties semi-circulaires les combats puis les réjouissances sont traités comme des scènes de genre. La subtilité symbolique n'était pas le fort de Louvois, inspirateur de ces *terminus ad quem*.

Freud et Campanella

Alors que les contemporains s'appliquent à faire mieux comprendre l'allégorie des figures distribuées dans les programmes iconographiques du château, on est surpris de leur silence sur celles du jardin. Dans ses instructions de visite, Louis XIV, attentif uniquement aux points de vue et aux jeux d'eau, ne considère les statues que comme des bornes topographiques[19]. Dans sa *Description des châteaux et parcs de Versailles et de Marly* (1701), Piganiol de La Force s'en tient à une « explication historique » de chaque peinture et chaque sculpture, à leurs dimensions et aux noms de leurs auteurs. Il en est de même en 1703 pour Jean-François Félibien. Le jardin de Versailles était alors un musée en plein air de l'art antique, et non un jardin des mystères, une encyclopédie de la mythologie et de l'histoire, tout au mieux un apprentissage ludique des fables (le Labyrinthe). Les Modernes, déçus de

---

19. Louis XIV, *Manières de montrer les jardins de Versailles*, étude dans Sabatier, *op. cit.*, p. 248-250.

ce manque de sens caché, résolurent d'en chercher. Le jardin de Louis XIV a suscité au XXe siècle une littérature d'un type nouveau : celle des démystificateurs, pour qui l'éloquence du roi allait au-delà des apparences. Ces exégètes perspicaces se divisent en deux catégories, selon le type de lecture qu'ils pratiquent. Les uns sont à la recherche de significations politiques, les scènes et figures mythologiques renvoyant à un événement du règne. Les autres y voient un enseignement de nature initiatique dépassant la stricte temporalité.

Passons rapidement sur une lecture politique du dispositif des deux appartements du Roi et de la Reine[20]. Les territoires acquis à l'issue de la guerre de Dévolution entreprise « pour les droits de la reine » et lui revenant donc, Versailles devait être la résidence d'une double monarchie, ou plutôt de deux monarques, d'où l'égalité rigoureuse du traitement de leurs appartements respectifs. Proposition irrecevable, la reine de France ne pouvant être regardée comme souveraine indépendante, la séparation des appartements des époux étant la norme dans la monarchie française, la guerre « de Dévolution » étant une conquête française qui ne trompait personne. Un point nodal du mythe apollinien dans le jardin a suscité une interprétation plus sérieuse. En 1969, N. T. Whitman proposa des deux groupes les premiers installés à Versailles, les fontaines de Latone et du Dragon, une lecture politique très précise : la représentation du triomphe

---

20. K. O. Johnson, « *Il n'y a plus de Pyrénées* : The iconography of Louis XIV », *Gazette des beaux-arts*, 97, janvier 1981, p. 29-40.

royal sur la Fronde[21]. Puisque Apollon est l'allégorie de Louis XIV, le groupe Latone-Apollon-Diane figure la famille royale, Anne d'Autriche et ses deux enfants dans sa fuite devant l'émeute la nuit du 6 janvier 1649. Demandant de l'aide, Latone se tourne vers le château. Les paysans châtiés devenant grenouilles sont les frondeurs payant leur rébellion. En 1687, le dispositif fut changé. Le groupe fut rehaussé, retourné vers l'ouest, les grenouilles disposées en trois cercles inférieurs, leurs jets n'atteignant plus les Olympiens. Les rebelles, châtiés, étaient impuissants, le rapport politique avec le château rompu. « Le soleil s'était levé, les miasmes de la rébellion avaient été dispersés, l'ordre naturel de la société avait été restauré. [...] En 1668, l'âge de l'absolutisme naissait, en 1680 il avait triomphé[22]. » Que disent les faits ? Le positionnement du groupe vers l'est (« le château ») s'explique parce qu'il devait s'intégrer dans les épisodes prévus de la vie d'Apollon et qui ne furent pas créés. La surélévation et le retournement s'expliquent par la promotion de la statuaire de marbre dans les années 1680 et la conformité avec l'orientation vers l'ouest des statues de la rampe. L'absence totale de textes pour appuyer la démonstration ne gêne nullement, au contraire. Pour Whitman il s'agit d'un refoulement de type freudien : « La seule référence visuelle explicite à la révolution prolétarienne, la

21. Nathan T. Whitman, « Myth and Politics : Versailles and the Fountain of Latona », *in* John C. Rule (dir.), *Louis XIV and the Craft of Kingship*, Columbus, Ohio University Press, 1969, p. 286-301.

22. *Ibid.*, p. 299.

crainte profondément ancrée dans n'importe quelle société aristocratique était trop terrifiante pour permettre quelque commentaire verbal que ce fût, direct ou indirect[23]. » Ou l'art de trouver la preuve précisément dans l'absence de preuve[24]...

Dans un genre plus ludique, Betsy Rosasco propose de voir dans les fontaines de Versailles des énigmes, genre alors des plus prisés, à la cour comme à la ville. Décrypter les allégories ou les figures mythologiques du parc aurait été un des jeux favoris des courtisans, à l'affût des indices révélateurs. Comme les grenouilles, les frondeurs parisiens n'habitaient-ils pas le Marais ? Encelade qui voulait supplanter les dieux de l'Olympe serait Fouquet enfermé à Pignerol comme le géant dans son île. La fontaine la plus spectaculaire du Labyrinthe, la Bataille des animaux, ferait allusion au Grand Condé[25]...

---

23. *Ibid.*, p. 297.

24. Interprétation de Whitman partagée par Robert W. Berger, *In the Garden of the Sun King : Studies on the Park of Versailles under Louis XIV*, Washington, DC, Dumbarton Oaks, 1985. De même Édouard Pommier, « Versailles, l'image du souverain », *in* Pierre Nora (dir.), *Les Lieux de mémoire*, tome 2 : *La Nation*, Gallimard, vol. 2, 1986, p. 201. Scepticisme, par contre, *in* Jean-Marie Pérouse de Montclos, *Versailles*, New York, Artabras, 1991, p. 378. Pour une problématique plus qu'événementielle : Chandra Mukerji, *Territorial Ambition and the Gardens of Versailles*, Cambridge, Cambridge University Press, 1997.

25. Betsy Rosasco, « Masquerade and Enigma at the Court of Louis XIV », *Art Journal*, 48/2, 1989, p. 144-149. Alexandre Maral, à propos d'une interprétation de la chapelle comme un temple solaire (Martha Mel Edmunds) constate l'existence « d'un courant historiographique américain avide de trouver à Versailles des symboles explicatifs de tout ce qui concerne le règne de

Dans *Versailles, ordre et chaos*, Michel Jeanneret s'empare de la problématique de Whitman mais en lui donnant plus d'ampleur. Spécialiste de la littérature française du XVIIe siècle, il entend « restituer le visage anxieux de l'art classique, son face-à-face avec la violence et l'animalité ». Versailles fait partie de ces stratégies employées « pour maîtriser le spectre de la barbarie et exorciser la peur ». Versailles en 1661, c'est Jurassic Park : une forêt, une terre sauvage et inculte, des figures qui sortent des couches profondes de la psyché. On pourrait discuter de la pertinence d'une lecture qui consiste à accorder réalité à ce qui est en fait une rhétorique. On retiendra ici simplement l'ouverture ménagée par l'interprétation de Jeanneret : « Si le site a été, et demeure, plus qu'une allégorie politique, c'est que ses artisans, en empruntant le langage du mythe, ont su conserver les traces d'une symbolique plus large, qui transcende les accidents de l'histoire. [...] Par-delà la célébration du Roi-Soleil s'esquissent une cosmogonie, une rêverie sur les forces vitales[26]. »

*

Depuis un demi-siècle, ces « rêveries » ont donné lieu à une littérature prolifique. Il importe de tracer le profil des « démystificateurs ». Ce ne sont pas des spécialistes institutionnels, historiens ou historiens de

---

Louis XIV » (*La Chapelle royale de Versailles. Le dernier grand chantier de Louis XIV*, Paris, Arthena, 2011, p. 237).

26. Michel Jeanneret, *Versailles, ordre et chaos*, Gallimard, 2012, p. 87. Discussion de Jeanneret dans Sabatier, *op. cit.*, p. 304-306.

l'art, mais des autodidactes venus de milieux divers : religieux, exégètes, occultistes, scientifiques, publicistes, gens de médias[27]. La méthodologie est un processus ambulatoire, sorte de jeu scout, jeu de piste à la recherche des indices. Prenant le jardin tel qu'il est, ces explorateurs ne tiennent pas compte du caractère aléatoire de son histoire, transformation des bosquets, déplacement des statues. Certains parcours peuvent suivre un guide, les *Métamorphoses* d'Ovide (Guillou), *Le Songe de Poliphile* (Kretzulesco-Quaranta). D'autres, comme dans la pêche à l'épervier, attrapent tout et font preuve d'une boulimie référentielle. « C'est en s'appuyant sur les piliers culturels qu'étaient à l'époque les mythes grecs, la philosophie hermétique, le Grand Œuvre alchimique, qu'est proposé dans ces jardins un processus initiatique[28]. » Le mieux est pourtant de se lâcher : « Tu avais rompu les amarres avec les bases culturelles convenues et atteint à cet état d'innocence et de disponibilité d'esprit qui te disposait [...] à entreprendre le voyage. » Certes, tout promeneur est libre de construire son Versailles personnel,

27. Pour n'en citer que quelques-uns : dom Édouard Guillou, moine de Solesmes : *Versailles. Le palais du soleil*, 1963 ; René Alleau, historien des sciences occultes, auteur du *Guide de Versailles mystérieux* chez Tchou, en 1966 ; Emanuela Kretzulesco-Quaranta, spécialiste de la littérature ésotérique de la Renaissance, *Les Jardins du songe. "Poliphile" et la mystique de la Renaissance*, 1976, dernier chapitre : « Versailles, le triomphe du Soleil », p. 335-368 ; Vincent Beurtheret, musicologue, *Symbolique de Versailles. À la lumière des jardins*, 2002 ; Jean Erceau, docteur ès sciences et physicien, *Les Jardins initiatiques du château de Versailles*, 2007, prix du Livre maçonnique, trois éditions.

28. Jean Erceau, *op. cit.*, p. 23.

sauf à en créditer Louis XIV. Mais c'est de la pensée du roi que ces voyants sont les interprètes hardis. Du haut de l'escalier de Latone, « Louis révèle son projet politique. [...] Projet d'un Saint-Empire s'étendant de l'Atlantique à l'Oural, avec Louis à Versailles et Mazarin à Rome[29] ». Mais il faut voir plus loin : « Au-delà du royaume des dieux, domaine du Petit Œuvre, il y a le royaume de France, royaume du Dieu-Soleil, roi de l'Univers. Pour le Grand Œuvre, Louis t'offre ce royaume de l'esprit où l'intelligence croise la connaissance et où s'ouvrent les portes de la vérité et de l'absolu[30]. »

En 1978 la télévision programma *Versailles. Le palais-temple du Roi-Soleil,* un documentaire de quarante-six minutes, dû à Paul Barba-Negra, né roumain et disciple de Mircea Eliade. C'était le premier d'une série de douze films titrée *Architecture et géographie sacrées. Du tourisme au pèlerinage*[31]. Partant du bassin d'Apollon, les visiteurs-pèlerins progressent à travers les bosquets jusqu'à la façade occidentale, « poème du temps ». La caméra survole alors les quatre axes du jardin, qui se croisent dans la chambre du Roi, ombilic du château. La pièce est longuement filmée, en mouvement tournant, tandis que le récitant emprunte la voix de Louis XIV expliquant le choix de sa devise, renforcé par Ovide et Campanella. Nouveau parcours

---

29. *Ibid.*, p. 179.

30. *Ibid.*, p. 237.

31. Quatre autres sites français : le mont Saint-Michel, la cathédrale de Reims, Notre-Dame de Paris, Paris, les autres consacrés à des sites disparus de l'Égypte (3), de la Grèce (2), et du Mexique (2).

des axes, vus du ciel, puis des coupoles des appartements en contre-plongée. Les mouvements rotatifs de la caméra s'accordent avec le propos, la centralité irradiante du soleil. « Versailles raconte l'histoire du monde. » Le roi préside au chiffre 4 de l'espace et du temps. Le roi-prêtre dans son tabernacle est le maître des énergies tourbillonnantes. Dans les fêtes de nuit, il célèbre les noces de l'eau et du feu. Éclate un *Alléluia,* sur fond de tapisserie du sacre et de la chapelle. C'est le final de Guillou, avec ces ultimes paroles : « Dernier temple solaire de l'humanité, Versailles s'ouvre sur le ciel et appartient à l'éternité. »

3

Versailles, palais des belles amours royales

par Jean-Paul DESPRAT

La vergogne et l'amour

C'est un prince « offusqué », dit Paul Morand, qui ressort de la fête qu'à l'été 1661 vient de lui offrir son imprudent ministre, Fouquet, pour l'inauguration de son féerique château de Vaux. Louis XIV est furieux qu'un autre que lui ait su imaginer le théâtre grandiose dont il a senti, dès le premier coup d'œil, qu'il était le décor idéal et parfait de ses rêves de gloire future. Il en résulte la disgrâce du coupable et l'enrôlement forcé au service de la gloire monarchique des trois artisans de ce prodige – trois génies dont le nom précédé de l'article défini dit à quel point ils sont uniques : Le Brun, Le Vau, Le Nôtre. La passion décide de la suite, puisque la première mission que confie le roi au trio est l'agrandissement du petit pavillon de chasse construit à Versailles par son père. Il en veut faire l'écrin de sa passion naissante pour Louise de La Vallière, poupée fragile, légèrement claudicante depuis que, toute jeune, elle a chuté en faisant franchir à son petit âne une haie vive et qui, pourtant, n'en est pas moins l'une des plus lestes écuyères et des plus infatigables chasseresses de la jeune cour.

Versailles agrandi reste donc, pour quelques années encore, un relais de chasse, le lieu où l'on ne fait que passer pour se délasser de longues traques et de courses effrénées. Travaux modestes dans les débuts mais qui, dès 1663, avec deux escaliers en vis-à-vis et des salons de réception doublant et enveloppant des appartements privés, fixent les articulations du futur palais. Autre empreinte originelle et qui ne se démentira jamais, la future demeure des rois est vouée à la gaieté bien plus qu'aux démonstrations de la furie guerrière. Le roi veut de la joie partout ; ainsi fait-il édifier deux hautes volières d'angle grillagées, de part et d'autre de la cour de Marbre (supprimées plus tard par Hardouin-Mansart), où des oiseaux de paradis piaillent et volettent.

De nos jours encore Versailles offre d'emblée le spectacle d'un temple de grâces alanguies bien plus que de divinités furieuses. Franchissez les grilles ! Nulle statue équestre de prince guerrier pour vous accueillir (celle qui avait longtemps occupé la cour centrale et qui vient d'être déplacée n'y avait été installée que sous Louis-Philippe). Le rose de la brique, le mordoré des pilastres, le marbre incarnat des doubles colonnes du portique central, l'or ruisselant des toits vous déposent immédiatement au parterre d'un théâtre. C'est d'ailleurs là que Lully a donné son *Alceste* et Molière son *Impromptu*, sans nécessité d'ajouter aucun décor. À l'attique alternent des pots à feu, trop parés de guirlandes pour qu'on puisse imaginer que les mèches allumées qu'ils portent exploseront jamais, et des divinités couchées, à demi évanescentes, dont seules les figures féminines sont casquées. Est-ce le signe que, passé les vestibules, ce sont surtout les dames qui devront se tenir sur leurs gardes ? Enfin, du côté des jardins, là où les façades se déploient en paraissant ouvrir tout grand les bras à la nature harmonieusement domptée, autour des parterres d'eau, sur le rebord des bassins, les nymphes et les groupes d'enfants joueurs de Le Hongre et Corneille Van Cleve paraissent méduser les allégories des fleuves de France, incarnés dans des héros barbus, repus de mille et une voluptés.

Trois à quatre mille personnes vivaient là, pour la plupart des domestiques, des valets, des frotteurs, des garçons bleus se tenant près des portes sans bouger, des trottins, des cousettes, des soubrettes... Songez comme ce monde a dû s'aimer, s'étreindre, s'agacer. Les amours des Jeanneton et des Toinon, des Valère et des Baptiste valaient bien, à coup sûr, celles de leurs maîtres ; ni moins ardentes, ni moins tumultueuses. Mais, une fois de plus, les puissants ont tout accaparé. Ce sont les amours royales qui ont laissé là une empreinte durable. La raison en est simple. Chez les princes, tout, jusqu'aux passions, est public. La vaste machinerie du palais se règle sur leurs gestes. « On n'avait qu'à savoir quel jour il était, quelle heure il était, pour savoir ce que le roi faisait », dit Saint-Simon.

Les règnes de nos derniers rois Bourbons nous sont essentiellement connus par le récit de leurs exploits guerriers ou celui des prouesses des artistes de leur temps ; or, à Versailles, du fait de l'étonnant état de conservation de lieux plus secrets, où les acteurs principaux du perpétuel battage de la cour pouvaient un temps s'isoler, il nous est possible d'approcher un univers plus intime. Il n'est, par exemple, pas de bouton de porte de ses petits appartements qui n'ait été pressé par la main de Marie-Antoinette. C'est la magie des lieux plus cachés du palais où ne vont pas les touristes pressés : la part d'humanité des princes s'y trouve préservée, on entre en communion avec leur ombre.

Dans le peu qui reste des appartements de Mme de Montespan, davantage chez Mmes de Maintenon, de Pompadour ou du Barry et, bien plus encore, chez Marie-Antoinette, se peuvent évoquer – avec très souvent le renfort de lettres ou de mémoires écrits sur place – les successives passions qui ont rythmé, fixé les couleurs et les modes, donné le ton aux cent trente années au cours desquelles la politique de la France et parfois du monde s'est ordonnée depuis là.

La course du Soleil ; d'un chandelier l'autre

Pour commencer, au lever de l'astre, La Vallière. Nous l'avons suggéré, c'est une aurore joyeuse et de plein vent : les chasses, le château de cartes, les fêtes dans les jardins. Louise, la leste écuyère, celle qui pouvait apparaître ou disparaître dans un galop, a d'abord servi au roi de « chandelier », au sens où l'employait Musset dans son théâtre : c'est-à-dire de personne choisie pour recevoir l'éclat des feux de la passion, alors que c'en était une autre – tenue cachée, parce qu'on ne pouvait pas la révéler – qui se trouvait être l'objet véritablement convoité. Suivante de Madame – Henriette d'Angleterre, qui, au printemps 1661, épouse le frère du roi et devient duchesse d'Orléans –, Louise accepte d'endosser le rôle afin de couvrir le penchant inavouable du jeune monarque pour sa belle-sœur.

Il n'est pas certain que le roi l'ait remarquée dans le *Ballet des Saisons*, donné à Fontainebleau, en juillet, où elle incarnait l'une des suivantes de Phébé, se révélant tout aussi parfaite dans l'exercice de la danse qu'en figures équestres. Louis, d'ailleurs, ne semble pas avoir distingué non plus, six mois plus tard, en janvier 1662, Mlle de Tonnay-Charente – future Montespan – faisant son entrée au Louvre dans le ballet d'*Hercule amoureux*.

Le Soleil ne fixait point encore ses rayons.

L'intérêt de Louis pour Louise ne vient que par saccades. Il lève enfin les yeux sur l'amazone en habit d'homme gris, tricorne assorti, dont une écharpe de soie gracieusement entortillée souligne la sveltesse. Il découvre une demoiselle qui lui parle, chevauchant à ses côtés, comme s'il n'était pas le maître, simplement un cœur simple et ouvert. L'abbé de Choisy la sent émue, « toute renfermée en elle-même et dans sa passion ». Louis se trouble lorsqu'on lui rapporte qu'il échappe quelquefois à la belle de soupirer : « Ah ! s'il n'était pas le roi ! »

On l'aime pour lui-même, et non parce qu'il est le maître.

Il succombe.

On soupçonne rapidement la belle d'être enceinte. Pour en avoir le cœur net, Anne d'Autriche l'invite à jouer au volant après avoir fait relever exagérément la corde qui sépare les joueurs, mais Louise donne le change et saute hardiment l'obstacle. Elle accouchera en décembre 1663 au « palais Brion », petit pavillon jouxtant le Palais-Royal à Paris (à l'emplacement de l'actuelle Comédie-Française). L'enfant, un garçon qui ne vivra pas, sera, sous l'autorité de Colbert, remis aux époux Beauchamp, de même que deux autres, nés tous deux en 1665, qui succomberont également. Louise se résout à ces abandons. Le scandale causé par Henri IV, lorsqu'il avait légitimé et produit au grand jour sa progéniture adultérine, ne peut pas se reproduire : le roi donne alors régulièrement des enfants à la reine, et, surtout, l'Église, dont le magistère moral s'est renforcé depuis le début du siècle, veille au grain.

C'est donc Versailles – loin du Louvre où l'on est observé – qui va être le lieu de la faveur à demi publique de Louise. D'abord parce que le roi, sous prétexte de veiller aux premiers travaux qu'il vient d'y ordonner, l'y emmène dans la compagnie de ses plus intimes courtisans – ceux à qui il a octroyé le justaucorps à brevet bleu, un habit à parements rouges et broderies d'or qui permettait de suivre le roi partout. Guy Patin, en octobre 1663 : « Le roi va souvent à Versailles. On dit qu'il y a quelque chose encore plus doux qui l'y en fait faire le voyage. » Saint-Simon dira plus tard : « Le roi se servait du château pour être plus en particulier avec sa maîtresse… Il y allait une ou deux fois la semaine, en très petite compagnie, passer une partie de la journée. » Ensuite, parce que, en mai 1664, durant quatre jours, Louis XIV donne dans le parc, déjà magnifiquement aménagé, la féerie des Plaisirs de l'Île enchantée, véritable fête inaugurale des lieux, officiellement dédiée aux deux reines – la mère et l'épouse – mais qu'en réalité les courtisans avisés savent bien être faite pour Louise. Elle vient de reparaître dans tout l'éclat de sa fraîche beauté après son premier accouchement.

Louis n'a d'yeux que pour elle. « Les courtisans étaient enragés, écrit Mme de Sévigné, de voir que le roi ne prenait aucun soin d'eux. » Le monarque tient le rôle de Roger, prisonnier de la magicienne Alcine. « Jamais un air plus libre et plus guerrier n'avait mis un mortel au-dessus des autres hommes », dit la *Gazette*. Au crépuscule le parc s'illumine de centaines de flambeaux de cire blanche portés par des valets masqués, les arbres scintillent de girandoles, les personnages des Saisons défilent sur une musique de Lully – le Printemps sur un éléphant, l'Hiver tirant un ours, Molière en dieu Pan, s'apprêtant à jouer les jours suivants *La Princesse d'Élide* et *Le Tartuffe*. Au dernier jour, émergeant du miroir d'eau, le palais d'Alcine s'embrase, le royal prisonnier est libéré. Il triomphe.

Louise est au comble de la faveur mais au prix de terribles épreuves. Ainsi lors de la naissance d'un quatrième enfant, une fille (Marie-Anne, future princesse de Conti), en octobre 1665, à Vincennes. Au plus mal, elle doit mettre à profit un court instant d'absence de la reine pour prier l'accoucheur d'accélérer la délivrance (certainement crever le placenta) afin de se trouver pimpante et rajustée, le soir même, pour le souper de la cour…

Pourtant, déjà, le Soleil darde de ses rayons un nouvel astre : Mlle de Tonnay-Charente, devenue Mme de Montespan, qui a tout fait – accablant même

Louise d'une feinte amitié – pour occuper la place. On chansonne :

On dit que La Vallière
S'en va sur son déclin.
Ce n'est que par manière
Que le roi suit son train.
Montespan prend la place.
Faut-il pas que tout passe
Ainsi de main en main ?

Transition lente et douloureuse que Louis XIV opère avec assez de cruauté, faisant de Louise, une fois de plus, le chandelier de ses amours. Il lui faut en effet redoubler de précautions : La Vallière était demoiselle mais l'ancienne Mlle de Tonnay-Charente, Françoise de Rochechouart-Mortemart, est mariée depuis peu à M. de Montespan, et le mari n'est pas accommodant. Ainsi Louise mettra-t-elle au monde, en octobre 1667 encore, le comte de Vermandois, alors que le roi est l'amant de sa rivale depuis le printemps.

L'éloignement progressif de la belle boiteuse ne manque pas de grandeur. C'est pour ses enfants qu'elle demeure à la cour. Ayant obtenu leur légitimation, elle se fait peindre en leur compagnie par Mignard, dans ce qui est sans doute l'un des plus gracieux tableaux conservés à Versailles. À cette heure, déjà, pourtant, c'est le pardon divin de ses fautes qui l'accapare tout entière. Elle rédige en secret des *Réflexions sur la miséricorde de Dieu*. Au mercredi des Cendres 1671, elle se réfugie au couvent des Dames de la Visitation de Chaillot, mais le roi la rappelle – toujours la nécessité d'un paravent, et sans doute aussi un reste d'attachement. Trois ans plus tard, après avoir imploré le pardon de la reine, elle se fait cette fois pour de bon carmélite. L'envol est sublime. « En me donnant à Dieu, c'est encore vous que j'aime », lui aurait-elle dit. Assurément, c'est celle qui l'a aimé le plus fort.

Louise, qui compte pour beaucoup dans la naissance du projet de Versailles, n'y aura jamais eu d'appartement marqué. Jusqu'au bout, elle paraîtra ne s'y être attardée que le temps de débotter.

Le règne superbe de Mme de Montespan – qui change son prénom en celui beaucoup plus olympien d'Athénaïs – va s'accomplir en entier, tout au contraire, dans l'éclat du Soleil fixé à son zénith, au palais même, à l'heure où Versailles devient l'épicentre du pouvoir absolu et du rayonnement des arts français. Elle a sa place, de plain-pied avec le roi, à l'étage, dès les premiers véritables agrandissements du château : un appartement élégant mais étroit, directement desservi par le grand escalier, se composant de trois pièces de parade richement décorées et de diverses autres petites pièces, communiquant par des escaliers dérobés, sur trois niveaux. Endroit féerique qu'elle égaye de soieries clinquantes, d'un mobilier d'argent et où volettent des oiseaux que, le soir, des soubrettes renferment dans des cages dorées.

Un règne presque sans partage de onze années au cours desquelles cette femme à la beauté incomparable et à l'esprit supérieur – « le chrême des Mortemart », disait-elle – va donner sept enfants au roi, dont cinq survivront. Redoublement de précautions (à cause du mari), les premiers accouchements sont effectués par le praticien Clément, qui ne peut approcher la parturiente que les yeux bandés. L'enfant est immédiatement enlevé pour être caché, tel ce troisième – le futur duc du Maine, Louis-Auguste, venant après deux autres morts en bas âge – qui, le 31 mars 1670, à Saint-Germain, est remis par Lauzun, qui a dû traverser la chambre de la Reine, effrayé à l'idée que le marmot puisse pleurer, pour le déposer entre les mains d'une femme attendant dans un fiacre : la veuve Scarron, future Mme de Maintenon. C'est par là que cette femme, soucieuse avant tout de sa réputation, va s'insinuer dans l'affection du roi, tout d'abord refroidi par son abord sévère – « Oh ! pour celle-là, aurait-il dit, la voyant une première fois, je m'adresserais plutôt à la reine pour lui pincer les fesses ! » Finalement, il sera touché, la voyant prodiguer des soins quasi maternels à ses bâtards : « Comme elle sait aimer et qu'il y aurait du plaisir à être aimé d'elle ! » aurait-il dit aussi après l'une de ses visites dans le lieu secret, à Paris, près des Invalides, où étaient élevés ses enfants.

L'assaut des confesseurs (au carême de 1675, Louis a dû promettre, une première fois, pour pouvoir faire ses Pâques, de rompre sa liaison) ; les coups de cœur du roi (Mme de Ludres, une chanoinesse qu'Athénaïs parvient à écarter, en persuadant son amant qu'elle est affligée d'un dartre ; Angélique de Fontanges, enceinte d'une fille qui ne vivra pas) ; et surtout l'affaire des Poisons qui, de 1677 à 1682, étend son ombre mortifère sur la cour, auront raison de la superbe Athénaïs, « cette beauté à montrer à tous les ambassadeurs », dit Mme de Sévigné. Louis XIV, convaincu que sa maîtresse, pour conserver son affection, a eu recours aux sorciers, décide son éloignement. Mais il faut sauver les apparences : elle est la mère des enfants qu'il aime et qu'il a entrepris de légitimer dès 1673.

Changement au palais, à l'automne 1684, Mme de Montespan descend d'un étage. Le roi récupère son appartement contigu au sien et lui abandonne, au rez-de-chaussée, le somptueux appartement des bains où il viendra la visiter ponctuellement, sans même quelquefois lui parler. C'est une somptueuse enfilade de pièces : Vestibule dorique aux huit colonnes de marbre « jaspé de blanc et de rouge » ; salle de Diane en marbre blanc et noir ; cabinet des Mois, paré de douze statues en plomb doré d'éphèbes ailés ; chambre des bains où est placé le lit en alcôve, recouvert de bergeries sur fond de brocart ; enfin, le cabinet des bains aux trois baignoires de marbre dont une immense, destinée à des bains en compagnie comme cela se pratiquait alors.

L'année où la mère des « bâtards du Soleil » s'installe dans ces appartements de plain-pied de l'aile nord, l'astre à son couchant, devenu soudainement veuf le 30 juillet 1683, est secrètement remarié depuis un an. Quelques semaines seulement après la mort de sa femme (certainement le 10 octobre), il a épousé la veuve Scarron dont il avait fait, dès 1675, la marquise de Maintenon. Mariage de nuit non pas par surcroît de précautions, mais parce qu'on voulait aller vite, et qu'en ce cas, puisque les deux cérémonies religieuses requises par l'Église ne pouvaient être célébrées le même jour, on se fiançait à minuit moins le quart pour se marier le lendemain, au quart.

Mme de Maintenon occupe, depuis janvier 1680, dans l'aile sud du château, dans le prolongement de la loggia de l'escalier de la Reine, un petit appartement malcommode qu'elle ne voudra pourtant jamais quitter. Il sera certes légèrement « augmenté », mais toujours en travaux. C'est ainsi que, dans une lettre, elle se plaint d'avoir vu sa cheminée faire le tour complet de sa chambre. Le logis est bas de plafond, exposé aux courants d'air, d'où cette fameuse chaise qui l'enveloppe tout entière telle une coque et dont elle ne bouge guère. Crépuscule presque bourgeois du règne, après les chevauchées de l'aurore et les fastes de l'astre triomphant. Le roi vient là travailler avec ses ministres à la liasse (les papiers de l'État). « Pendant que le roi continue de travailler, je soupe », dit-elle. Il lève parfois la tête pour l'interroger à propos des affaires qu'il traite : « Qu'en pense Votre Solidité ? » demande-t-il.

Lors de son installation sur ce palier de l'escalier de la Reine, en 1680, la marquise était déjà, depuis quelques mois sans doute, la maîtresse de Louis XIV. En femme avisée, elle l'avait incité à reprendre des « habitudes » auprès de la reine et même à dormir chez elle quelquefois. Marie-Thérèse lui en était reconnaissante. Elle lui avait même offert, peu de temps avant sa mort, un petit crucifix, « pour lui avoir rendu le cœur du roi ».

Cette plus habile des maîtresses avait tout pour faire une parfaite épouse secrète.

Mais, en 1710 encore, Louis XIV n'a toujours pas rangé le carquois de Cupidon : « Quand le roi est revenu de la chasse, écrit la marquise, il vient chez moi. On ferme toutes les portes, *personne n'entre plus.* » C'est l'heure de ce qu'elle appelle à l'usage de son confesseur (qui d'ailleurs l'incite à ne pas s'y soustraire pour la plus grande gloire de l'Église) « les occasions pénibles ».

Ces « choses-là », comme elle dit aussi, se passaient toujours en plein jour.

Elle le dira bientôt crûment à ses demoiselles de Saint-Cyr, en se retirant parmi elles, après la mort du roi : « Les hommes sont tyranniques, j'en suis convaincue. Ils ne sont pas capables d'amitié comme les femmes. »

Les belles amies du Bien-Aimé

À la mort de Louis XIV, la cour se disloque. L'air de Versailles était devenu irrespirable. On se rue à Paris pour s'y repaître de plaisirs et de polissonneries. Sept ans plus tard, en 1722, l'arrière-petit-fils du Soleil étant sur le point d'atteindre ses treize ans – l'âge de la majorité –, le palais se repeuple : c'est à Versailles qu'il faut être roi ! Débuts sages du règne : mariage à l'adolescence avec Marie Leszczyńska, son aînée de sept ans, une union précipitée après qu'il eut été malade et qu'on eut craint pour la succession au trône... Des enfants en cascade : dix en treize ans, mais au bout de sept ans, parce que la reine rechigne aux couches répétées, le roi « prend » des maîtresses, des sœurs – trois ou quatre, on ne sait pas exactement – dans la même famille – celle de Mailly-Nesle –, des arrière-petites-filles d'Hortense Mancini... Ce qui les disposait sans doute à la galanterie. Passeront ainsi dans le lit du jeune monarque de trente ans la comtesse de Mailly, dès 1733, celle de Vintimille (mère d'un bâtard, Charles, dit « demi-Louis »), celle de Lauraguais, puis la duchesse de Châteauroux. Certains assurent que Louis XV, prenant ses maîtresses dans « la même portée », se rassurait en pensant qu'il ne commettait qu'un seul péché. Seront logées à Versailles, dans l'attique surplombant le grand appartement du Roi (au-dessus du salon d'Hercule), successivement, Mme de Lauraguais puis sa cadette, Mme de Châteauroux.

Appartement qui, en 1745, est attribué à la nouvelle sultane, Jeanne-Antoinette Poisson, dont le roi, déguisé en if, a, pour la première fois, touché le doigt, le 25 février 1745, au cours d'un bal et qu'il fait en quelques semaines marquise de Pompadour.

Il n'est pas d'autre maîtresse royale (grâce à l'éducation que lui avait fait donner celui qui était sans doute son véritable père, Lenormant de Tournehem) à avoir excellé en tant de domaines à la fois. Elle savait danser, chanter, jouer la comédie, peindre, graver. Sa grâce était incomparable, son goût exquis. Elle s'entendait à l'imposer et le répandre. Les modes, la porcelaine, le mobilier, jusqu'aux œuvres de l'esprit (comme l'*Encyclopédie*) allaient porter sa reconnaissable empreinte ou recevoir sa protection. Pourtant la sensualité n'était pas son fort. Elle se comparait elle-même à une macreuse, ces oies sauvages venues du nord, qu'avant Buffon on croyait être à sang froid. Au bout de cinq ans c'est elle-même d'ailleurs qui prend le parti d'annoncer son changement de rôle. En 1750, en présence des principaux familiers du roi, au cours d'une fête qu'elle donne à Bellevue, son château posé tel un balcon au-dessus de Paris, elle fait remplacer la statue de l'Amour par celle de l'Amitié.

Dès lors, pendant quatorze ans, jusqu'à sa mort précoce, en avril 1764, elle sera la « bonne amie » du roi, la présence indispensable, la conseillère politique et artistique, la protectrice secrète d'un monarque dépressif dont la sexualité, sur le tard, se débride et tourne à la passion des toutes jeunes demoiselles. Davantage écran que chandelier, la marquise tiendra un rôle dans l'aménagement et la conservation du secret de cette érotomanie, d'abord, sous les toits du palais, dans les petits cabinets du « trébuchet », puis, en ville, dans une petite maison connue sous le nom de Parc aux Cerfs. Elle s'occupera des bâtards, car il en naîtra une bonne dizaine de ces amours furtives. Ils ne seront pas reconnus mais, puisque rien ne pouvait se cacher vraiment à Versailles, on les nommera à bas bruit, tels ces abbés de Bourbon et Dedieu dont les filles du roi se feront les protectrices, ou le beau Narbonne, né d'une femme de plus haut lignage et qui, à cause de cela, verra le jour à Parme, chez Madame Élisabeth, la seule de ses filles que Louis XV se soit résolu à marier.

Le changement de rôle de Mme de Pompadour en 1750 provoque un déménagement. Elle fait comme Mme de Montespan en 1684, elle « descend », vient au rez-de-chaussée dans la magnifique enfilade de pièces qu'on peut encore admirer et que le roi a fait réaménager pour elle. Cette fois, ce n'est pas une disgrâce, c'est un triomphe : la gloire de plain-pied ! L'architecte Lécuyer et les décorateurs Verberckt et Rousseau se sont surpassés. Un escalier secret permet d'accéder aux appartements du Roi. « C'est votre escalier qu'il aime », lui dira un jour la duchesse de Mirepoix. C'est donc là, à la vue de tous, qu'elle déploiera ses talents d'inspiratrice et de consolatrice, qu'elle boira la gloire d'une position sans doute plus forte et moins périlleuse que celle de maîtresse « active », « une gloire qui, dit Évelyne Lever, portait le deuil du bonheur ».

Louis XV aurait dit en voyant, depuis une fenêtre de la cour de Marbre, s'éloigner le cercueil de sa « bonne amie » sous la pluie : « Mme de Pompadour aura bien mauvais temps pour son dernier voyage. » Regrettait-il celle qui lui avait permis de ne pas sombrer publiquement dans les dérèglements ? En tout cas c'est un complot – une intrigue conduite par le duc de Richelieu pour éliminer le tout-puissant Choiseul – qui, en 1768, lui livre la jeune comtesse du Barry. Celle-ci, fille d'un moine et d'une couturière, jolie comme un cœur, d'abord trottin chez des modistes, avait épousé, par l'intermédiaire d'un de ses amants, le comte du Barry-Cérès, le frère de celui-ci, Guillaume. L'idée de ces messieurs était de faire leurs affaires en la poussant à la cour et en en faisant l'un de ses plus appétissants appâts. Bien conseillée, pas sotte, plus intéressante qu'on ne le pense généralement et plus attachée au roi qu'on ne le dit aussi, elle va épargner à ce dernier la déchéance d'un libertinage sénile. De plus, sans avoir le goût parfait de la Pompadour, mais sachant s'entourer, elle affirme le décor d'un classicisme (perceptible toutefois dès le milieu du siècle) par lequel, une fois de plus, Versailles donnera le ton à l'Europe. Son petit château de Louveciennes est le manifeste accompli de ce goût nouveau, fixé dans sa perfection.

L'appartement de Mme du Barry à Versailles a retrouvé toute sa splendeur en 2022. C'était la suite de pièces que Louis XV, sacrifiant sa galerie des Chasses exotiques, avait aménagées pour sa belle-fille, Marie-Josèphe de Saxe (mère de Louis XVI, Louis XVIII et Charles X), lorsqu'elle était devenue veuve en 1765. Elle y avait vécu deux ans. L'ancienne Jeanne Bécu lui succède quelques mois après sa mort. C'est une enfilade, basse de plafond mais somptueuse, donnant entre la cour de Marbre et la cour des Cerfs : grand cabinet, chambre, salle à manger, cabinet des bains, bibliothèque. Un escalier dérobé permet, là encore, de rejoindre les petits appartements du monarque.

Mme du Barry vivra là, publiquement, pendant presque sept ans, jusqu'à la mort du roi.

La révérence aux belles amours

Dernier maître du palais, Louis le seizième – le malchanceux –, celui qui, bien avant de déposer la couronne, abdique les trophées de l'amour tel un fardeau trop lourd – comme aussi un aveu de l'épuisement de sa race ? –, et qui laisse sa femme, Marie-Antoinette, tenir le rôle périlleux de maîtresse des plaisirs. La charmante tête de linotte royale s'y perdra par frivolité, sans voir que l'épouvantable médisance sourd déjà de tous les égouts, en particulier de ceux du palais et, surtout, que l'opinion n'est pas disposée encore à laisser les femmes commander aux plaisirs.

La révérence qu'elle sera contrainte de faire au peuple, le 6 octobre 1789, depuis le balcon du pavillon de chasse de Louis XIII, marque la fin des frivolités insolentes de Versailles. C'est comme la prière adressée à la foule furieuse d'en pardonner les excès et le signe que le temps des belles amours va fuir pour toujours le palais.

Bibliographie sélective

De Huertas (Monique), *Louise de La Vallière. De Versailles au Carmel*, Paris, Pygmalion, 1998.

Desprat (Jean-Paul), *Madame de Maintenon (1635-1719) ou le Prix de la réputation*, Paris, Perrin, coll. « Tempus », 2015.

Lever (Évelyne), *Madame de Pompadour*, Paris, Perrin, coll. « Tempus », 2003.

Maral (Alexandre), *Madame de Maintenon. La presque reine*, Paris, Belin, 2018.

Petitfils (Jean-Christian), *Madame de Montespan*, Paris, Fayard, 1988 ; Paris, Perrin, coll. « Tempus », 2009.

Saint Victor (Jacques de), *Madame du Barry. Un nom de scandale*, Paris, Perrin, coll. « Tempus », 2013.

4

Le mariage secret de Louis XIV

par Alexandre MARAL

Le mariage de Louis XIV et Mme de Maintenon est sans doute l'un des plus grands mystères de Versailles : a-t-il eu lieu, pourquoi, où, quand et comment ? Répondre à ces questions est peu aisé, tant l'événement a été passé sous silence par les sources officielles, mal perçu par les contemporains et, de ce fait, objet de nombreuses hypothèses par la suite.

Louis XIV et Mme de Maintenon avant 1683

Il est déjà un grand mystère, celui de la relation entre Louis XIV et Mme de Maintenon depuis l'installation de cette dernière à la cour, en 1673. L'historiographie traditionnelle s'accorde à voir en elle une maîtresse du roi dès 1674, ou bien à partir de 1678-1680, ou bien encore seulement à partir de 1683. Pour autant, le roi multiplie les passades à partir de 1677, année de la défaveur de Mme de Montespan, ce qui ne semble pas plaider en faveur d'une relation suivie avec une nouvelle favorite. En outre, à partir de 1680, du fait, entre autres, de l'affaire des Poisons, il met de l'ordre dans sa vie personnelle.

Certes postérieurs à la période qu'ils décrivent, mais émanant de figures peu bienveillantes à l'égard de Mme de Maintenon, deux témoignages sont à prendre en compte pour considérer la relation qui s'instaure, à la fin des années 1670, entre le roi et celle que l'on surnomme volontiers « Mme de Maintenant ». Le premier émane des *Mémoires* du marquis de La Fare, publiés en 1716 : « Tant que la reine vécut, Madame Scarron exigea du roi de bien vivre avec elle, ne se livra point tout à lui, et le persuada en même temps de son attachement pour lui et de sa vertu [...]. » L'autre mention émane d'une lettre écrite par Madame, belle-sœur du roi défunt, en mars 1719 : « Le roi [...] la poursuivit, mais elle tint bon et lui fit entendre que, bien qu'elle lui portât la plus grande inclination du monde, elle ne voulait pourtant pas offenser Dieu. Cela donna au roi une si grande admiration pour cette femme et un tel dégoût pour la vie dissipée de la Montespan, qu'il songea à se convertir. »

La conversion du roi est attestée par son retour à une vie sacramentelle régulière, que ne manque pas de signaler la *Gazette* : à partir de Pâques 1680, et après une interruption de seize années, le roi communie désormais, selon l'usage traditionnel, cinq fois par an. Incompatible avec l'adultère, ce calendrier des communions royales est toujours respecté après la mort de la reine Marie-Thérèse, ce qui laisse penser que le roi est resté chaste, ou bien qu'il s'est marié une seconde fois.

Contre toute attente en effet, le 30 juillet 1683, la reine Marie-Thérèse s'éteint soudainement, à l'âge de quarante-cinq ans, au terme d'une maladie qui n'a duré que quatre jours. Veuf imprévu et prématuré, alors même que, depuis 1680, il a pris la sage résolution de se rapprocher de sa femme, Louis XIV est désormais exposé à retomber sous l'emprise d'une nouvelle liaison.

Louis et Françoise

Dès la mort de la reine, Louis XIV se rend à Saint-Cloud, puis, à partir du 3 août, à Fontainebleau, où il est rejoint par sa belle-fille, la dauphine de Bavière – dont Mme de Maintenon est la seconde dame d'atours.

Selon les tardifs *Souvenirs de Madame de Caylus*, le jour même de la mort de la reine Marie-Thérèse, le duc de La Rochefoucauld, grand maître de la Garde-Robe du roi, aurait conseillé à Mme de Maintenon de ne pas se tenir à l'écart, mais, au contraire, de rester proche du roi.

Le 12 août 1683, à propos du roi, Mme de Maintenon écrit à son amie Mme de Brinon : « Il a plus besoin de grâce que jamais pour soutenir un état contraire à son inclination et à ses habitudes. » Dans la mesure où le roi, n'ayant plus aucune maîtresse, est un parfait célibataire, la situation est en effet assez délicate.

En 1748, le duc de Luynes devait consigner dans ses *Mémoires* un propos tenu par une survivante de cette période, la veuve du maréchal de Noailles, alors âgée de quatre-vingt-douze ans : « Mme la maréchale de Noailles [...] a dit à M. le président Hénault qu'elle n'avait jamais oublié un dîner qu'elle fit à Soissons ou à Villers-Cotterêts avec Mme de Montespan. C'était en 1683, peu de temps après la mort de la reine Marie-Thérèse. Mme de Montespan parlait du roi et de son caractère. "Il faut, dit-elle à Mme de Noailles, songer à le remarier tout au plus tôt. Sans cela, tel que je le connais, il fera un mauvais mariage plutôt que de n'en point faire." »

Mme de Maintenon a probablement été placée devant le dilemme suivant : garder son ascendant sur le roi – mais alors en devenant sa maîtresse –, ou renoncer à tous les avantages patiemment acquis depuis son entrée à la cour. Le mariage s'est imposé comme une solution permettant au roi de ne pas compromettre les résultats de sa spectaculaire conversion et à Mme de Maintenon de conserver sa faveur sans avoir à la négocier d'une façon moins honnête.

Le 22 août 1683, elle écrit à Mme de Brinon : « Il n'y a rien à répondre sur l'article de Louis et Françoise, ce sont des folies », comme si la rumeur circulait déjà, et elle ajoute : « Je voudrais seulement savoir pourquoi elle ne le voudrait pas, car je n'aurais jamais cru que l'exclusion, sur cette affaire, fût venue par elle », ce qui montre qu'elle considère ce mariage comme une issue possible et honorable à la situation incertaine où le roi se trouve depuis la mort de sa femme.

De Fontainebleau à Versailles

Il est impossible de connaître le moment précis où le roi a fait part à Mme de Maintenon de son désir de l'épouser.

Le 20 septembre, cette dernière écrit à l'abbé Gobelin, son directeur spirituel : « Ne vous alarmez jamais de mes maux, je vous en prie [...]. J'ai eu des vapeurs, et tout ce que j'ai souffert, depuis quelque temps a un peu troublé ma santé ; outre que je ne me porte jamais si bien à Fontainebleau qu'ailleurs [...]. J'ai grand regret à la dernière visite que vous m'avez faite [vers le 18 août]. Ce temps-là fut mal employé, et vous fit sentir une partie de mes agitations ; elles sont finies, du moins dans les apparences, et je suis dans une paix dont je prendrais plus de plaisir à vous entretenir que des troubles que nous vous communiquâmes [...]. Le roi est, grâce à Dieu, en parfaite santé. Adieu, Monsieur ; ne m'oubliez pas devant Dieu, car j'ai grand besoin de forces pour faire un bon usage de mon bonheur. »

Jusqu'à la fin du mois de novembre 1683, Louis XIV reçoit régulièrement des condoléances publiques pour la mort de sa femme. Son mariage avec Mme de Maintenon peut avoir eu lieu dès septembre à Fontainebleau. Selon l'hypothèse de Marcel Langlois, il a été célébré dès le retour du roi à Versailles, dans la nuit du samedi 9 au dimanche 10 octobre.

C'est un mariage secret. Il est donc fort peu probable qu'il ait été célébré dans la chapelle du château, à Versailles comme à Fontainebleau, un lieu public aisément accessible et mal relié à l'appartement du Roi. Pour un mariage dit de conscience, la cérémonie peut être réduite aux seules prescriptions contenues dans le rituel : échange des consentements et bénédiction de l'anneau. Elle a pu se dérouler dans une pièce intime de l'appartement intérieur du Roi ou de celui de Mme de Maintenon.

« Il est impossible de savoir ce qu'il en est »

Dans l'immédiat, l'événement passe inaperçu aux yeux de la cour. La faveur de Mme de Maintenon n'est pas spécialement accrue : elle possède déjà une charge dans la Maison de la dauphine, un appartement indépendant, et voit souvent le roi pour de longs entretiens. La manière de vivre des deux époux n'est affectée d'aucune modification apparente.

En avril 1688, Madame s'interroge encore sur la nature exacte du lien qui unit son beau-frère à Mme de Maintenon : « Je n'ai pas pu savoir si le roi a oui ou non épousé la Maintenon. Il y en a beaucoup qui assurent qu'elle est sa femme et que l'archevêque de Paris les a unis en présence du confesseur du roi et du frère de la Maintenon, mais d'autres disent que ce n'est pas vrai, et il est impossible de savoir ce qu'il en est. »

Une des premières mentions de ce mariage est due au diplomate Ézéchiel Spanheim, dont le témoignage est particulièrement précieux : « Et, comme on vit le Roi même, depuis la mort de la Reine, dans la vigueur, on peut dire, de l'âge, renoncer à ses inclinations passées pour les belles de sa cour, et malgré les avances qu'on ne manquait de lui en faire, éloigné d'ailleurs de toute pensée d'en venir à un second mariage qui donnât une nouvelle reine, et, outre cela, dans un grand penchant à la dévotion, tout cela [...] ne put que faire réfléchir davantage sur la nature et sur les suites de cette conduite qu'il gardait et redoublait de plus [en plus] pour Mme de Maintenon. Enfin ce commerce, qu'on n'attribua longtemps [...] qu'à une pure estime et aux seuls agréments de l'esprit et de l'humeur de la dame, a paru si grand et si particulier dans la suite, que le bruit sourd se répandit que le Roi l'avait épousée secrètement, sans autres témoins que le père La Chaise, son confesseur, et l'archevêque de Paris. »

Si le nom du prêtre chargé de la célébration n'est pas connu – vraisemblablement le curé de la paroisse Saint-Julien de Versailles, le lazariste Nicolas Thibault –, Spanheim ne nomme que deux témoins, deux ecclésiastiques rompus au secret de la confession : selon le droit canonique en effet, le mariage – et *a fortiori* le mariage de conscience – ne requiert que deux témoins. Il semble donc peu probable que d'autres témoins, mentionnés par des sources postérieures, aient été présents à cette cérémonie – notamment Louvois et Bontemps, dont le quartier de premier valet de chambre du roi est d'ailleurs celui de janvier.

Spanheim poursuit : « Cette créance, qui fut prise d'abord pour des chimères de cour à tourner en ridicule un attachement aussi extraordinaire, dans la suite n'a point paru mal fondée à la plupart des gens, mais d'avoir même d'assez grands préjugés pour l'affermir. Ceux qui en sont persuadés, et qui ne peuvent l'attribuer ni à la jeunesse, ni à la beauté, ni à la grande naissance de la dame, et qui y trouvent d'ailleurs tant de raisons opposées à un pareil engagement d'un grand roi, et si jaloux d'ailleurs de sa gloire, ceux-là [...] ne peuvent que l'imputer au penchant susmentionné du Roi à la dévotion, à une mortification de ses sens, à une pénitence de ses amours criminelles, et à une conduite particulière par où elle a su engager en premier lieu toute l'amitié et la confidence de Sa Majesté, et ensuite par crainte de retomber en ses faiblesses passées, ou par la considération même de ses infirmités suivies, le [porter] enfin, si ces bruits sont véritables, à en faire non seulement sa confidente, mais sa femme légitime [...]. »

Tenue secrète, cette union morganatique répond à un souci de prudence : une sorte de voie moyenne permettant de respecter les exigences de la morale tout en évitant les critiques qui ne manqueraient pas de stigmatiser cette mésalliance.

Des témoignages probants

Plus allusives qu'explicites, deux autres mentions contemporaines méritent d'être signalées. Le 13 août 1684, le marquis de Dangeau consigne dans sa chronique : « Madame la comtesse de Grandpré ayant perdu son procès, le roi dit le soir à son souper que tout d'une voix on avait décidé dans le conseil que les secondes noces étaient malheureuses ; un conseiller d'État lui dit : Sire, ce n'est que pour les particuliers. Et le roi répartit qu'il y avait de grands inconvénients pour toutes sortes de gens, sans exception. » L'identité de ce conseiller d'État n'est pas connue, mais son trait de flagornerie courtisane tend à prouver que le secret est alors éventé. En tout état de cause, le roi répond comme s'il n'avait pas saisi l'allusion, de manière à bien faire comprendre sa volonté de garder le secret. En septembre 1684, Mme de Sévigné, qui, depuis un certain temps, ne mentionne plus son amie dans sa correspondance, écrit à sa fille : « La place de Mme de Maintenon est unique dans le monde. Il n'y en a jamais eu de telle, et il n'y en aura jamais. »

Plus tardives, d'autres mentions sont plus explicites, mais tout aussi rares et connues par des copies. Ainsi, la lettre du 1er janvier 1696 de l'évêque de Chartres, Godet des Marais, directeur spirituel de Mme de Maintenon à la suite de l'abbé Gobelin, contient des vœux pour l'année à venir : « Aimez le roi d'une très-grande charité ; soyez-lui soumise comme faisait Sara, qui obéissait à Abraham ; [...] ne l'appelez pas seulement votre seigneur, mais regardez-le comme tel dans l'ordre de Dieu [...] » – Sara ayant été la seconde épouse d'Abraham. Non datée, une autre lettre de Godet des Marais est cette fois adressée au roi : « Vous avez, Sire, une excellente compagne dont la tendresse, la sensibilité et la fidélité pour vous sont sans égales. Je serais bien sa caution qu'on ne peut vous aimer plus tendrement et plus respectueusement qu'elle ne vous aime. Il paraît bien visiblement que le Ciel vous a voulu donner une aide semblable à vous, au milieu de cette troupe d'hommes intéressés et trompeurs qui vous font la cour, en vous accordant une femme occupée de la gloire de son époux. »

En fin de compte, la source la plus probante attestant, si nécessaire, la réalité de cette union matrimoniale est la lettre de Godet des Marais à Mme de Maintenon datée d'août 1709 et transcrite par elle-même dans un de ses petits livres secrets : « Que ne ferait le roi s'il était livré à une personne flatteuse et mondaine ? Tant que le mépris de ces défauts sera joint à l'amour tendre que vous avez pour lui et à la compassion qui vous fait partager avec tant de charité, aux dépens de votre repos et de votre santé, ses malheurs, ses douleurs et ses accablements, il n'y a rien à craindre pour vous. Dieu a formé le lien qui vous unit, soyez seulement attentive à ne pas vous rebuter et à ne pas le rebuter. Il a besoin de vous et nous avons grand besoin de lui. Comme j'avais l'honneur de vous le dire hier, il faut le préparer aux vérités qu'il n'aime pas par la joie, qu'il aime beaucoup. Il faut l'encourager et le réveiller, l'attrister quelquefois, et le consoler le plus souvent que vous pourrez. Si je ne savais que Dieu est en vous avec une grande abondance de grâces, je ne pourrais, Madame, me résoudre sans peine à vous donner de tels conseils, car je sais les épreuves par où vous avez à passer pour en venir là. Quel moyen de réjouir les autres quand on est accablé de tristesse, et comment vivifier un homme sans mouvement ? Mais ayez confiance en Dieu qui unit si tendrement deux personnes si différentes dans leurs sentiments. »

Ainsi, si l'existence du mariage de Louis XIV et Mme de Maintenon ne fait plus guère de doute, les circonstances précises de son projet et de sa célébration demeurent entourées de mystères. Sauf à découvrir de nouvelles sources, ces derniers ne sont pas près d'être éclaircis.

Bibliographie sélective

Da Vinha (Mathieu) et Maral (Alexandre) (dir.), *Madame de Maintenon. Dans les allées du pouvoir,* Vanves, Hazan, Versailles, Château de Versailles, 2019.

Langlois (Marcel), *Madame de Maintenon,* Paris, Plon, 1932.

Maral (Alexandre), *Madame de Maintenon. La presque reine,* Paris, Belin, 2018.

5

Les secrets du Parc aux Cerfs[1]

par Camille PASCAL

Le Parc aux Cerfs… Depuis le règne de Louis XV jusqu'à celui du président Coty, ces quelques mots n'ont cessé d'alimenter les fantasmes. Il suffit d'évoquer cet endroit, véritable lieu de mémoire érotique, pour imaginer un roi centaure, l'arc éternellement bandé, chevauchant dans les allées d'un parc à la française de jeunes vierges au regard de biche. Chaque époque a donc projeté là ses interdits sexuels et sa libido politique. La Révolution voulut y voir, dans un pamphlet célèbre[2], « l'origine de l'affreux déficit » en même temps que « le gouffre de l'innocence et de l'ingénuité ». Sous le Second Empire, il était

1. Cette contribution est une reprise modifiée et amplifiée de la notice consacrée par l'auteur au Parc aux Cerfs dans le catalogue de l'exposition qui s'est tenue au château de Versailles (*Louis XV. Passions d'un roi*, Château de Versailles/In Fine, 2022).

2. Anonyme, *Le Parc au cerf ou les Origines de l'affreux déficit*, par un zélé patriote, À Paris, sur les débris de la Bastille, 1790.

commode de fustiger le harem du Bien-Aimé pour dénoncer indirectement les frasques de Badinguet. Le bourgeois de la IIIe République, quant à lui, trouvait là à justifier ses visites à la « maison Tellier », car il était difficile de reprocher au président Fallières ce que Louis XV lui-même avait fait. Il faudra qu'une autre révolution – sexuelle celle-là – donne l'œuvre du marquis de Sade à lire à toutes les jeunes filles rangées pour renvoyer le Parc aux Cerfs au rang des accessoires mis à l'encan après la fermeture définitive du Chabanais, cette maison close parisienne devenue presque mythique. La possibilité s'offrait alors de traiter le sujet comme un objet historique en soi, mais les chantres de la « nouvelle histoire » s'y sont toujours refusés par dédain de la « petite histoire ». Pourtant, le Parc aux Cerfs, refuge secret des amours de Louis XV, n'est pas un mythe, il révèle même un véritable système sur lequel plane l'ombre de la marquise de Pompadour et de son clan. Plusieurs maîtresses royales s'y sont succédé dans des maisons différentes, dont trois ont pu être identifiées à ce jour.

Un roi qui donne dans les passades...

Tout au début de l'année 1753, le marquis d'Argenson se fait l'écho d'une rumeur de cour. Dès le mois de février, il note dans son *Journal* que « le roi donne dans les passades », avant d'ajouter quelques jours plus tard que le monarque trouve désormais son plaisir avec « quelques beautés parisiennes » parmi lesquelles se glisseraient parfois de « plus jeunes filles »[3]. Pour le diariste, qui affirme tenir ces informations « d'un homme de cour et de l'intrigue des cabinets », lequel n'est autre que son propre frère alors ministre de la Guerre, ce goût pour les tendrons signifie que la marquise de Pompadour, maîtresse royale et déclarée depuis le bal des Ifs, est « dégottée [*sic*] de ses principales fonctions[4] ». Aux yeux de cet homme en disgrâce qui voue à la favorite une haine farouche, la fin de tout commerce charnel entre elle et le souverain annonce irrémédiablement sa chute.

Les espoirs du mémorialiste seront pourtant déçus, car le recours à des « beautés parisiennes » pour satisfaire le goût du roi est, en réalité, une réponse de la marquise elle-même à une situation périlleuse. Pour des raisons qui tiennent tout à la fois à une fragilité physiologique et à cette froideur de macreuse que les faux *Mémoires de Madame du Hausset*[5] lui attribuent, Jeanne-Antoinette Poisson, qui avait su allier le piquant de son esprit au plaisir charnel, n'accorde plus que très rarement la « petite visite » à son royal amant. Pour pallier cet inconvénient, la

3. *Mémoires et journal du marquis d'Argenson*, À Paris, chez Mme Ve Jules Renouard, 1859-1867, t. VII, p. 408-409.

4. *Ibid.*, p. 436.

5. Les travaux du professeur Alden Rand Gordon ont révélé cette supercherie littéraire que certains biographes continuent pourtant à citer comme source ; voir Alden Rand Gordon, « The Longest-Enduring Pompadour Hoax : Sénac de Meilhan and the *Journal de Madame du Hausset* », *in* Elise Goodman (dir.), *Art and Culture in the Eighteenth Century. New Dimensions and Multiple Perspectives*, Newark, University of Delaware Press, Londres, Associated University Presses, 2001.

marquise va d'abord s'entourer d'un escadron volant essentiellement composé de jeunes et jolies cousines auxquelles le roi jette parfois le mouchoir, mais qui sont suffisamment dépendantes du réseau Lenormant-Pâris, véritable conglomérat fisco-financier dont elle tire une partie de son propre pouvoir, pour ne présenter aucun danger. Pourtant, lors du voyage de la cour à Fontainebleau en 1752, la petite comtesse de Choiseul-Beaupré, poussée par Mme d'Estrade, elle-même cousine de la favorite, et par le comte d'Argenson, tente d'arracher au roi la disgrâce de la marquise au cours d'une lutte amoureuse dont elle serait sortie très en désordre. Le coup aurait pu réussir si le futur duc de Choiseul n'avait tout révélé à la Pompadour, de façon, dira-t-il plus tard, à sauver l'honneur de sa maison. Il avait simplement compris que le lien entre le roi et sa maîtresse déclarée allait bien au-delà des plaisirs de la chair ou même des joies de l'amour et que les deux amants formaient en réalité un véritable couple politique. L'amie du roi obtiendra aussitôt le renvoi de cette rivale trop bavarde.

Après cette alerte, la décision est prise d'avoir recours à des filles recrutées à Paris, sans aucun lien avec la cour, pour servir de doublures sexuelles à la favorite. Ce recrutement est alors confié à Abel-François Poisson de Vandières, frère de la marquise, Dominique-Guillaume Lebel, premier valet de chambre du roi, et François Boucher qui, si l'on en croit Marmontel, recrutait ses modèles, même pour sa peinture religieuse, dans les plus mauvais lieux. C'est donc un système de pourvoirie un peu particulier qui se met en place pour la première fois avec la jeune Marie-Louise O'Murphy, mais la traque et les marchandages sordides, dont Giacomo Casanova sera le témoin, qui vont donner lieu au choix de cette « beauté parisienne » « de l'ordre des putains par famille et par état », comme l'écrira le marquis d'Argenson, ne sont pas l'objet de cet article[6].

C'est pourtant bien à son propos que l'avocat Edmond-Jean-François Barbier note dans son *Journal* que le roi « s'amuse d'une jolie fille qui loge, dans une maison à Versailles, dans le Parc aux Cerfs ». Le 12 mai 1753, l'inspecteur Meusnier chargé de la police des mœurs reprend cette information à son compte en écrivant : « Il y a six ou sept mois qu'elle n'est plus à Paris et qu'on la croit à Versailles dans le Parc aux Cerfs[7]. »

Une petite maison pour le roi…

C'est donc la première fois que le nom de ce quartier de Versailles est associé dans les sources et les mémoires du temps au logement des petites maîtresses de Louis XV. Après l'installation définitive de la cour à Versailles, l'expansion de la ville nécessite le lotissement de l'ancienne réserve de chasse du roi Louis XIII située à l'est de la pièce d'eau des Suisses, au-delà du Potager du Roi. Cette ville nouvelle dessinée sur les plans de Jules Hardouin-Mansart forme

---

6. Camille Pascal, *Le Goût du roi. Louis XV et Marie-Louise O'Murphy*, Paris, Perrin, 2006 ; rééd. Perrin, coll. « Tempus », 2022.

7. Paris, bibliothèque de l'Arsenal, manuscrits Bastille 10251 (rapport sur la famille Morfis) et 10234 (journal de Meusnier).

un vaste rectangle divisé par deux axes principaux qui se croisent, puis chaque carré ainsi obtenu est ensuite lui-même subdivisé par le croisement de deux rues secondaires auxquelles on donne, sans beaucoup d'imagination, le nom de rues parisiennes. Les emplacements à bâtir sont généreusement distribués par le directeur général des Bâtiments du roi aux débiteurs de la Couronne, mais le quartier ne prend pas. Le contexte économique désastreux de la fin du règne du Roi-Soleil et le départ du petit Louis XV pour le château de Vincennes puis le palais des Tuileries vont décourager les spéculations et même les simples investissements pour plusieurs décennies. Les nouveaux propriétaires se contenteront longtemps d'enclore leurs parcelles pour préserver leurs droits et, au début des années 1750, malgré la construction de l'église Saint-Louis puis du Marché neuf, le Parc aux Cerfs présente encore l'image d'un lotissement inachevé. Par sa désolation urbaine, mais aussi sa proximité immédiate avec le château et la présence protectrice de l'hôtel des gardes du corps, ce quartier offre le cadre idéal au roi pour, comme tout « grand seigneur méchant homme », y installer sa « petite maison ». Il suffisait en effet à une voiture discrète de descendre la rue de la Surintendance, de prendre à main gauche la rue de l'Orangerie puis de longer les hauts murs de son potager pour que le roi atteigne ce qui deviendra son refuge secret.

Le 25 avril 1751, Charles Collin, ancien procureur au Châtelet et intendant de la marquise de Pompadour, reçoit du roi et par un brevet signé de Lenormant de Tournehem, oncle de la favorite, un terrain à l'angle de la rue Royale et de la rue Saint-Louis, qui vient compléter une propriété qu'il a héritée de sa tante Binet, elle-même liée au premier valet de garde-robe[8]. Outre que la totalité des contractants appartient à la garde rapprochée de la marquise, un faisceau d'indices tend à démontrer que c'est dans ce charmant pavillon bâti par Jacques-François de L'Espée, inspecteur des Bâtiments du roi, et qui existe toujours, que Marie-Louise O'Murphy aurait été logée[9]. En effet, au moment où Marie-Louise a été présentée au roi, soit à l'automne 1752, Collin se voit aussitôt attribuer un vaste appartement dans l'hôtel de la marquise à Versailles, rue des Réservoirs, comme pour céder la place... Par ailleurs, outre qu'il était déjà au service de François Poisson, le père de Jeanne-Antoinette, dont on connaît les débordements, Collin, libertin notoire, a peut-être participé à la battue chargée de trouver des « filles pour le roi ». Ainsi, le journal de l'inspecteur Marais, successeur de Meusnier, révèle que l'homme de confiance de la favorite aurait donné douze louis à la mère d'Élisabeth Normand, âgée de treize ans, « pour prix de son pucelage[10] ». Marianne de Faulques, pamphlétaire alimentée en sous-main par le clan d'Argenson, se fait, par ailleurs, l'écho du rôle direct joué par la marquise pour « tirer le roi d'embar-

---

8. Jacques Levron, « Charles Collin, intendant de la marquise de Pompadour », in *Les Inconnus de Versailles. Les coulisses de la Cour*, Paris, Perrin, 1968, p. 116-137. Le brevet connu de l'auteur est toujours détenu par une famille versaillaise.

9. Jacques Robiquet, « La Colette, hôtel de Schonen, 20, rue Saint-Louis », in *Revue de l'histoire de Versailles et de Seine-et-Oise*, 25e année, janvier-mars 1923, p. 114-122.

10. Camille Piton, *Paris sous Louis XV. Rapports des inspecteurs de police au roi*, Paris, Société du Mercure de France, 1908, t. II, p. 185.

ras » dans le logement de « la jeune Murphy[11] ». Enfin, l'inspecteur Meusnier, toujours à l'affût de la rumeur, installe celle qu'il a plaisamment surnommée « Sirette » dans « un bâtiment neuf à Versailles ». Une « jolie maison du Parc aux cerfs », pourvue de communs suffisamment spacieux pour y loger « une gouvernante, une femme de chambre, une cuisinière et deux laquais » selon le marquis d'Argenson[12] et dont la description correspond très exactement au « vide-bouteille » de Collin. Cette maison a miraculeusement conservé ses décors, dont la qualité trahit évidemment l'intervention des Bâtiments du roi. Ainsi des dessus-de-porte qui avaient été commandés à François Boucher.

Parce qu'il le faut bien…

Recrutée pour suppléer la marquise de Pompadour, Marie-Louise O'Murphy est brutalement disgraciée à la fin du mois de novembre 1755, mariée à un bel officier aussi peu fortuné que peu regardant et exilée au fin fond de l'Auvergne. La marquise ayant à cœur d'opérer un rapprochement politique avec les dévots et la famille royale[13], il convenait d'effacer dans l'urgence toute trace de son « maquerellage ». La charge de dame du palais viendra sceller cette

11. Marianne-Agnès de Faulques, *L'Histoire de madame la marquise de Pompadour. Traduite de l'anglais*, Londres, à la tête de César, 1759.

12. D'Argenson, *op. cit.*, p. 441.

13. Bernard Hours, *Louis XV et sa cour. Le roi, l'étiquette et le courtisan*, Paris, PUF, 2002.

nouvelle alliance en février 1756. Désormais, le recrutement des filles se fera hors de sa complicité directe et sera à la charge de Lebel, souvent épaulé dans cette quête par le duc de Richelieu.

Le 25 novembre 1755, deux actes notariés distincts sont passés chez maître Patu, notaire au Châtelet. L'un correspond au contrat de mariage de Marie-Louise, qui reçoit en dot la somme mirifique de 200 000 livres, et l'autre à l'achat par le roi, derrière un prête-nom, d'une maison rue Saint-Médéric au Parc aux Cerfs. L'homme de paille, un certain François Vallet, huissier-priseur au Châtelet de Paris, achetait cette maison aux héritiers Crémer, avant de déclarer au notaire « que cette acquisition est pour et au profit du roi, le prix en ayant été payé des deniers de S.M. à lui fournis à cet effet[14] ». La maison de Collin, trop compromettante pour la marquise, ne pouvait plus être utilisée à des fins suspectes.

La même année, le roi se porta aussi acquéreur d'une autre maison, sise cette fois au village de Montreuil, comme si l'on avait cherché à brouiller les pistes ou voulu abriter plusieurs aventures royales en même temps. Elle sera revendue quatre ans plus tard, le roi s'étant fait alors représenter par Georges Binet, premier valet de sa garde-robe et lui-même parent de l'intendant de la marquise de Pompadour[15]... La

14. J.-A. Le Roi, *Histoire de Versailles, de ses rues, places et avenues, depuis l'origine de cette ville jusqu'à nos jours*, Versailles, s.d. (1868), t. II, p. 262.

15. Paul Fromageot, « Les propriétaires versaillais, au temps de Louis XV », *Revue de l'histoire de Versailles et de Seine-et-Oise*, 2e année, II, mai 1900, p. 117-120.

nébuleuse familiale et domestique de la marquise n'aura donc jamais cessé de dissimuler la vie privée du monarque, et le Parc aux Cerfs aussi eut ses dépendances…

La maison de la rue Saint-Médéric connaîtra, pour sa part, un usage plus suivi. Les lieux sont pourtant loin d'offrir le confort et le luxe du pavillon de la rue Saint-Louis. Une expertise réalisée quinze ans plus tôt à la demande des précédents propriétaires[16] décrit deux modestes appentis élevés sur une parcelle entourée de hauts murs et d'une surface de 1 000 de nos mètres carrés. Au fond du jardin exposé plein nord, adossé au mur mitoyen, se niche un premier bâtiment de plain-pied ouvrant par trois travées et deux portes-fenêtres. On y entre directement par une cuisine reconnaissable à son potager et à son fourneau de brique desservant deux chambres de part et d'autre. Les sols sont « de grands carreaux en mauvais état » et le toit est couvert d'ardoise. Une méchante palissade de bois sépare cette masure du reste du jardin planté de « pieds d'arbres fruitiers en espaliers » et même de quelques ceps de vigne. Le bâtiment sur rue se résume à une grande salle, basse de plafond, chauffée par une cheminée d'angle et disposant de trois fenêtres donnant à l'ouest. On imagine mal le roi quitter ses petits appartements pour venir salir ses bas de soie brodés de fil d'or dans cette simple baraque de maraîcher à laquelle aucun aménagement particulier ne semble jamais avoir été apporté. En

16. Archives départementales des Yvelines, 2B-612, 3 août et 3 septembre 1740, rapport d'expertise de Lesueur et Villonne de la propriété Crémer.

effet, lorsque Louis XV se séparera de sa propriété en 1771, conformément au témoignage de Mme Campan, il la vend au prix dérisoire de 16 000 livres[17] à un huissier de la chambre de Madame Victoire, qui s'empresse de la faire abattre pour y élever le bel immeuble néoclassique qui existe toujours[18].

Les secrets du « trébuchet »

Si les rumeurs rapportées par le marquis d'Argenson[19] et l'avocat Barbier laissent entendre que, au moment de la faveur de Marie-Louise O'Murphy, le roi « disparaît chaque jour quelques heures, sans qu'on sache ce que devient le monarque[20] » pour lui rendre visite au Parc aux Cerfs, ils assurent que cela n'empêche pas la jeune fille de « venir aussi au château ». Dès le mois de février 1753 le marquis d'Argenson confie à son *Journal* que cette dernière aurait été conduite par Lebel « dans sa chambre, et [que] cette chambre s'appelle *le trébuchet*, parce qu'on y prend de jeunes oiseaux ». Cet appartement secret n'existe plus mais il est aujourd'hui clairement identifié[21]. Il s'agit de quelques pièces entresolées détachées de l'apparte-

17. Mme Campan évoque dans ses *Mémoires* la somme de 45 000 francs en louis que le roi aurait tenu à recevoir en or dans ses petits appartements…

18. Actuel numéro 4 de la rue Saint-Médéric.

19. D'Argenson, *op. cit.*, p. 447.

20. *Ibid.*, p. 439.

21. Jean-Claude Le Guillou, « Versailles, la petite salle des gardes sur la cour de Marbre et l'appartement des capitaines de quartier », in *Versalia*, n° 21, 2018, p. 92-93.

ment dit « de repli » du capitaine des gardes du corps. Dès octobre 1752, le roi s'appropria cet entresol situé au-dessous de ses appartements intérieurs et auquel il accédait depuis le cabinet des Dépêches par un escalier secret ménagé à cet effet. Escalier dont la construction dès 1752 n'échappe pas à au véritable voyeurisme curial de d'Argenson. C'est la raison pour laquelle le duc d'Ayen, capitaine des gardes, aurait été, toujours selon le mémorialiste, le premier courtisan mis dans la confidence de la liaison du roi avec Morphise. Le comte de Saint-Priest apporte un témoignage d'une grande précision sur ces visites des filles du Parc aux Cerfs : « On amenait au château dans une chaise à porteurs avec des rideaux fermés celle qui y était à cet usage. J'en ai vu plusieurs arriver sous une petite voûte où on ouvrait une porte secrète qui menait par un escalier dérobé à une chambre à laquelle le Roi communiquait de son appartement. Cette petite chambre avait une fenêtre par laquelle la belle pouvait voir le Roi monter en carrosse[22]. »

La fin du Parc aux Cerfs ?

Ce mode opératoire deviendra la règle après le renvoi de Marie-Louise, notamment à la suite de l'attentat de Damiens, la sécurité du roi étant devenue une obsession. La modeste maison de la rue Saint-Médéric continua simplement à jouer le rôle de « dépôt » ou

22. Saint-Priest (François-Emmanuel Guignard de), *Mémoires*, tome 1, *Règnes de Louis XV et de Louis XVI*, Paris, Calmann-Lévy, 1929, p. 98.

de salle d'attente pour l'entremetteuse. Il fallut néanmoins trouver des solutions pour loger plus décemment celles dont le Bien-Aimé appréciait la compagnie au-delà d'une simple « passade ». Si Mlle de Romans, que Louis XV surnommait la Grande, précédant en cela l'intuition de la comtesse du Barry, refusa catégoriquement d'être logée à l'instar de ses petites congénères dans une maison du Parc aux Cerfs, pour lui préférer un pavillon situé à Passy, où elle accoucha d'un fils, il n'en fut pas de même pour celles qui la suppléèrent au moment de sa grossesse ou qui lui succédèrent après sa disgrâce. Ainsi en est-il de Mlle Tiercelin, qui séduisit le roi par sa jeunesse et ses folies[23]. Fille d'un cavalier de la maréchaussée, descendant illégitime de la maison aristocratique de Tiercelin-Saveuse – la bâtardise est souvent une tradition de famille sous l'Ancien Régime –, elle était née à Mortagne le 26 décembre 1746 et avait donc un peu plus de seize ans lorsqu'elle fut conduite au roi. En cela son histoire n'est pas sans rappeler celle de Marie-Louise O'Murphy, dont l'esprit canaille et le genre poissard, aussi, amusaient le monarque blasé. L'enfant né de leur union le 7 février 1764 et connu plus tard sous le nom d'abbé Le Duc se trouva impliqué, au moment de la Révolution, dans la ténébreuse affaire Favras[24].

---

23. Âgée de seize ans, soit un an de plus que Marie-Louise O'Murphy, elle aimait à jeter les cadeaux du roi par la fenêtre en lui lançant au visage « tu es trop laid ! », ce qui le faisait beaucoup rire.

24. Comte Fleury, *Louis XV intime et les petites maîtresses*, Paris, 1894, p. 238-255.

Une lettre du marquis de Saint-Florentin[25], secrétaire d'État de la Maison du roi, permet d'affirmer que, un an après la naissance de cet enfant, la jeune femme, encore en faveur pour quelques mois, habitait, elle aussi, rue Saint-Louis, mais à quelques pas du pavillon Collin, dans une belle maison acquise en 1755 et rebâtie à neuf par André Mercier[26], valet de chambre de Madame Adélaïde[27]. Il n'est pas impossible qu'elle ait abrité d'autres petites maîtresses avant la rencontre avec Mlle de Tiercelin en 1762. Après les extravagances de Mlle de Romans, qui promenait son fils au bois de Boulogne et auquel elle faisait la grande révérence de cour en lui donnant du « monseigneur » devant des promeneurs amusés et intrigués, la discrétion du Parc aux Cerfs aura été certainement privilégiée. Il se peut aussi que la très grande liberté de mœurs mais aussi la folle ambition de la petite Tiercelin aient exigé ce que l'on appellerait aujourd'hui une surveillance rapprochée. Très vite le bruit courut, en effet, dans l'aile des ministres, que le père de la petite favorite avait noué des relations dangereuses avec le roi de Prusse, naturellement hostile au rapprochement de la France des Bourbons avec l'Autriche des Habsbourg. Projet d'alliance dont le duc de Choiseul avait fait son grand œuvre diplomatique. Le ministre mit vite bon ordre

25. AN, O. 1603, correspondance entre le comte de Florentin et Mlle Tiercelin de La Colleterie. La découverte de cette maison est inédite.

26. Elle existe toujours, au numéro 27 de la rue Saint-Louis.

27. Jean Lagny, *Versailles, ses rues. Le quartier Saint-Louis*, Versailles, Artlys, 1990, p. 147.

à ces rêveries politiques. Informé de ces intrigues, Louis XV foudroya la jeune femme et sa famille. Le 27 juin 1765 elle était arrachée à sa maison et à son fils pour être conduite à la Bastille. Quant à son père, il était enfermé au château de Vincennes sans que Frédéric II lève le bout de sa cravache pour l'en sortir. Commence alors pour la petite maîtresse disgraciée une longue et triste errance. Après avoir passé une bonne partie de l'été derrière les murs de la Bastille, elle fut élargie le 8 août sur ordre de M. de Saint-Florentin, mais la surveillance policière n'en continua pas moins, car elle fut aussitôt transférée à l'abbaye cistercienne de Notre-Dame de la Saussaye en Picardie. Quelques mois plus tard, elle obtint néanmoins de retourner à Paris, mais à condition de rester enfermée rue Mouffetard au couvent des dames de la Miséricorde. La surveillance de cette congrégation devait être relativement relâchée, car Mlle de Tiercelin, qui ne se maria jamais, trouva le moyen de devenir la maîtresse du comte de Langeac, lui-même fils naturel du ministre de la Maison du roi ! Cette intrigue permit en un premier temps à l'ancienne pensionnaire du Parc aux Cerfs de jouir d'une sorte de liberté conditionnelle et de recevoir plus régulièrement la rente de 12 000 livres promise par Louis XV, mais ces relations familiales d'un genre particulier n'eurent qu'un temps. Exaspéré par les esclandres et les scandales du couple, le marquis de Saint-Florentin fit de nouveau enfermer sa belle-fille de la main gauche au couvent des Véroniques à Blois. La vie derrière ces murs austères ne devait pas être bien amusante, car la jeune pensionnaire écrivit de nouveau au ministre pour se plaindre du climat et du manque de visites. Il est vrai que de son côté son père était alors emprisonné chez les Frères des écoles chrétiennes à Saint-Yon de Rouen, dont il partageait le séjour avec des aliénés…

Le roi, informé de l'état de consomption de la mère de son fils bâtard, céda finalement aux demandes de son ancienne maîtresse et l'autorisa à rejoindre l'abbaye de la Déserte, à Lyon, où au bout d'un an elle ne s'ennuyait pas moins qu'à Blois. Comme d'autres avant elle, elle écrira alors au ministre que, hors de Paris, elle tient qu'il n'est point de salut pour les honnêtes gens, mais le roi ne l'entendit pas de cette oreille et refusa catégoriquement de l'autoriser à rejoindre Paris, car, même dans son exil monacal, la jeune femme avait trouvé le moyen de continuer à faire des dettes immenses.

Enfin, quelques mois après la mort de son royal amant, Louise est autorisée à retrouver sa sœur au couvent des Ursulines de Saint-Germain-en-Laye, d'où elle s'échappa d'ailleurs aussitôt pour aller vivre à Paris, brûler sa santé et sa fortune dans un tourbillon de fêtes et de dépenses. Petite sœur en talons rouges de la Dame aux camélias, elle meurt à l'âge de trente-cinq ans d'un mal de poitrine au mois de juillet 1779. Son père ayant été, lui aussi, libéré, il eut le bon sens de remettre au roi Louis XVI une cassette précieuse qui contenait la correspondance amoureuse de son aïeul. Cette présence d'esprit sera aussitôt récompensée par une pension de 1 800 livres réversible sur ses autres enfants. Enfin, plutôt que de risquer un procès public, la Couronne préféra payer l'intégralité des dettes laissées par celle qui avait passé plus de temps enfermée dans des couvents qu'au Parc aux Cerfs.

Avec la faveur de la Du Barry, fille entretenue de haute volée, le Parc aux Cerfs perd son usage libertin, car celle qui aurait dû avoir le même destin éphémère de « fille pour le roi » refuse d'y être logée et obtient bientôt d'être déclarée. Le roi cédera donc la maison de la rue Saint-Médéric, qui ne lui est plus d'aucune utilité, en 1771. Désormais, c'est le château lui-même qui est devenu une maison de rendez-vous.

En forme d'épilogue

Le 27 décembre 1808, par un de ces hivers froids et humides dont la ville de Versailles a le secret, mourait, à l'actuel numéro 5 de la rue du Maréchal-Joffre, numéro 21 de la rue Satory à l'époque, dans le fameux pavillon Bourdin qui fait retour sur la place de la cathédrale Saint-Louis, une certaine Anne Coppiés, rentière, veuve de Gabriel Siren de Cavanac, âgée de soixante-douze ans. La vieille dame, rentrée d'émigration huit ans plus tôt avec l'autorisation du Premier consul et qui n'avait alors que la place à traverser pour aller entendre la messe, n'était autre que cette demoiselle de Romans à laquelle le roi Louis XV s'adressait dans ses lettres galantes en l'appelant « ma grande ». Ironie de l'Histoire, cette femme qui près d'un demi-siècle plus tôt avait refusé catégoriquement d'être logée au Parc aux Cerfs était venue pour y mourir.

6

Le maréchal-ferrant et le fantôme

par Philippe DELORME

Sans le très disert duc de Saint-Simon, qui y consacre plusieurs pages de ses irremplaçables *Mémoires*, l'affaire du « maréchal de Salon » serait sans doute tombée dans les limbes du passé, et plus personne ne saurait rien de cet « événement singulier [qui] fit beaucoup raisonner tout le monde ».

À la fin de l'année 1696, un certain François Michel, de Salon-de-Provence, regagne à pied son logis par une sombre nuit d'hiver, en traversant une forêt. L'homme, âgé d'environ trente-cinq ans, maréchal-ferrant de son état, jouit d'une excellente réputation de modestie et de probité. Un témoin du temps le décrira « d'une taille assez haute, le poil noir, le visage sec et basané, les yeux enfoncés demi-éteints, à peu près effarés et bigles, d'un naturel fort simple quoique ingénu dans ses discours ».

Soudain, les ténèbres se dissipent et une éclatante lumière l'environne, tandis qu'un spectre vêtu de blanc apparaît auprès d'un arbre. Selon certaines versions, il s'agirait du fantôme de Marie-Thérèse d'Autriche, la défunte épouse de Louis XIV, belle, blonde, resplendissante en manteau royal et coiffée de sa couronne. Pour d'autres, ce serait l'ombre de Nostradamus, le célèbre astrologue de la Renaissance, lui aussi originaire de Salon.

Quoi qu'il en soit, la vision surnaturelle s'adresse à François Michel en l'appelant par son nom, avant de lui ordonner d'aller trouver le roi pour s'entretenir avec lui en privé. Dieu l'aidera dans son voyage, mais il devra partir avec diligence et sans crainte, sous peine d'un effroyable châtiment s'il se dérobe. Le malheureux, plus mort que vif, promet d'obéir. Pourtant, de retour chez lui, il croit avoir rêvé et ne dit rien à personne. L'apparition se manifestera de nouveau deux jours plus tard, et encore la semaine suivante. De guerre lasse, François Michel demande une audience à l'intendant de Provence, Pierre-Cardin Le Bret, et sait le convaincre de sa sincérité.

Ainsi donc, le 25 février 1697, le maréchal-ferrant prend la route avec l'un de ses frères, en compagnie d'une troupe de recrues, à destination de La Ferté-sous-Jouarre. La nouvelle commence à se répandre au-delà des frontières du royaume. *La Gazette d'Amsterdam* rapporte une dépêche de Marseille, en date du 8 mars : « On apprend qu'il y a dans cette province un maréchal qui assure avoir vu certains spectres à Salon, qui est le lieu où le fameux Nostradamus est né et a été enterré, et qu'il est parti de ce lieu-là pour aller rendre compte au roi de ses visions, qui paraissent aux uns de conséquence, et les autres y ajoutent peu de foi. »

À son arrivée à Paris, le vaticinateur suscite une véritable émotion parmi les sujets de Sa Majesté. On grave son portrait et la rumeur publique lui applique désormais le 28e quatrain de la IIe Centurie de Nostradamus : « Le pénultième du surnom du prophète / Prendra Diane pour son jour et repos / Loin vaguera par frénétique tête / Et délivrera un grand peuple d'impôts. » Le « prophète » François Michel est bien l'avant-dernier de quatre fils, et on assure que sa mère se prénomme Diane. Quant à la promesse d'alléger les taxes, c'est le rêve de toutes les époques !

Ce potentiel fauteur de troubles ne tarde pas à être convoqué à Versailles, aux alentours du 8 avril. « Il suffit du bruit qu'a fait cette histoire pour rendre tout le monde curieux d'en savoir le dénouement », s'impatiente déjà *La Gazette d'Amsterdam*. François Michel sollicite alors du marquis de Brissac, major des gardes du corps, le privilège de s'entretenir avec Louis XIV. Il essuie une rebuffade, mais ne s'avoue pas vaincu : « S'il voyait le roi, il lui dirait des choses si secrètes et tellement connues à lui seul, qu'il verrait bien qu'il avait mission pour lui parler et pour lui dire des choses importantes. »

Intrigué, le souverain envoie le requérant à son secrétaire d'État de la Guerre, le marquis de Barbezieux, fils du grand Louvois, mais François Michel se refuse à parler à quiconque ne serait pas au moins ministre d'État ! Finalement, il sera reçu par Simon Arnauld, marquis de Pomponne, chargé des Affaires étrangères. Il semble que la question soit évoquée au cours d'un Conseil d'État, à la suite de quoi Louis XIV daigne recevoir le « maréchal de Salon » dans ses cabinets, à l'abri des oreilles indiscrètes. L'entretien se poursuit durant une heure. On ignorera toujours ce que François Michel avait à révéler à son auguste interlocuteur. « Le roi eut avec lui un long entretien, confirme l'abbé Proyart, et il le vit encore deux autres fois, toujours en particulier, mais jamais il ne donna rien à connaître de ce que cet homme lui avait dit. »

Néanmoins, il est certain que le monarque ne prendra pas la chose à la légère. Lorsque son capitaine des gardes, le maréchal de Duras, habitué à lui parler familièrement, lui lancera, en manière de boutade : « Cet homme-là est fou ou le roi n'est pas noble ! », Louis XIV lui répondra avec une gravité appuyée : « Si cela est, je ne suis pas noble. Car je l'ai entretenu longtemps, il m'a parlé de fort bon sens, et je vous assure qu'il est fort loin d'être fou. »

Logé au couvent des Récollets, afin de le dérober à la curiosité générale, l'humble artisan sera durant quelques jours la coqueluche des salons de Versailles, même si Saint-Simon assure qu'il n'était pas « voyeux » – c'est-à-dire avide d'admirer les merveilles de la cour. « Le bruit qu'on en faisait étouffait toutes les autres nouvelles, se souviendra le marquis de Sourches. Il avait vu les princes et la princesse [Marie-Adélaïde de Savoie, future duchesse de Bourgogne], et avait paru à tout le monde fort ingénu, mais nullement fol comme beaucoup de gens l'avaient voulu faire croire… »

Après avoir approché le soleil de la grandeur, François Michel sera renvoyé à ses pénates dès le 22 avril, non sans avoir bénéficié de la « magnificence » royale. Il aurait ainsi touché 1 500 livres et reçu la promesse d'une pension annuelle de 2 000, soit sept fois le salaire moyen d'un ouvrier. En outre, il aurait été exempté à vie de la taille et du logement des gens de guerre. Pour sa part, *La Gazette d'Amsterdam* se contente d'annoncer, le 31 mai, que le héros du jour est bien rentré en Provence, « avec un bon cheval et quelques hardes ».

Le « maréchal de Salon » reprendra son existence ordinaire et retombera dans le plus parfait anonymat. Il serait mort vers 1726, sans que l'on sache exactement son lieu de sépulture. Quant au « secret » qu'il avait à communiquer à Louis XIV, jamais il n'en parlera, et le mystère demeure entier. Même Saint-Simon, d'ordinaire bien informé, donne ici sa langue au chat : « On raisonna donc beaucoup, sans avoir rien pu trouver, ni qu'aucune suite de ce singulier voyage ait pu ouvrir les yeux sur rien. »

Pourtant, afin de ne pas avouer son ignorance, il se fait l'écho d'un racontar impliquant la marquise de Maintenon. L'une de ses anciennes amies, veuve d'un intendant de Marseille, aurait ourdi cette « hardie friponnerie, dont la simplicité de ce bonhomme fut la première dupe ». Cette madame Arnoul – « laide comme le péché, et vieille, et pauvre » – aurait manipulé François Michel, « pour obliger le roi à déclarer Madame de Maintenon reine ». Si cette fable avait la moindre apparence de vérité, l'hypothétique « tour de passe-passe » de la veuve Arnoul n'a pas atteint le résultat escompté. D'ailleurs, Saint-Simon doit l'admettre : « Ce maréchal ne la nomma jamais, et ne la vit point. De tout cela, jamais on n'en a su davantage. »

Le médecin et les faiseurs d'or

L'alchimie et la chimie tirent leur origine du même mot arabe *al-kimiya*, lui-même sans doute dérivé du grec ou du copte. L'une est la fille émancipée de l'autre. Depuis le fond des âges, les « opérateurs » ont tenté en vain de réaliser le « Grand Œuvre », d'obtenir la pierre philosophale et l'élixir de longue vie, garant d'immortalité, et de transmuter le vil plomb en or et en argent, métaux nobles. Quête initiatique et spéculative, tout à la fois matérielle et spirituelle, dont les francs-maçons ne tarderont pas d'ailleurs à tirer la quintessence symbolique.

Parallèlement, il faudra attendre la fin du XVIIIe siècle – avec les travaux d'Antoine Lavoisier – pour commencer à entrevoir les secrets des gaz et des éléments simples, tandis que l'antique alchimie, qui avait façonné les instruments nécessaires à cette révolution scientifique, ressassait un discours ésotérique de plus en plus abscons et déconnecté de la réalité physique.

Au crépuscule du règne du Roi-Soleil, le commun des mortels croit encore aux promesses des hermétistes, même s'il doute que nul d'entre eux soit déjà parvenu à fabriquer de l'or ou à mettre au point la « panacée », le remède universel. La première édition du *Dictionnaire de l'Académie*, publiée en 1694, ne distingue pas clairement la « chymie » et l'« alchymie » – qu'on prononçait alors « alquimie » –, définies comme l'« art de résoudre les corps en leurs principes par le moyen du feu ».

Jean Boudin, premier médecin de Monseigneur le dauphin, attaché à la maison de la duchesse de Bourgogne et médecin ordinaire du roi, apparaît comme l'un des meilleurs exemples de cette génération de praticiens, déjà modernes par leur recherche de remèdes nouveaux, mais encore un pied dans le Moyen Âge.

Né vers 1660, fils de Philibert Boudin, un obscur apothicaire de la cour, laborieux et curieux, il achèvera avec succès ses études de médecine. La thèse de doctorat qu'il soutient dès 1683, intitulée « *An medicamenta proestantiora : natura ? arte ?* – Les médicaments sont-ils plus efficaces par leur nature ou par l'art de les préparer ? », présage sa conception personnelle de l'art de guérir.

Initié dans l'officine de son père, Jean Boudin a un goût particulier pour la préparation des drogues. Élu doyen de la faculté de Paris en 1696, il y institue un cours de pharmacie galénique et chimique, traitant des propriétés des principes actifs, de leur dosage, de la fabrication des remèdes et de leur voie d'administration. Le jeton de cuivre qu'il fait frapper à son effigie pour célébrer son décanat montre, au revers, le centaure Chiron tenant par la main le jeune Esculape porteur du bâton à la couleuvre, et vêtu d'un long manteau traînant jusqu'au sol. Il le conduit vers un fourneau chargé d'appareils de chimie et derrière lequel s'élève un monticule de plantes.

Jean Boudin semble influencé par les théories du Suisse Paracelse, thérapeute et philosophe du XVIe siècle, inventeur de la spagyrie, technique de séparation et de réunion des substances curatives fondée sur l'alchimie, l'astrologie, et nécessitant un travail rigoureux en laboratoire. C'est ainsi que le docteur Boudin va se tailler une réputation de « souffleur », comme l'on surnommait les adeptes de l'« archimagie », utilisant soufflets, creusets et cornues.

Les *Mémoires* de Saint-Simon brossent un portrait contrasté de celui qui « était boudin de figure comme de nom ». S'il le dépeint comme « libertin et débauché à l'excès, gourmand à faire plaisir à table », impertinent et intrigant, le mordant chroniqueur lui concède infiniment d'esprit, qu'il avait « d'un tour naturel, plein d'agrément, de vivacité, de reparties, et si naïvement plaisant que personne n'était plus continuellement divertissant, sans jamais vouloir l'être ».

« Sa curiosité pour toutes sortes de remèdes et de secrets ne l'abandonna point, poursuit Saint-Simon. [...] Il aimait la chimie, il y était savant et aussi bon artiste, mais il alla plus loin, il souffla. Il se mit dans la tête que la pierre philosophale n'était pas impossible à trouver, et avec toute sa science et son esprit il y fut cent fois dupé. Il lui en coûta beaucoup d'argent, et quoiqu'il l'aimât beaucoup, rien ne lui coûtait pour cela, et il quittait les parties et les meilleures compagnies pour ses alambics et pour les fripons qui l'escroquaient. Mille fois attrapé, mille autres il s'y laissait reprendre. »

Le duc relate l'une de ces mésaventures, qu'il place à la fin de 1710, mais qui pourrait avoir eu lieu deux ans plus tard, selon d'autres sources. « Il se produisit en ces derniers jours de l'année un de ces aventuriers escrocs, qui prétendait avoir le grand secret de faire de l'or... » Saint-Simon n'en révèle pas beaucoup plus au sujet de « ce faiseur d'or-ci [qui] l'amusa et le trompa enfin comme les autres, et lui coûta bien de l'argent, qu'il regretta fort [...] ».

Guère plus explicite, le marquis de Dangeau note dans son *Journal*, le 17 décembre de cette même année : « Il y a ici depuis plusieurs jours un homme qui prétend faire de l'or. Boudin, premier médecin de Monseigneur, le fait travailler chez lui à la ville. Il est très-bon artiste, à ce qu'on prétend, mais personne pourtant n'est persuadé qu'il réussisse ; mais on ne hasarde rien, car on ne lui donne point d'argent. »

Le commissaire de police de Versailles, Pierre Narbonne, donne plus de détails, mais sans livrer lui non plus l'identité de l'aigrefin : « Il fit entendre [à Boudin] qu'il avait le secret de la pierre philosophale, et qu'il pouvait faire de l'or et de l'argent. Boudin le crut et en parla au roi. Boudin plaça ce charlatan dans une petite maison qu'il avait à Montreuil. On lui fit des fourneaux, on y porta des creusets et tout ce qui était nécessaire, et on le fit garder par un sous-brigadier et deux gardes-du-corps. »

La maison de Boudin, qui se situait à l'emplacement de l'actuel numéro 97 de la rue de Montreuil, a été démolie au début du XXe siècle. L'alchimiste va y rester deux mois. Michel Chamillart, qui vient de perdre le contrôle général des Finances et conserve encore le secrétariat d'État de la Guerre, vient lui rendre visite, ainsi que d'autres ministres, et jusqu'aux princes qui « se laissèrent séduire par ses discours ». Il est vrai que le royaume, englué dans la guerre de Succession d'Espagne, traverse une grave crise économique et aurait grand besoin de numéraire. Louis XIV lui-même se tient discrètement informé par le truchement de ses valets.

Évidemment, l'entreprise se solde par un échec. « Malgré tout cela, il ne put réussir. Boudin eut la honte de l'avoir proposé ; la Cour, d'avoir été trop crédule et d'avoir laissé travailler un pareil charlatan, à la porte de Versailles et aux yeux de tout le public. [...] Pour s'être ainsi joué de la Cour, ce charlatan fut enfermé. »

Malgré cette déconvenue, Jean Boudin réitérera à plusieurs reprises la même erreur. Pour la dernière fois, semble-t-il, durant l'été de 1715, peu avant la mort de Louis XIV. Un certain Diesback, se disant italien, s'était installé à Paris au début de l'année, dans une maison de la rue Beaubourg, à l'enseigne du Poirier de Saint-Roch.

Le 10 avril, le chancelier Pontchartrain mande au marquis d'Argenson, ministre d'État et lieutenant général de police : « On prétend que cet homme sait fixer le mercure, qu'il convertit en or et en argent au poids et au titre, si bien que les orfèvres y ont été trompés, et en ont fabriqué des ouvrages pour de très bon argent. »

Embastillé dès le 27 avril pour complément d'enquête, ledit Diesback se déclare disposé « à travailler devant M. Boudin, en qui il a paru avoir une entière confiance, dans une opération qu'il a faite devant lui ». Le médecin, autorisé à se rendre à la Bastille, constate très vite que les prétentions de l'alchimiste ne sont que vantardises, mais le 15 juillet, il écrit à d'Argenson pour le prier « qu'on [le lui] remît entre les mains pour voir si j'en pourrais tirer quelque chose de bon pour la médecine : "Il me fait beaucoup espérer qu'il me fera voir de grands dissolvants et des opérations fort utiles pour la santé. Je [...] suis curieux de voir ce qu'il sait faire, et vous me ferez un très sensible plaisir de me le livrer. [...] Je vous recommande seulement que cela ne traîne point. Le voyage de Fontainebleau nous presse, et comme mon laboratoire est à Versailles, je voudrais bien le faire travailler d'ici à ce temps-là" ».

La lettre comporte une apostille, datée du 17 juillet et signée du ministre : « Je proposerai sa sortie à condition qu'il travaillera pendant trois semaines, sous les yeux de M. Boudin, et qu'ensuite il se retirera du royaume puisqu'il n'en est pas originaire. »

Le 23 juillet, Pontchartrain informe d'Argenson que le roi donne son autorisation : « Comme ses secrets pour dissoudre les métaux peuvent être bons, S[a] M[ajesté] veut bien que M. Boudin le fasse travailler avec lui pendant quelque temps, et pour cela je vous remets les ordres nécessaires pour faire sortir cet homme de la B[astille], et le remettre entre ses mains. Vous aurez agréable de vous concerter avec lui, et de prendre des mesures certaines pour que cet homme ne s'échappe point. S.M. ne s'est point déterminée encore sur ce que vous avez proposé, de le faire sortir du royaume, et quand il aura travaillé, elle verra ce qu'il conviendra de faire à son égard. »

Diesback, le dernier alchimiste du règne de Louis XIV, avait été convaincu « de la fausseté des secrets qu'on lui attribuait et de la supercherie dont il s'est servi dans les essais qu'il a faits ». On croit savoir qu'il mourra en 1744, dans la plus sordide misère. Quant à Jean Boudin, il ne trouvera jamais nulle potion de jouvence. Il sera emporté par une attaque d'apoplexie, le 24 octobre 1728.

Le Marseillais et l'élixir merveilleux

Durant l'été de 1715, Louis XIV, qui règne sur la France depuis plus de soixante-douze ans, est pris d'une fièvre lente, qui l'empêche de sortir. Le 12 août, de retour à Versailles, il se plaint de « douleurs de sciatique à une jambe et à la cuisse ». Son archiatre,

Guy-Crescent Fagon – son contemporain puisqu'il est né le 11 mai 1638 –, se contente de lui prescrire de la casse, du quinquina et du lait d'ânesse.

Douze jours plus tard, le samedi 24 août, le marquis de Dangeau, membre de l'Académie française et président de l'Académie des sciences, note dans son indispensable *Journal* qu'« on commence à craindre que ce mal ne soit beaucoup plus sérieux qu'on n'avait cru d'abord. [...] On craint que la gangrène ne soit à la jambe ; il y a des marques noires qui en font juger ».

Dès le lendemain, dimanche 25, fête de Saint Louis, l'illustre malade demande le viatique et reçoit l'extrême-onction « avec beaucoup de fermeté et de piété ». Il envoie quérir le duc d'Orléans auquel il parle longtemps « avec beaucoup d'estime et d'amitié », lui recommandant « la personne du dauphin et l'intérêt de l'État ». Le lundi 26, le monarque fait ses adieux aux princes et aux courtisans. Il confirme la régence à son neveu et adresse aussi quelques conseils à son arrière-petit-fils, le futur Louis XV, âgé de cinq ans seulement, lui recommandant d'être un « prince pacifique ».

Le mardi 27, le moribond s'entretient avec le chancelier Daniel Voysin de La Noiraye et brûle quelques papiers personnels. Dans la soirée, il confie à Mme de Maintenon, sa très discrète épouse : « J'avais toujours ouï dire qu'il était difficile de se résoudre à la mort. Pour moi, qui suis sur le point de ce moment si redoutable aux hommes, je ne trouve pas que cette résolution soit si pénible à prendre. » De fait, le trépas du Roi-Soleil apparaît comme une illustration parfaite de la « Bonne Mort » telle que l'enseigne la Contre-

Réforme catholique, une agonie en pleine conscience et dont les souffrances acceptées préparent à l'au-delà.

Louis XIV est atteint d'une gangrène sénile, consécutive à l'occlusion d'une artère ou à un ralentissement extrême de l'irrigation sanguine, favorisée par le diabète. Les tissus musculaires se nécrosent et la peau prend alors une coloration jaune-brun, puis noire. L'action d'une bactérie anaérobie – *Clostridium perfringens* – menace de façon encore plus rapide le pronostic vital. Aujourd'hui encore, ce type de gangrène, même combattu par des doses massives d'antibiotiques et l'ablation chirurgicale des parties lésées, connaît souvent une issue fatale.

La nuit du 27 au 28 août est fort agitée. Dans la matinée, le roi appelle son confesseur, le jésuite Michel Le Tellier, et la rumeur se répand qu'il va expirer. Deux garçons de la Chambre sanglotent, leur maître les questionne : « Pourquoi pleurez-vous ? Est-ce que vous m'avez cru immortel ? Pour moi, je ne l'ai jamais cru être, et vous avez dû vous préparer depuis longtemps à me perdre dans l'âge où je suis. »

Survient sur ces entrefaites un personnage insolite que Dangeau décrit en ces termes : « Sur les onze heures, il s'est présenté un Provençal appelé Brun, inconnu de tout le monde, qui, venant de Marseille à Paris et ayant ouï dire sur le chemin l'état où est le roi, a pris la poste et a apporté un élixir qu'il prétend être infaillible pour la gangrène, même qui tient du dedans. »

Ce type d'« empirique », soi-disant détenteur d'un remède miracle, surgit fréquemment lorsqu'un prince est abandonné par la Faculté. Opposés aux « dogmatiques » qui se reposent sur les leçons d'Hippocrate et de Galien, les « empiriques » se définissent, selon l'*Encyclopédie* de 1751, comme les « médecins qui se sont fait des règles de leur profession sur leur pratique, leur expérience, et non point sur la recherche des causes naturelles, l'étude des bons ouvrages, et la théorie de l'art ». Le mot, dans un sens figuré, désigne également, en mauvaise part, « un charlatan, et se donne à tous ceux qui traitent les maladies par de prétendus secrets, sans avoir aucune connaissance de la médecine ».

Il est difficile de savoir à quelle catégorie le dénommé Brun – ou Lebrun – se rattache. Dans sa correspondance avec la cour d'Espagne, l'abbé Mascara-Torriano signale que « l'habitant de Marseille proteste qu'il n'est pas médecin, ni chirurgien, ni apothicaire, qu'il n'a pas d'enfant, mais qu'il possède sept cents écus de rente et qu'il ne demande rien ; qu'ayant appris que le roi était malade et ayant un secret de famille, il l'avait apporté, avec les attestations d'un grand nombre de personnes qui étaient plus malades que le roi qu'il avait guéries ».

Les médecins du souverain – et Fagon le premier d'entre eux – refusent d'abord que Brun approche de leur auguste patient, disant « que c'était un empoisonneur, un misérable ». Cependant Fagon, botaniste émérite, n'est pas totalement hostile aux « empiriques », comme l'explique l'écrivain et savant Fontenelle : « Ce n'est pas cependant qu'il rejetât tout ce qui s'appelle secrets ; au contraire, il en a fait acheter plusieurs au roi ; mais il voulait qu'ils fussent véritablement secrets ; c'est-à-dire inconnus jusque-là et d'une utilité constante. »

Au reste, il semble que Brun, avec sa faconde méridionale, ait su en imposer au vénérable physicien, connu pour son caractère acariâtre. « Ce manant [...], relate Saint-Simon, le malmena fort brutalement, dont Fagon, qui avait accoutumé de malmener les autres, et d'en être respecté jusqu'au tremblement, demeura tout abasourdi. » Toujours est-il que les enfants légitimés de Louis XIV – le duc du Maine, le comte de Toulouse et la duchesse d'Orléans – prennent sur eux d'autoriser l'expérience.

Le *Journal* des frères Anthoine, garçons de la Chambre du roi et témoins directs des événements, en donne une version très légèrement différente : « Dans cet état un médecin venu de Marseille s'adressa à M. le duc d'Orléans, disant qu'il avait un remède spécifique pour toutes sortes de gangrène, extérieures et intérieures, et pour purifier le sang. Sur cet avis le duc d'Orléans, qui voyait le roi presque désespéré, comme abandonné de ses médecins, amena le Marseillais à la cour où il entra en conférences avec les médecins de Sa Majesté, en présence de plusieurs princes du sang, leur exposa les qualités de son remède et assura avoir guéri plusieurs personnes de la maladie semblable à celle du roi. [...] Les contestations intriguèrent les princes, mais faisant réflexion que le roi était abandonné de ses médecins et que ce Marseillais donnait encore quelque espérance, ils usèrent de leur autorité pour faire donner au roi ce remède indépendamment de l'opposition de M. Fagon et de ses confrères. »

Conduit au chevet du malade, Brun déclare avec prudence « qu'il n'y avait rien encore à désespérer, que vu l'état de Sa Majesté, il n'osait pas assurer qu'il le guérirait absolument, mais que son remède pouvait encore faire son effet, que si on avait donné son élixir au roi dès le commencement, il l'aurait infailliblement guéri, mais qu'il avouait qu'il était un peu tard ».

Après avoir testé son philtre sur lui-même, Brun en fait prendre, à midi, dix gouttes au roi, mélangées à trois cuillerées de vin d'Alicante. Dangeau ajoute : « S. M., en prenant ce breuvage, qui sent fort mauvais, a dit : "Je ne le prends ni dans l'espérance ni avec le désir de guérir, mais je sais qu'en l'état où je suis je dois obéir aux médecins." Cette drogue est un élixir fait avec le corps d'un animal, de la même manière à peu près qu'on fait les gouttes d'Angleterre avec les crânes d'homme. »

L'*Encyclopédie* révèle la recette de ces étranges « gouttes d'Angleterre » : « Prenez d'écorce de sassafras, de racine de cabaret, de chacun une once ; de bois d'aloës demi-once ; d'opium choisi deux gros ; de sels volatils de crâne humain & de sang humain, de chacun demi-gros ; d'esprit-de-vin rectifié une livre. Digérez à une chaleur douce pendant vingt jours, décantez et gardez pour l'usage dans un vaisseau fermé. »

On peut juger que ce genre de composition n'ait pas été d'un grand secours pour soigner la gangrène royale. Quoi qu'il en soit, on constate bientôt une légère amélioration – ce qui est l'« effet des remèdes fort spiritueux », ponctue Dangeau sans illusions. « Sa Majesté dit même à M. le duc d'Orléans qui était auprès de son lit avec les autres princes qu'elle se trouvait mieux qu'à l'ordinaire, ce qui leur donnait beaucoup de joie. Un changement si subit et si peu espéré donna une grande idée de la capacité du médecin de Marseille qui ajouta à son élixir des bouillons composés qu'il fit prendre d'heure en heure au roi, et qui lui donnèrent de la force et même de l'appétit pour prendre d'autres aliments, au grand étonnement des médecins, bien confus de voir un effet si prompt d'un remède qu'ils avaient rejeté. »

Au cours de la nuit du 28 au 29 août, on continue le traitement, administré toutes les huit heures. « Il a paru ce matin que cet élixir spiritueux ranimait le roi et lui donnait plus de force qu'il n'en avait eu la veille, constate Dangeau ; et comme la plupart des gens sont extrêmes en tout, et surtout les dames, elles voulaient que Brun fût une espèce d'ange envoyé du ciel pour guérir le roi et qu'on jetât tous les médecins de la cour et de la ville dans la rivière. »

Ainsi, en ce même jeudi 29 août, l'abbé Mascara-Torriano écrit : « Ce matin, Madame de Maintenon, rappelée par le roi, est revenue à Versailles. La plaie va bien et on la soigne. Si ce bon temps se continue jusqu'à demain au lever du soleil, les médecins sont d'avis que le roi pourra guérir. » Mais au rebours de cet optimisme excessif, le pouls du malade reste détestable et les plus lucides – à l'instar de Dangeau – ne regardent « l'effet de l'élixir que comme un peu d'huile qu'on remet dans une lampe qui s'éteint et qui s'éteindra entièrement dans peu de moments ».

Durant cette ultime journée de répit, Louis XIV – dont la robuste constitution refuse de déposer les armes – entend la messe, s'entretient avec son confesseur et parvient, vers les sept heures du soir, à manger deux petits biscuits trempés dans du vin. Une heure plus tard, il prend encore de l'élixir de Brun. Hélas, quand le premier chirurgien Georges Mareschal change le pansement de la jambe, il la trouve « entièrement gangrenée et mortifiée jusqu'au genou ». À ce spectacle, rapportent les frères Anthoine, Brun est épouvanté par l'état de la plaie, « ce qui fit juger que, quelque excellent remède que ce fût, il ne pouvait pas guérir un si grand mal ».

Résumant ce tragique épilogue, l'abbé Mascara-Torriano notera le lendemain : « Hier soir à huit heures, le roi a pris une dose du remède de l'inconnu. Cet inconnu a dit que c'était la dernière fois qu'il en donnait. Puis il s'est sauvé et on ne l'a plus revu. » Les Anthoine confirment : « Comme les médecins de la cour n'avaient pas approuvé ce remède, ils prirent de là occasion de le traiter d'ignorant et de charlatan, et dirent que la témérité qu'il avait eu de donner au roi un remède inconnu méritait d'être punie, ce qui lui fit si grande peur qu'il se retira disant qu'il aurait pu guérir Sa Majesté si on l'avait appelé plus tôt, mais qu'il était venu trop tard pour le bien du royaume, et il ne parut plus à la cour. »

Quant à Louis XIV, il rendra « l'âme sans aucun effort, comme une chandelle qui s'éteint », le dimanche 1er septembre, vers huit heures un quart du matin...

7

Complots, intrigues politiques et conciliabules à Versailles

par Jean-Christian PETITFILS

Les historiens ont depuis longtemps dissipé la légende selon laquelle Louis XIV se serait installé à résidence à Versailles à seule fin de fuir Paris où il avait souffert des désordres de la Fronde. S'il en avait été ainsi, il n'aurait évidemment pas attendu mai 1682 pour rendre effective sa décision. En revanche, s'il a tenu, à compter de cette date, à concentrer en ce lieu la cour, le théâtre du pouvoir et le gouvernement du royaume, c'est bien parce qu'il se méfiait des intrigues de la haute aristocratie, de ses tropismes complotistes et de ses séjours prolongés dans ses châteaux de province, où elle échappait à sa surveillance.

Bref, il s'agissait de fixer autour de sa personne une partie de la noblesse, notamment la plus haute – la plus turbulente potentiellement –, celle des princes, des ducs et pairs, afin, par son arbitrage constant, d'apaiser les tensions et d'avoir un œil sur tous. Ainsi Versailles ne fut pas seulement un éblouissant chef-d'œuvre artistique ou un modèle de propagande royale destiné à exalter la grandeur de la France, mais une tentative politique visant à écarter la renaissance de l'hydre aristocratique qui avait fait tant de ravages sous son prédécesseur. Pour autant, Louis XIV ne réussit pas pleinement dans son entreprise. À la fin de son règne, dans la perspective de sa succession, complots, intrigues politiques et conciliabules s'y développèrent. Sous Louis XV et Louis XVI, le feu de la réaction aristocratique repartit de plus belle jusqu'à l'embrasement final.

Les résistances nobiliaires à l'absolutisme

Dans l'ancienne France, le pouvoir royal avait toujours été défini comme une *potestas absoluta*, une pleine souveraineté législative reçue de Dieu, sans entraves mais limitée par la morale religieuse, les lois de l'Église et les lois fondamentales du royaume, empêchant le roi de verser dans la tyrannie. Tels étaient les fondements immémoriaux de la monarchie française. Toutefois, à partir du règne d'Henri IV s'était développée une pratique nouvelle, faite de centralisation politique et administrative, de lent grignotage des institutions locales traditionnelles ainsi que de réduction des privilèges, ce qui n'empêchait pas d'ailleurs la monarchie, souvent aux abois, d'en accorder de nouveaux, moyennant rétributions immédiates. Le prodigieux accroissement de la fiscalité royale, dû à l'entrée de la France dans la guerre de Trente Ans, en 1635, s'était traduit par l'envahissement brutal de la sphère des communautés locales, très mal perçu par les peuples. Ainsi était né, dans les convulsions d'un enfantement difficile, l'État moderne.

Or, l'opposition de la noblesse de souche à ces efforts centralisateurs avait été l'une des constantes du premier XVIIe siècle. Nostalgique de l'ère féodale, imbue de ses libertés, imprégnée d'esprit chevaleresque et de « sublime cornélien », celle-ci considérait la révolte contre les abus du pouvoir monarchique comme un véritable « devoir » (Arlette Jouanna). Comportement d'autant plus redoutable que, par le mécanisme des amitiés, fidélités et clientèles, ce corps social essentiel à l'existence de la royauté était capable de mobiliser du haut en bas de l'échelle nobiliaire des milliers de gentilshommes. La régence de Marie de Médicis et le règne personnel de Louis XIII furent marqués par de multiples conspirations ourdies par des princes ou des grands, et l'on sait la lutte implacable que dut mener Richelieu pour rétablir l'ordre menacé par les fauteurs de troubles. Même après la grande crise de la Fronde, marquée par l'agitation violente des gens de robe longue et des princes du sang, ce rêve d'une monarchie patriarcale fut loin de disparaître. Sans doute, sous le nouveau règne, une large partie de la noblesse provinciale, d'épée ou de robe, soutint-elle l'effort du roi et de ses ministres, bénéficiant largement en retour de la manne financière née de ce capitalisme fiscal qui associait les élites à la perception des impôts directs et indirects. Mais il restait au sein du second ordre des récalcitrants, indépendants et indisciplinés, des irréductibles qui nourrissaient une profonde aversion pour l'État moderne et refusaient leur mise au pas.

À l'instar d'Henri IV et de Louis XIII, Louis XIV fut menacé à plusieurs reprises de complots visant à l'assassiner ou à le renverser. Quelques-uns, fomentés de l'extérieur, eurent des répercussions jusqu'à l'intérieur du château de Versailles. Le cas le plus connu fut celui du chevalier de Rohan, arrêté le 11 septembre 1674 alors qu'il était venu assister en ce lieu au lever et à la messe du roi.

L'affaire du chevalier de Rohan

Né en 1635, Louis de Rohan-Guéméné, fils du duc de Montbazon, était un jeune seigneur hautain et sarcastique qui avait été l'un des compagnons d'enfance de Louis XIV. Ruiné par le jeu et la débauche, il avait dû vendre sa charge de grand veneur. Il en avait conçu une haine profonde. « Je mourrais content, affirma-t-il un jour, si je pouvais une fois tirer l'épée contre le roi dans une bonne révolte ! » Son principal complice, Gilles du Hamel de Latréaumont, éternel frondeur, fut la cheville ouvrière de la conjuration. Celui-ci avait recueilli au fil de ses chevauchées les doléances des hobereaux normands qui supportaient mal l'accroissement de la pression fiscale causé par la guerre de Hollande. Un peu partout dans la fière province des fils de Rollon on était prêt à sauter à cheval et à brandir flamberge au vent ! Une soixantaine de gentilshommes furent compromis.

Les conjurés projetaient de livrer aux Provinces-Unies le port de Quillebeuf, dans l'estuaire de la Seine, de lancer un raid sur Versailles afin d'y enlever la reine et le dauphin, voire si possible le roi, de convoquer les états généraux et de proclamer la république, une république aristocratique bien entendu. Dénoncée par suite d'une imprudence, la conspiration fut rapidement jugulée. Latréaumont fut tué au moment de son arrestation et Rohan, condamné à la décapitation, fut exécuté dans l'enceinte de la Bastille ainsi que trois autres de ses complices. Cependant, avec le temps, ce type de prise d'armes à l'ancienne allait perdre de son importance.

Versailles et la noblesse de cour

Louis XIV comptait sur l'installation à demeure de la cour à Versailles pour changer les mentalités. Son idée était de faire du château « le centre de gravité de la sociabilité aristocratique et le cœur du système cérémoniel de l'État royal » (Joël Cornette). D'où, à côté de la distribution des « grâces » et des « bienfaits », son jeu à la fois habile et sournois tendant à diviser, cloisonner, attiser les rivalités quand il ne pouvait pas les étouffer. L'objectif était d'empêcher la formation de toute coalition dangereuse pour son autorité. Ainsi se méfiait-il de l'ambition de ses proches, s'inquiétant lorsqu'ils devenaient par trop populaires, comme son frère, Philippe d'Orléans, privé de tout commandement militaire opérationnel après la bataille de Cassel (1677), ou le fougueux prince François-Louis de Bourbon-Conti, dit le Grand Conti, exilé en 1685 pour l'avoir traité dans une lettre privée de « roi de théâtre pour représenter et de roi d'échecs pour se battre ».

Sa vigilance toujours en éveil, il s'inquiétait de ne point voir certains grands seigneurs à son lever, faisait ouvrir le courrier de ses proches, prêtait une oreille attentive aux propos rapportés par ses multiples espions. Toutes les maisons princières se trouvaient sous haute surveillance : nominations, ventes et achats de charges passaient par son agrément.

Cependant les louanges démesurées, les panégyriques des littérateurs, les descriptions idylliques de la cour présentant le Roi-Soleil entouré des plus puissants seigneurs du royaume occultaient, derrière ce spectaculaire tableau de domestication ordonnée, la persistance au sein même du château, dans ses appartements étroits, ses arrière-cabinets et ses corridors obscurs, de l'opposition jalouse de la vieille noblesse d'épée. C'est que tout au long du règne le monde de l'office, de la finance, du commerce avait gagné en importance par rapport à l'aristocratie guerrière qui, malgré les efforts héroïques qu'elle déployait sur les champs de bataille, peinait à préserver son rang social. Et cela suffisait à la faire enrager.

Sous l'influence d'événements extérieurs, l'idéologie nobiliaire connut alors une première mutation. En Grande-Bretagne, la Glorious Revolution de 1688, qui associait la *gentry* et les élites nobiliaires au gouvernement du royaume (on était loin encore du parlementarisme régulé à l'anglaise), commença à servir de modèle à ceux qui contestaient l'absolutisme bourbonien. Les bouleversements politiques d'outre-Manche ne s'étaient pas faits au nom des droits naturels et des idées libérales, telles que les exprimait par exemple un John Locke, mais de l'« antique Constitution » et du contrat originel unissant le monarque et le peuple, pacte fondateur supposé avoir été rompu par la pratique autoritaire des Stuarts (tel fut le sens du *Bill of Rights* imposé aux nouveaux souverains Guillaume III et Marie II en 1689). Cela devait conduire par mimétisme les théoriciens français à rechercher dans l'histoire lointaine les « droits » de la nation et à appeler de leurs vœux la réunion régulière des états généraux.

Le complot des « saints »

Dans les dernières années du XVIIe siècle, la monarchie absolutiste subit ainsi critiques et assauts de la part d'une opposition impatiente de la réformer. Cela commença avec la crise religieuse du quiétisme qui s'installa en 1689 à Versailles, dont les principaux protagonistes étaient Mme Guyon et l'abbé de La Mothe-Fénelon, précepteur du duc de Bourgogne.

Mystique et prophétesse, Jeanne Bouvier de La Motte, veuve du sieur Jacques Guyon, avait fondé à la cour une confrérie secrète dite « des Michelins », qui avait embauché les membres les plus actifs du parti dévot. Il serait erroné de ne voir dans cette étrange phalange qu'une discrète société religieuse réservée à quelques grands seigneurs en mal de sublime et d'extase. Sous ce masque de piété se dissimulaient des objectifs politiques. « Rien de plus certain, écrivait Madame Palatine, belle-sœur du roi, tout cela n'était qu'un jeu pour gouverner le roi et toute la cour. On avait résolu de gagner Mme de Maintenon, ce qui fut fait, afin d'être maître du roi. On a trouvé chez eux des listes entières de charges à donner ; ils voulaient changer toute la cour et distribuer tous les plus hauts postes à leurs créatures. La religion était ce qu'on avait le moins en vue dans cette affaire. » La crise ne s'acheva que par la disgrâce de Fénelon, devenu entre-temps archevêque de Cambrai.

Avec le sentiment que la fin du règne approchait, l'opposition nobiliaire se redéploya à Versailles derrière l'angélique et chimérique petit clan « des saints », proche du duc de Bourgogne, petit-fils du roi et héritier du trône. Son inspirateur n'était autre que l'ambitieux Fénelon, toujours banni mais qui comptait prendre sa revanche sous le nouveau règne. Cette coterie aristocratique aspirait à revenir sur à peu près toutes les conquêtes de l'absolutisme depuis Louis XIII et Richelieu et à recréer une féodalité nouvelle, laissant la réalité du pouvoir au haut clergé ainsi qu'à la vieille noblesse d'épée. Influencés non seulement par Fénelon, mais également par les idées rétrogrades de l'abbé Le Laboureur, les ducs de Beauvillier, de Chevreuse et de Saint-Simon étaient les membres actifs de ce cénacle secret. Leur programme de gouvernement fut rédigé en 1711 par Fénelon dans les *Tables de Chaulnes* : disparition des intendants, épuration de la noblesse de ses éléments les plus récents, généralisation des états provinciaux, réunion des états généraux tous les trois ans, liberté économique et, au nom de la morale chrétienne, signature à tout prix de traités de paix avec les voisins de la France (on était en pleine guerre de Succession d'Espagne). Les morts prématurées du duc de Bourgogne en 1712 et de l'auteur du *Télémaque* au début de 1715 mirent fin à ces conciliabules versaillais. Ce qui n'empêcha pas leurs thèses de triompher partiellement après la disparition de Louis XIV, avec le remplacement des ministres et secrétaires d'État par des Conseils aristocratiques, la polysynodie. L'expérience fut si désastreuse que le Régent, Philippe d'Orléans, un moment séduit, y renonça.

Louis XV ou la cour éclatée

Sous le règne suivant, les turbulences centrifuges ne cessèrent de s'accroître. Le pouvoir royal, en effet, s'épuisait de faiblesse extrême, embarrassé par ses contradictions internes, étouffé par la coalition égoïste des corps et des ordres, incapable de poursuivre la politique d'unification de la société entreprise par Louis XIV. Ce ne fut pas, contrairement à ce que pensait Tocqueville, l'absolutisme louis-quatorzien qui fut l'une des principales causes de la Révolution, mais plutôt son évaporation progressive au sein d'une société en dislocation.

Cette fois, bien plus que d'obscures conspirations, comme celle du prince Louis-François de Bourbon-Conti en 1757, écarté de la cour pour son ambition, ou du spectaculaire et déplorable coup de canif donné la même année au roi par un domestique exalté, Damiens, proche des parlementaires jansénistes, il s'agissait d'un mouvement sociopolitique de vaste ampleur. Bridée sous le Grand Roi, la haute noblesse ne songea, à sa mort, qu'à prendre sa revanche. Ainsi, on assista au XVIIIe siècle à une profonde réaction aristocratique cherchant à mettre sous tutelle la monarchie capétienne. L'État royal donnait l'impression de dépérir, étouffé par une société envahissante, contesté par de larges pans du monde cultivé.

Rayonnantes de puissance et de richesse, les différentes noblesses – d'épée, de robe et de finance – s'unifiaient peu à peu, mariant leurs enfants et étendant leur emprise sociale et politique. Elles cherchaient à occuper toutes les allées du pouvoir, à s'emparer de tous les postes, particulièrement à la cour, résistant obstinément aux tentatives de réforme du gouvernement et ne songeant qu'à récupérer les attributs de la puissance publique, dont elles avaient été dépossédées. Ainsi, au moment où la cour de Versailles brillait de tous ses feux et où les institutions administratives se développaient de façon spectaculaire, ce n'était plus la monarchie qui avait domestiqué l'aristocratie, mais celle-ci qui commençait à tenir celle-là en lisière. À partir de 1760, par exemple, pour être admis à la cour, il fallait produire une généalogie noble antérieure à 1400.

Partant d'*a priori* assez voisins de ce courant rétrograde hostile au « despotisme royal », nombre de magistrats, à la suite du président de Montesquieu, recherchaient dans l'histoire la justification de leur pouvoir face à la souveraineté capétienne. Son *Esprit des lois*, paru en 1748, connut un immense succès. De façon générale, pour les gens de robe, les parlements, gardiens du « dépôt des lois », étaient les héritiers des assemblées franques d'hommes libres des temps carolingiens. Leur préférence allait à un système « mixte », mélange de monarchie, d'aristocratie et de démocratie. Admirateur du gouvernement anglais, tout en rêvant d'une monarchie tempérée par les corps intermédiaires – le pouvoir arrête le pouvoir –, le châtelain de La Brède, estimant que l'ancienne Constitution avait été dénaturée, rejoignait peu ou prou les positions des aristocrates passéistes. Chaque peuple, soutenait-il, doit vivre conformément à l'esprit de ses lois anciennes : à la France de retrouver les siennes, bien éloignées de l'abominable système louis-quatorzien.

La crise

Nouvelle mutation : la décennie 1750-1760 vit le développement bouillonnant d'idées nouvelles s'opposant à la coutume et à la tradition, comme la croyance au progrès des sciences et de l'homme, la confiance en l'expérience, la redécouverte de la nature, l'aspiration au bonheur individuel, la conviction de la supériorité de la raison sur la foi et la révélation biblique... Il faut comprendre que ce mouvement des Lumières, qui fascinait les élites – Rousseau était lu davantage dans les châteaux que dans les chaumières ! –, était ambivalent. Pour beaucoup, l'aspiration à la liberté se mêlait à la nostalgie des libertés au pluriel, c'est-à-dire des privilèges et des anciennes franchises. On était à la fois libéral et rétrograde, progressiste et réactionnaire. Les parlements, composés de riches magistrats propriétaires de leur office, représentaient cet esprit de résistance, fer de lance de la contestation nobiliaire, qui faisait obstacle au pouvoir, refusant à maintes reprises d'enregistrer les édits royaux.

À Versailles, où se manifestait une grande porosité avec l'opinion publique « éclairée » parisienne, les

Noailles, les Gramont, les Choiseul ne cachaient pas leur attirance pour les philosophes et les parlementaires. Tout en restant fidèles à la personne du roi, du moins formellement, ils tendaient par leur esprit d'indépendance à la subversion de la royauté, tandis que la coterie adverse, ennemie des encyclopédistes, formée autour du dauphin Louis Ferdinand, prenait assez maladroitement la défense de la religion et de la tradition. Après la mort de celui-ci, en 1765, les luttes reprirent entre « choiseullistes » et « aiguillonnistes », le parti du duc d'Aiguillon, proche de la nouvelle favorite, Mme du Barry. Les dévots trouvaient appui auprès de Mesdames, sœurs du roi, vieilles filles aigries et jalouses, qui réservaient leurs humeurs assassines à la jeune dauphine Marie-Antoinette, fille de l'impératrice Marie-Thérèse, dont le mariage avait été négocié par le duc de Choiseul.

Ce mal profond qui empêchait le pouvoir royal de maîtriser la compétition des élites, indispensable pourtant à sa survie, se conjuguait avec la difficulté constante de Louis XV, être angoissé, à la personnalité discrète et mélancolique, extraordinairement timide, se crispant sitôt que paraissait un nouveau visage, à tenir sa cour. Fuyant le plus possible la vie en représentation, il ne se plaisait qu'à la chasse ou en petite compagnie dans ses appartements privés. À son tour, sa favorite, la marquise de Pompadour, introduisait à Versailles une manière de vivre, certes hautement raffinée, mais bourgeoise, prenant l'habitude de convier le roi à de petits soupers dans son appartement en compagnie de quelques intimes.

C'est la raison pour laquelle, plus encore qu'aux derniers temps du règne de Louis XIV, où le roi et

Mme de Maintenon s'étaient assez largement repliés sur leur vie privée, les coteries médisantes sapaient le bel ordonnancement de la cour, alimentant parfois directement les pamphlets de la ville. Face à cette situation, Louis XV tenta de réagir. Il adopta une stratégie de la distanciation, se rendant imprévisible, insaisissable, se servant de sa faiblesse et de sa timidité naturelle comme d'une force. Ne sachant rien de ce qu'il pensait, ni parfois où il se trouvait, les courtisans pouvaient s'attendre à tout et demeuraient sur le qui-vive. Ses jeux de glaces, ses brusques éloignements, puis sa réapparition soudaine, accompagnée d'une théâtrale reprise en main, parfois d'une disgrâce foudroyante, étaient sa façon de réaffirmer sa souveraineté face à des sujets qui ne songeaient qu'à s'émanciper de leurs devoirs.

À la fin de 1770, il se décida enfin à renvoyer le duc de Choiseul, grand vizir cumulant plusieurs portefeuilles ministériels – ce « roi Choiseul », si imbu de sa race et si méprisant à son égard –, et à supprimer les parlements en tant que corps politiques, à abolir la vénalité des offices, à créer des institutions judiciaires plus modernes et à rendre la justice gratuite. Après vingt années de luttes entre la Couronne et ses propres magistrats, ce « coup de majesté » fut une révolution royale sans précédent. Hélas, l'outrage fait aux parlements passa aussitôt dans l'opinion pour un acte d'odieux despotisme. Rares furent ceux qui, comme Voltaire, n'oubliant pas la condamnation de l'*Émile*, ni celle de Calas et du chevalier de La Barre, avaient une vue lucide sur leur égoïsme et leurs conceptions rétrogrades de la justice.

L'énergique reprise de Maupeou souda les diverses oppositions, aristocratique, parlementaire, janséniste, gallicane, qui n'existaient jusque-là que de manière diffuse, en un vaste front. S'élabora alors un processus idéologique de subversion de l'ordre établi. Ce parti, qui revendiquait la liberté de la presse, la réintégration des protestants et l'abolition des lettres de cachet, affirmait la souveraineté des peuples, se réclamait du « patriotisme », devenu un attachement sentimental non plus au roi, mais à la nation, et exigeait un nouveau pacte constitutionnel. Là encore Versailles, tout autant que Paris, fut l'épicentre de la crise.

La fin de la monarchie versaillaise

En montant sur le trône en 1774, Louis XVI, âgé de vingt ans à peine, n'avait aucun moyen d'arrêter la puissance de cette contestation. Sa principale erreur politique, commise sous l'influence de son vieux et maladroit conseiller, le comte de Maurepas, le rappel des parlements, bloqua le processus de réforme qu'il voulut entreprendre sincèrement avec Turgot puis Calonne. Le projet de révolution royale de ce dernier – fiscalisation des privilèges, selon un plan inspiré de Vauban, et rationalisation de la monarchie administrative – ne pouvait que déplaire à la haute noblesse versaillaise. Autant dire qu'il se heurta à une vive contre-révolution des aristocrates, qui se mirent alors à réclamer la convocation des états généraux, cet antique monument, totalement obsolète, organe de la réaction nobiliaire, qui n'était plus réuni depuis 1614.

Le vote par ordre, de règle dans cette institution, rendait en effet impossible toute réforme moderne de l'État, clergé et noblesse étant étroitement unis par des liens familiaux (tous les évêques étaient à cette époque d'extraction nobiliaire). À Versailles même, derrière les sourires de circonstance, Louis ressentait la sourde hostilité des conspirateurs à chacun de ses pas.

À la vérité, si, pas plus que son prédécesseur, il ne manquait d'intelligence, il n'avait aucun goût à tenir une cour. La plupart du temps, il vivait dans son appartement intérieur ou ses petits appartements, où il annotait les rapports et dressait ses comptes d'apothicaire. En public, méfiant et silencieux, il lui arrivait de s'enfermer dans un mutisme bougon. Il n'avait d'ailleurs pas renoncé aux distractions manuelles, serrurerie ou menuiserie. L'implacable étiquette avait été allégée. D'où l'ennui de la cour, son enkystement dans une morosité oisive et parasitaire, son fractionnement en coteries, celle de Mesdames, tantes du roi, de Monsieur, comte de Provence, ou encore des derniers partisans du duc de Choiseul toujours exilé et qui allait mourir en 1785. Certes, la cour brillait encore de tous ses feux, mais elle était devenue intermittente, la majeure partie des seigneurs n'y venant que les samedis et les dimanches, les poches en général emplies de libelles et de pamphlets de la ville.

Par son comportement insouciant et irresponsable, ses folles dépenses, son goût immodéré du jeu, Marie-Antoinette favorisait elle aussi les intrigues au cœur même du palais. La « société de la reine » avait introduit une triple rupture menaçant l'équilibre de l'ensemble : jeunes contre vieux, petite noblesse contre ancienne, vie intime contre vie publique. Le flux des grâces et des bienfaits ne passait plus seulement par son mari, mais aussi par elle, et, circonstance aggravante, se trouvait capté par la clique avide des Polignac et de leurs amis. À quoi bon se rendre à Versailles si l'on ne pouvait « faire sa cour » aux souverains ?

Le 8 août 1788, la monarchie, au bord de la banqueroute, s'étant heurtée à l'opposition obstinée tant de l'Assemblée des notables que du Parlement et du clergé, se résigna à convoquer des états généraux. De cette boîte de Pandore sortira, on le sait, un événement d'une radicale nouveauté, que n'avaient nullement prévu nos « libéraux réactionnaires » et dont ils seront les premières victimes. Mais cela est une autre histoire. Quant à Louis XVI, impuissant mais excédé, il ne pourra que lancer à ses irrévérencieux commensaux versaillais – les Fitz-James, les d'Uzès, les Montmorency-Luxembourg, les Praslin, les La Rochefoucauld, les Béthune-Charost, les Luynes… – qui n'avaient cessé de lui en réclamer la convocation : « Vous les avez voulus ces états généraux ! Eh bien maintenant, vous les avez ! » Esprit tout aussi pénétrant et lucide, Chateaubriand le dira plus tard : « Les plus grands coups portés à l'antique Constitution le furent par des gentilshommes. Les patriciens commencèrent la Révolution… »

Bibliographie sélective

Bély (Lucien), *La France moderne. 1498-1789*, Paris, PUF, 2003.

— (dir.), *Dictionnaire de l'Ancien Régime*, Paris, PUF, 2010.

Cornette (Joël), *Absolutisme et Lumières. 1652-1783*, Paris, Hachette, 2016.

JOUANNA (Arlette), *Le Devoir de révolte. La noblesse française et la gestation de l'État moderne, 1559-1661*, Paris, Fayard, 1989.

LEFERME-FALGUIÈRES (Frédérique), « Le fonctionnement de la cour de Versailles », *Hypothèses*, 2000/1 (3), p. 207-218.

LE ROY LADURIE (Emmanuel), *Saint-Simon ou le Système de la Cour*, Paris, Fayard, 1997.

PETITFILS (Jean-Christian), *Louis XIV*, Paris, Perrin, coll. « Tempus », 2018.

—, *Louis XV*, Paris, Perrin, coll. « Tempus », 2021.

—, *Louis XVI*, Paris, Perrin, coll. « Tempus », 2021.

SAINT VICTOR (Jacques DE), *La Première Contre-Révolution (1789-1791)*, Paris, PUF, 2010.

8

L'affaire du Collier

par Jean-Christian PETITFILS

Jalonnée de rebondissements et de péripéties rocambolesques, l'affaire du Collier de la reine a provoqué dans l'opinion publique une violente secousse qui a eu, pour la monarchie française, des conséquences politiques d'une extrême gravité, au point de figurer parmi les causes de la Révolution. Au départ, vers 1770, deux bijoutiers d'origine saxonne, Charles Auguste Böhmer et son gendre Paul Bassenge, joailliers de la place Louis-le-Grand (aujourd'hui place Vendôme), avaient eu le rêve un peu fou de créer le plus beau collier du monde, le joyau des joyaux : 21 pièces de 647 gemmes, pesant 2 800 carats. La folie de ses concepteurs résidait moins dans la surcharge excessive de ce « collier en esclavage », selon l'expression du temps, festonné de grappes, de pendeloques et de guirlandes, qui asservissait la poitrine de la femme au lieu de la mettre en valeur, que dans leur décision de le financer seuls, en s'endettant jusqu'au cou. Un seul homme au monde était en état de l'acquérir : Louis XV, pour sa favorite Mme du Barry. Le premier étant mort en 1774, et la seconde reléguée à Louveciennes, ne restait plus que la jeune Marie-Antoinette, dont on connaissait l'attrait pour les belles parures.

L'affaire se dévoile

Le prix d'abord fixé à 1,8 million de livres fut ramené à 1,6. La reine trouva l'objet trop cher encore. Louis XVI, contacté, voulut le proposer à son épouse après la naissance de Madame Royale. Mais les goûts de l'intéressée avaient changé. Elle aspirait à une vie simple et avait lancé la construction du hameau de Trianon. Böhmer se permit d'insister, car sans elle il était totalement ruiné. « Ne m'en parlez plus jamais, lui répliqua-t-elle. Tâchez de le diviser et de le vendre. » On en était là lorsque, le 12 juillet 1785, le joaillier remit à Marie-Antoinette une épaulette avec de jolies boucles de diamants, cadeau du roi à l'occasion du baptême du duc d'Angoulême, fils du comte d'Artois. À l'écrin était joint un billet plein d'étranges sous-entendus : « Madame, nous sommes au comble du bonheur... Nous avons une vraie satisfaction de penser que *la plus belle parure de diamants qui existe* servira à la plus grande et à la meilleure des reines. »

Comme le visiteur s'était rapidement esquivé, elle ne put lui demander d'explications. Sans y prêter davantage attention, elle brûla le billet. Quelques jours plus tard, Böhmer et Bassange, inquiets, revenant à la charge, complimentèrent la souveraine de vive voix pour son acquisition, ajoutant qu'ils attendaient en retour le premier paiement. Et de lui rappeler discrètement qu'ils avaient un traité en bonne et due forme signé d'elle, au terme duquel elle avait fait acheter le collier par l'intermédiaire du cardinal de Rohan, grand aumônier de France. Tombant des nues et indignée, Marie-Antoinette exigea de voir le document. Le lendemain, elle prit connaissance du texte, qui portait en marge de chacun des trois paragraphes le mot « approuvé » et au verso sa signature : « Marie-Antoinette de France ». Le faux était grossier : jamais elle ne signait de la sorte. Elle eut alors la conviction que le cardinal l'avait sciemment mêlée à cette affaire probablement crapuleuse. Quelle ignominie !

Elle en parla aussitôt au baron de Breteuil, secrétaire d'État à la Maison du roi. Celui-ci, qui ne portait guère Rohan dans son cœur, crut deviner la manœuvre : le grand aumônier, qui, de notoriété publique, vivait à crédit, s'était octroyé le collier sans le payer, en faisant croire qu'il s'agissait de la reine. Son intention était sans doute de le dépecer et de le vendre à vil prix afin de couvrir une partie des dettes exorbitantes qu'il avait contractées.

Breteuil interrogea les joailliers. Ils lui contèrent qu'ils avaient été mis en relation avec le cardinal par une certaine comtesse de La Motte-Valois, très liée avec la reine, qui leur confia que celle-ci désirait faire la négociation non pas directement, mais par l'entremise secrète du grand aumônier de France. Rohan venait de leur demander de repousser le paiement de la première échéance de 400 000 livres, le quart du prix, et leur avait remis 30 000 livres à titre d'intérêts pour les faire patienter. Pour le baron, il était clair que le prélat s'était rendu coupable d'une gigantesque escroquerie, le vol d'un collier sans pareil, doublé d'un crime de lèse-majesté pour s'être faussement servi du nom de la reine et l'avoir compromise dans cette machination.

Le cardinal de Rohan

À cinquante et un ans, Louis René Édouard, prince de Rohan-Guéméné, était un homme de belle prestance, aimant le faste, les concerts, les petits soupers. « Un beau prélat, disait la baronne d'Oberkirch dans ses *Mémoires,* fort peu dévot, fort adonné aux femmes, plein d'esprit et d'amabilité, mais d'une faiblesse, d'une crédulité qu'il a expiées bien cher. » L'homme avait à la vérité plus d'ambition que de cervelle. Il avait cumulé les charges et les honneurs : prince du Saint Empire, grand aumônier de France, évêque de Strasbourg, docteur, proviseur de Sorbonne et académicien. Un ecclésiastique dans l'air du temps que Voltaire avait surnommé le « coadjuteur de la philosophie ».

En avril 1770, quand la petite archiduchesse Marie-Antoinette était arrivée à Strasbourg afin d'épouser le dauphin Louis Auguste, c'était lui qui avait prononcé la harangue d'accueil. Nommé par Louis XV ambassadeur extraordinaire à Vienne en janvier 1772, il y avait mené grand train, choquant l'austère et vertueuse impératrice Marie-Thérèse, qui ne lui pardonnait pas ses phrases assassines, notamment lors du partage de la Pologne entre la Russie et la Prusse : « D'une main, cette princesse a le mouchoir pour essuyer ses pleurs ; de l'autre, elle saisit le glaive pour être la troisième puissance copartageante. » De surcroît, ce dissipateur effréné, au luxe indécent, s'était permis de décocher quelques flèches contre la coquetterie de sa fille, la dauphine Marie-Antoinette. Tant et si bien que cette dernière se mit à le haïr. Son successeur à Vienne, le rogue baron de Breteuil, plutôt pingre, avait eu du mal à se faire admettre. D'où sa rancune tenace.

De retour en France, Rohan, à force d'intrigues, avait obtenu la charge de grand aumônier de France et la barrette de cardinal, mais la reine refusait de lui adresser la parole. L'affaire du Collier, telle que venaient de la révéler les joailliers, ne fit que renforcer son hostilité. Elle parla au roi de son honneur bafoué.

15 août 1785 : le scandale éclate

Le lundi 15 août 1785, jour de l'Assomption et du vœu de Louis XIII, le cardinal devait célébrer la grand-messe à la chapelle royale de Versailles à onze heures du matin. Une multitude de carrosses avait envahi la cour d'honneur. Sous un ciel roulant de lourds nuages d'orage, entre la cour de Marbre et les grilles de la place d'Armes, les gardes du corps, les Suisses et les gardes-françaises, impeccablement alignés, déployaient les splendeurs chatoyantes de leurs uniformes rouge et blanc ou bleu et blanc galonnés d'or et d'argent. Les drapeaux claquaient au vent. Tandis que la foule ordinaire des courtisans se pressait dans la galerie des Glaces, la haute noblesse titrée, les grands dignitaires de la cour, les ministres attendaient dans le salon de l'Œil-de-Bœuf.

Vers dix heures, à l'étonnement général, le cardinal de Rohan, en habit de cérémonie, fut appelé dans le cabinet du Conseil par un huissier de la Chambre. Là, il se trouva face à un tribunal improvisé composé du roi, de la reine, du garde des Sceaux Miromesnil et du baron de Breteuil. Louis XVI lui tendit le mémoire des Böhmer et lui demanda de s'expliquer. Rohan confessa que tout était vrai et que, puisque Sa Majesté la reine était présente, il voyait bien qu'il s'était trompé. Devant le trouble du prélat, le roi lui enjoignit de coucher sur le papier des explications détaillées.

Les aveux du cardinal clarifiaient la situation. Sa confession chargeait Mme de La Motte. Il avait cru faire sa cour à la reine en négociant pour son compte le collier et reconnaissait avoir été odieusement trompé par cette aventurière. Celle-ci avait disparu avec le collier. « Comment est-il possible, monsieur le Cardinal, intervint Marie-Antoinette, que, ne vous ayant pas parlé depuis huit ans, vous ayez pu croire que j'aurais voulu me servir de votre entremise pour conclure un marché semblable ? » Rohan n'osa répondre. Il avait ses raisons de penser que son attitude n'était que de façade et qu'elle lui avait bien témoigné secrètement sa confiance, qu'elle protégeait Mme de La Motte.

Rohan sortit et pénétra dans la galerie des Glaces, où la foule continuait de s'amasser. Breteuil héla un officier des gardes du corps et d'une voix de stentor lui lança : « Je vous ordonne, monsieur, de la part du roi d'arrêter M. le Cardinal et d'en répondre. » Jamais pareille bombe n'avait fait tant de bruit ni tant de ravages à la cour. Rohan fut incarcéré à la Bastille, où, en raison de son rang, il bénéficia d'un appartement spacieux avec trois domestiques pour le servir. L'opinion, loin de s'indigner du scandale, se retourna en sa faveur : il faisait figure de victime, persécuté par la reine et le baron de Breteuil.

Interrogé par Vergennes, ministre des Affaires étrangères, et le maréchal de Castries, secrétaire d'État à la Marine, le prélat évoqua une correspondance échangée avec la reine et une entrevue avec elle dans un bosquet de Versailles. Ses interlocuteurs furent sidérés. Mais, ces lettres, les avait-il ? Rohan répondit qu'il avait tout brûlé.

On se saisit des complices ou présumés complices, en premier lieu de Jeanne de La Motte, arrêtée à Bar-sur-Aube – laquelle nia avec effronterie toute implication dans la disparition du collier, chargeant du forfait le cardinal –, du mage Cagliostro et de sa femme, intimes du cardinal, d'une certaine Nicole Leguay et d'un nommé Réteaux de Villette, amant de Jeanne de La Motte. Seul M. de La Motte, échappant aux recherches, s'était enfui en Angleterre.

Au lieu de régler l'affaire discrètement par lettre de cachet, le roi, sous l'influence de la reine, attachée à laver son honneur, décida le 5 septembre de la confier au parlement de Paris, sans se rendre compte des effets désastreux d'un tel déballage devant une pareille instance qui, depuis son rappel d'exil, ne cessait de mettre des bâtons dans les roues du pouvoir. « C'était, comme dira le baron de Frénilly, jeter une mèche sur un baril de poudre, et le baril éclata avec un fracas épouvantable. »

L'orpheline des Valois

L'instruction dura quatre mois, au cours desquels les principaux accusés comparurent durant plusieurs séances. Mme de La Motte se révéla une intrigante hystérique, alternant pleurs, éclats de rire et accès de rage et de convulsions. Mais la vérité finit peu à peu par percer. Oui, Rohan, le disgracié de Vienne, voulait regagner la faveur royale, et tout particulièrement celle de Marie-Antoinette qui lui battait froid. Une fois revenu dans ses bonnes grâces, oui il aspirait à la toute-puissance ministérielle. Mais son « crime », si l'ambition est un crime, s'arrêtait là. Il n'avait pas volé le collier.

Pour son malheur, il avait fait la connaissance de Jeanne de Saint-Rémy de Valois, comtesse de La Motte. De cette jolie et menue personne émanait un charme ensorceleur, rehaussé d'une flamboyante vivacité et d'une intelligence machiavélique. Elle descendait d'Henri de Saint-Rémy, fils naturel du roi Henri II et de sa maîtresse Nicole de Savigny. Malheureusement, son noble lignage était tombé dans l'obscurité et la misère par suite de revers de fortune, au point que Jeanne, sans père ni mère, avait dû mendier en haillons. Recueillie par la charitable marquise de Boulainvilliers, placée en apprentissage chez des religieuses, la pauvrette devint tour à tour blanchisseuse, porteuse d'eau, cuisinière, repasseuse et lingère. En juin 1780, enceinte jusqu'aux yeux, elle épousa à vingt-quatre ans un officier de gendarmerie, Marc Antoine de La Motte, médiocre individu qui se parait indûment du titre de comte.

C'est Mme de Boulainvilliers qui avait présenté Jeanne au prince Louis alors que sa voiture croisait la sienne sur la route de Saverne. Son Éminence, plutôt bon cœur, surtout pour les jolies femmes malheureuses, fut ému au touchant récit de son enfance humiliée et la prit ainsi que son mari sous sa protection. Il la reçut magnifiquement en sa résidence de Saverne, devint son amant et, se laissant entortiller par elle, distribua au couple quelques modestes secours puis cautionna un emprunt de 5 000 livres qu'il fut bientôt contraint de payer.

Jeanne n'avait qu'une idée en tête : se faire reconnaître à la cour comme descendante des Valois et récupérer la terre seigneuriale de Fontette, près de Bar-sur-Aube, accordée par Henri II à son ancêtre direct. À Versailles, elle courait les antichambres, se pressait dans les bureaux des ministres, minaudant, faisant les yeux doux à la cantonade. C'est alors que lui vint l'idée d'escroquer son protecteur, toujours dédaigné de Marie-Antoinette. Elle lui conta qu'elle entretenait une intime familiarité avec celle-ci et qu'elle était à même de travailler à sa réhabilitation. Rohan exulta. Vite, il chargea sa protégée de remettre à la souveraine une première lettre. Jeanne confia le soin de calligraphier la réponse à son amant, Rétaux de Villette, ancien gendarme comme son mari. C'est ainsi que s'élabora la prétendue correspondance entre le cardinal et la reine. Le faussaire écrivait des missives de plus en plus aimables, graduant avec art de flatteuses espérances, toujours sous la dictée de Mme de La Motte.

Le cardinal, ébloui, embrasé, voyait les cieux ouverts. Il voulait maintenant lui parler. Après avoir longtemps différé la rencontre, la diabolique comtesse imagina d'organiser une brève entrevue à la nuit tombée entre le naïf prélat et un sosie de la reine. Son mari et complice dénicha sous les arcades du Palais-Royal une jeune modiste peu farouche qui arrondissait ses fins de mois par le commerce de ses charmes, Nicole Leguay.

Jeanne lui confia que son amie la reine l'avait chargée de trouver une personne pouvant jouer une petite comédie, moyennant forte récompense. C'est ainsi que le 11 août 1784, vers onze heures, nippée et maquillée, elle fut conduite dans le parc du château, très exactement dans le bosquet de Vénus, une discrète charmille située en contrebas de l'escalier des Cent Marches. Ce qu'elle devait faire était simple : un très grand seigneur allait s'approcher d'elle ; elle lui remettrait une rose et une lettre en lui disant : « Vous savez ce que cela veut dire. » C'était tout. La comtesse l'assura que la souveraine serait présente, cachée derrière elle. À minuit, l'inconnu se présenta, vêtu d'une redingote sombre, coiffé d'un chapeau au bord rabattu. Il s'inclina profondément. Le cœur palpitant, Nicole lui tendit la rose, bredouilla la formule convenue mais oublia la lettre dans sa poche. Abrégeant son supplice, Jeanne surgit en compagnie de Rétaux. La petite se retira sans trop savoir le rôle qu'elle avait joué, laissant l'Éminence en extase, bercée des plus douces espérances.

L'ingénieux stratagème avait réussi. Tombèrent alors les premières demandes : un prêt de 60 000 livres, pour une bonne œuvre secrète de Marie-Antoinette, puis un autre en novembre du même montant. C'est alors que les Böhmer, ayant entendu parler de la comtesse de La Motte comme d'une dame « honorée des bontés de la reine », la rencontrèrent. La madrée flaira la bonne affaire. Elle leur dit qu'elle espérait bien vendre la magnifique pièce et qu'un très grand seigneur se chargerait de la négociation. L'affaire fut réglée rapidement, moyennant des facilités de paiement.

Le 1er février, Rohan prit livraison du collier et alla le remettre à sa protégée dans son petit appartement de Versailles. Sitôt son départ, Mme de La Motte, son mari et son amant Rétaux – le ménage à trois – se précipitèrent sur le prodigieux trésor et le dépecèrent à l'aide d'un couteau de cuisine avec une telle fébrilité qu'ils abîmèrent plusieurs pierres en les extrayant de leur sertissure. Puis ils cherchèrent à vendre à vil prix les diamants. Rétaux courut les usuriers parisiens, M. de La Motte ceux de Londres, où il brada les principales pierres.

Les mois passèrent. Vers le début de juillet, la comtesse lâcha au cardinal que Marie-Antoinette, se trouvant dans l'embarras, ne pourrait régler comme prévu le 1er août les 400 000 livres de la prochaine échéance. Elle offrait de porter celle-ci à 700 000 livres, à remettre en octobre. Vers la fin de juillet le cardinal, déçu de n'avoir reçu aucun signe de la reine, s'aperçut que la signature de celle-ci portée au contrat était fausse, mais refusa comme le lui conseillait son ami Cagliostro de tout avouer au roi. Son esprit embrumé de rêves lui interdisait d'envisager l'escroquerie dans toute son ampleur. Même après la confrontation du 15 août, il demeurait persuadé d'avoir parlé à Marie-Antoinette au bosquet de Vénus. D'où le billet qu'il réussit à griffonner lors de son arrestation à l'intention de l'un de ses collaborateurs, l'abbé Georgel, lui ordonnant de brûler tout ce qui se trouvait dans son secrétaire.

Le jugement

Du 22 au 29 mai 1786, les membres de la Grande Chambre et de la Tournelle se réunirent avec les conseillers des autres chambres pour entendre lecture des actes relatifs aux accusés ainsi que la synthèse générale de l'instruction. Puis les accusés furent introduits tour à tour au matin du 30. Rétaux de Villette avoua être l'auteur de la fausse signature « Marie-Antoinette de France ». Jeanne de La Motte, sur la sellette, fut questionnée sur les prétendues lettres de la reine au cardinal ; elle récusa les déclarations de son amant et affirma qu'elles étaient authentiques, ajoutant, au milieu des clameurs indignées, qu'Antoinette y tutoyait le cardinal et parlait de rendez-vous. Puis la volcanique mythomane se retira, un sourire provocateur aux lèvres.

Rohan entra ensuite. Vêtu d'une soutane et du petit manteau violet, il portait une croix épiscopale à chaîne d'or et le cordon du Saint-Esprit en sautoir. Son état ecclésiastique, son air repentant, contrastant avec l'arrogance de celle qui l'avait précédé, plurent beaucoup à la cour. Pendant une heure, il répéta qu'il avait été aveuglé par son immense désir de regagner les bonnes grâces de la reine. La machination du collier avait été conçue par Mme de La Motte. Bref, il plaida la bonne foi et la naïveté puis se retira. Tous les magistrats se levèrent alors en signe de respect.

Ils avaient compris que ce dindon mitré était honnête homme.

Nicole Leguay parut à son tour, charmante, sensuelle, légère comme une sylphide sortie d'un tableau de Greuze. Elle souleva l'attendrissement des magistrats, qui lui permirent de se retirer pour aller donner le sein au nouveau-né qu'elle avait mis au monde à la Bastille. Plus pittoresque encore fut la comparution du mage Cagliostro. Vêtu d'un costume vert frangé d'or, les cheveux nattés lui tombant sur l'épaule, il mit les rieurs de son côté. « Je ne suis d'aucune époque, ni d'aucun lieu : en dehors du temps et de l'espace, mon être spirituel vit son éternelle existence... Je deviens celui que je désire. » On le remercia de ce galimatias et on lui donna congé. Arrivé à Paris après le vol du collier, il ne pouvait être complice.

Le lendemain 31 mai, le procureur Joly de Fleury prononça le réquisitoire, demandant pour le cardinal un acte d'amende honorable envers les souverains qu'il avait gravement offensés, la démission de ses charges, une aumône pour les pauvres et l'exil. Les murmures de l'assistance montrèrent que la peine requise, pourtant modérée, paraissait trop forte. Le premier président Étienne-François d'Aligre n'arrivait plus à contrôler le petit groupe de bruyants conseillers – Barillon, Robert de Saint-Vincent, Fréteau de Saint-Just, Duval d'Éprémesnil... – acquis à Rohan et remontés contre la cour.

Le tribunal rendit son verdict le soir même : les galères à perpétuité pour M. de La Motte, en fuite, le bannissement à perpétuité pour Rétaux de Villette, la flétrissure et la réclusion à perpétuité à la Salpêtrière pour Jeanne de Valois, la relaxe pour Nicole Leguay et Cagliostro. Par vingt-six voix contre vingt-trois, enfin, le cardinal de Rohan fut déchargé de toute accusation. Il n'était pas même contraint de demander pardon pour son manque de respect envers la reine. La foule applaudit avec une joie indécente.

Marie-Antoinette suffoqua d'indignation en apprenant la sentence. Plus qu'un déni de justice, c'était comme une gifle publique. Elle était outragée. Louis XVI, toujours plus ou moins convaincu de la culpabilité de Rohan, tenta de la consoler. Les malheureux ! C'étaient eux qui, dans leur bonne foi maladroite, n'avaient pas compris le réel enjeu de l'affaire. Et puisque le roi avait déclaré dans l'acte de saisine des magistrats que la dignité de la reine était compromise, c'étaient bien eux qui avaient perdu le procès, eux les souverains qui recevaient de la part des juges – autrement dit de leurs propres conseillers – un inconcevable camouflet. Alors qu'il eût été facile d'attendre la démission du cardinal contrit – il était résolu à l'envoyer –, le monarque, outré, furieux, accumulant les bévues, tint à le révoquer publiquement de sa charge de grand aumônier, à le radier de l'ordre du Saint-Esprit et à l'exiler en son abbaye de La Chaise-Dieu en Auvergne.

L'opinion s'empressa de protester, de crier à l'arbitraire, à la tyrannie, conspuant le nom de la reine. Autour de la Bastille, dix mille adulateurs acclamèrent Rohan aux cris de : « Vive le Parlement ! Vive le cardinal innocent ! » Le lendemain, les dames de la Halle lui portèrent des bouquets à son hôtel et l'obligèrent à paraître au balcon en compagnie de Cagliostro. Tout le Marais était en fête. Enfin, celui qui allait devenir pour l'Histoire le « cardinal Collier » partit pour son abbaye lointaine. Dans chaque ville traversée, le clergé lui rendait hommage et lui prodiguait des marques de sympathie. L'Église de France avait été choquée par l'esclandre de la galerie des Glaces. Dans son assemblée générale de septembre 1785, elle avait élevé une protestation solennelle, invoquant le privilège de juridiction qui aurait dû conduire le prélat à être jugé par les évêques. De son côté, le pape Pie VI réclama à cor et à cri la comparution de ce membre du Sacré Collège devant la juridiction romaine appropriée.

Les conséquences

Ce funeste procès ébranla les fondements de l'État, ensevelit sous la cendre la dignité royale et porta un coup mortel au dernier prestige de la monarchie. « L'événement me remplit d'épouvante comme la tête de la Méduse », écrivait Goethe. « Grande et heureuse affaire ! » jubilait le conseiller au Parlement Fréteau de Saint-Just. « Un cardinal escroc, la reine impliquée dans une affaire de faux ! Que de fange sur la crosse et le sceptre ! Quel triomphe pour les idées de liberté ! »

Les avocats cherchèrent non seulement à défendre leurs clients, mais à prendre à témoin l'opinion, érigée en cour suprême. Ils publièrent des dissertations qui rencontrèrent tout de suite un très vif succès. Il y avait aussi les mémoires de Mme de La Motte, de Cagliostro, de Rétaux de Villette, de Nicole Leguay, tous rédigés par des plumes habiles dans un style larmoyant. Les bijoux, l'amour, l'ambition, le scandale, un cardinal impudique, une mendiante de sang royal, un grotesque charlatan italien, une petite prostituée du Palais-Royal attifée en reine de France, quel fabuleux feuilleton ! L'opinion en redemandait, et avec des détails croustillants. C'était un flot d'articles, une orgie de feuilles volantes épicées, emplies de ragots, de commérages, de pasquinades, de pièces en vers, d'écrits venimeux ou injurieux. La sortie de chaque nouvelle production suscitait des échauffourées, réprimées – le guet n'en pouvait mais – par la garde à cheval.

Le nom de la reine était jeté en pâture aux libellistes, aux marchands de gazettes, aux caricaturistes, traîné dans la fange. Les chambres de la Bastille s'emplissaient des torchons saisis : *Les Amours de Charlot* (le comte d'Artois) *et d'Antoinette, Le Portefeuille d'un talon rouge, Les Petits Soupers à l'hôtel de Bouillon, Les Passe-Temps d'Antoinette, La Naissance du dauphin*... Et les questions fusaient, odieuses ou insidieuses. Pourquoi la fille des Césars, frivole, dépensière, dilapidant l'argent du peuple et raffolant des parures, n'aurait-elle pas cherché à acquérir le collier en se servant du cardinal, avec lequel elle aurait feint d'être au plus mal ? Pourquoi n'aurait-elle pas été son amante ? Pourquoi cette royale coquette n'aurait-elle pas troqué ses faveurs contre ce si prestigieux joyau ? Ses frasques nocturnes dans le parc de Versailles ne rendaient-elles pas tout possible : la contamination de Rohan par une maladie vénérienne, qu'elle aurait transmise à la moitié de la cour, la paternité du duc de Normandie (le futur Louis XVII) attribuée à ce prélat lubrique ? Ainsi, avant même de passer devant Fouquier-Tinville, la malheureuse, coupable sans doute de bien d'innocentes légèretés, était-elle déjà offerte au peuple en victime expiatoire.

Bibliographie sélective

Hastier (Louis), *La Vérité sur l'affaire du collier*, Paris, Fayard, 1955.

Haynin (Éric de), *Louis de Rohan. Le cardinal « Collier »*, Paris, Perrin, 1997.

Lernet-Holenia (Alexander), *La Comtesse de La Motte et l'affaire du collier de la reine*, Paris/Bruxelles, Elsevier/Séquoia, 1974.

Lever (Évelyne), *L'Affaire du collier*, Paris, Fayard, 2004.

Poggi (Jean), *L'Affaire du collier de la reine*, Paris, De Vecchi, 2001.

9

L'envers du décor. La « machinerie » de Versailles

par Hélène DELALEX

> « Je parcourus ce labyrinthe de passages inconnus, dont plusieurs étaient matelassés ; je pénétrai ainsi dans une foule de petits appartements dépendant de celui de la reine et dont je ne soupçonnais pas même l'existence. La plupart étaient sombres, n'ayant de jour que sur de petites cours. Ils étaient simplement meublés, presque tous en glaces et boiseries. »

Ainsi Félix, comte de France d'Hézecques, raconte-t-il dans ses *Souvenirs d'un page de la cour de Louis XVI* sa découverte des cabinets intérieurs de Marie-Antoinette en octobre 1789, au lendemain du départ de la famille royale. Ce jeune page, pourtant élevé à la cour depuis l'âge de douze ans, découvre alors un dédale de cabinets et d'escaliers impossibles à soupçonner depuis le grand appartement, et dans lesquels on pénétrait grâce à un habile système d'ouvertures dissimulées. Par les croisées donnant sur la cour de Marbre et les portes entrebâillées, chacun était à même d'en deviner l'existence, sans pouvoir en dessiner les contours exacts.

Ces « arrière-boutiques », comme les appelait le duc de Saint-Simon, blotties au revers de l'enfilade prestigieuse des grands appartements, formaient les coulisses de la grande scène de théâtre bâtie par Louis XIV. Cela résultait d'un parti architectural inédit lorsque, à l'automne 1668, le roi opta pour une « Enveloppe » de son château primitif par un nouvel édifice, et non pour une addition de bâtiments ou même une reconstruction totale, comme le souhaitait Colbert. De cet étonnant chemisage architectural découlent un système de communication complexe et un enchâssement dans un même corps de logis du grand et du petit, de l'extraordinaire et de l'ordinaire, du public et du privé, donnant au château son caractère théâtral : les espaces se dilatent et se resserrent soudainement et l'on passe avec surprise de l'intimité d'un tout petit cabinet à la majesté d'un salon d'apparat sans aucune transition, comme un coup de théâtre. Ces entrailles situées au cœur du château étaient le théâtre journalier d'une autre scène : la vie quotidienne. Si les visiteurs d'aujourd'hui découvrent un décor sans acteurs, il faut imaginer cette multitude de passages, corridors et escaliers dérobés encombrée par les allées et venues d'une armée de domestiques qui, jour et nuit, s'activaient sans relâche pour faire fonctionner la mécanique de cette immense « machine » qu'était Versailles.

Les archives, chronique vivante de la vie à Versailles

Ce monde a longtemps été ignoré, tant des mémorialistes et des gazetiers que, jusque dans les années 1980, des historiens. Par ailleurs, les traces visibles de la domesticité, la *Petite Cour*, selon le titre du célèbre ouvrage de l'historien William Ritchey Newton, chambrettes au simple mobilier, entresols de service et autres cuisines, ont pour la plupart disparu lorsque Louis-Philippe transforma le château en musée dédié « À toutes les gloires de la France ».

Ainsi le souvenir de cet univers parallèle n'existe-t-il plus aujourd'hui que dans les pièces d'archives : les *États de la France*, les comptes et correspondances des inspecteurs avec le directeur général des Bâtiments du roi, les mémoires des artisans, les notes du gouverneur du château sur les commodités, les fournitures, les aménagements des salles de bains, les querelles de logements, les continuels problèmes de chauffage ou les installations clandestines de « cheminées postiches » (poêles)... Les registres des dépenses ordinaires indiquent quant à eux le montant des appointements et les menues dépenses de chacun[1] : celles du contrôleur général de la Maison

1. Voir par exemple l'« État au vrai des dépenses ordinaires faites en la chambre des deniers de la Maison de la reine pendant le quartier d'avril 1787 », dans le *Cahier de la dépense extraordinaire faite en la Chambre aux deniers de la Maison de la Reine*, registre de comptes sur parchemin tenu de 1783 à octobre 1789, BnF, Manuscrits, Français 10417.

pour « l'entretien d'un cheval de trait » ; de Vergalant, garçon de Paneterie-Bouche, pour « entretien des lames des couteaux de la table de la reine » et « autres herbes de senteurs qui se mettent dans le Linge de ladite table » ; de « la dame Robert, brodeuse de la reine, pour sa nourriture » ; de l'huissier du Bureau pour les « papier, plumes, encre, canifs » ; du garçon du Bureau pour les « menus fournitures d'oranges, citrons, moutardes à la table des Maîtres » ; des chefs de la Bouche pour les « fournitures de pâtisserie, entremets, légumes, racines, œufs frais, sel, sucre, épices et indemnités des pertes qu'ils ont éprouvées sur les approvisionnements qu'ils avaient faits pour l'hiver » ; des officiers et garçons de Fourrière pour les « pailles distribuées aux officiers », les « balais, brosses et torchons » ; des galopins du Rôt de la Cuisine-Bouche pour les « brochettes et ficelles » ; jusqu'aux garçons Porteurs Bouche et Communs pour le « port d'Immondices »... Au-delà de leur intérêt comptable, ces documents, sortes d'inventaires à la Prévert portant la saveur de la vraie vie, ressuscitent tout un monde en offrant le témoignage émouvant de ce que fut le quotidien à Versailles, une ruche permanente où s'agitait journellement un microcosme d'individus de statuts et de rangs très différents.

« Les entrées par les derrières »

Si le grand appartement, conçu pour mettre en scène le roi, était ouvert à tous, l'accès aux espaces privés était rigoureusement contrôlé. Ces lieux intimes aménagés pour les besoins de leur vie quotidienne et familiale étaient composés d'une suite hiérarchisée de salles à manger, bureaux, bibliothèques, cabinets, arrière-cabinets et très-arrière-cabinets, cabinets en niche pour le repos, cabinets scientifiques, du tour, de lecture, de travail, des bains, de jeu, de musique... Ces petites pièces parfois minuscules – 13 mètres carrés pour la garde-robe de Louis XVI – pouvaient se multiplier à l'infini et changer d'affectation selon les passions des souverains. Ce canevas charmant mêlait des pièces à l'extrême élégance et d'autres plus simples aux boiseries simplement « en blanc » desservies par des escaliers parfois si étroits que l'on se demande comment une robe à paniers pouvait bien s'y glisser.

En dehors des domestiques, seuls les familiers y étaient admis. Les accès en étaient gardés de jour comme de nuit par le personnel de la Chambre, « garçons bleus » du roi, nommés d'après la couleur de leur justaucorps garni de galons d'or et d'argent, ou femmes de chambre de la reine, possédant la liste des rares privilégiés admis à y pénétrer. Ainsi en était-il par exemple des fameux soupers de retour de chasse donnés trois fois par semaine par Louis XV dans son appartement intérieur, qui étaient l'une des faveurs les plus recherchées. Comme le raconte le duc de Luynes le 5 février 1737, le roi établissait et revoyait lui-même la liste des « élus » : ceux qui « avaient les entrées » pénétraient directement, tête haute, dans le cabinet royal, tandis que les autres prétendants, regard en coin, demeuraient dans la chambre, près de la porte. « Le roi sort un moment de son cabinet, regarde ceux qui se présentent et rentre aussitôt pour faire la liste. L'huissier nomme ceux qui sont sur cette liste, lesquels entrent à mesure qu'ils sont appelés et vont se mettre à table aussitôt. » Une charge élevée ne donnant pas forcément accès à la « privance » du roi, les « entrées » étaient la plus sûre marque du degré de faveur. Les « entrées de derrière », donnant le droit de pénétrer « quand ils voulaient dans les cabinets du roi par les derrières », étaient, selon Saint-Simon, les plus recherchées : « C'était la plus grande familiarité de toutes et la plus continuelle, et dont ils usaient journellement. »

Café, jardins et poulaillers suspendus

Certains espaces étaient en revanche exclusivement réservés au souverain, tels son cabinet de travail, dit cabinet d'Angle, ou celui surnommé « Cabinet noir » ou « Secret du roi » (actuel arrière-cabinet des Dépêches), où Louis XV s'enfermait pour dépouiller les rapports de ses agents secrets, dont le chevalier d'Éon. Les anciens plans conservés aux Archives nationales gardent également la trace de nombreuses « pièces du café ». Dans les grandes serres chaudes du jardin botanique de Trianon, le *Jasminum arabicum coffea arabica*, c'est-à-dire le caféier d'Arabie, s'était en effet parfaitement acclimaté et produisait une bonne quantité de grains annuelle que Louis XV se plaisait à torréfier, préparer et servir lui-même à ses filles ainsi qu'à son entourage. « On fut deux heures à table, avec grande liberté, et sans aucun excès », raconte le duc de Croÿ, le 30 janvier 1747. « Ensuite, le roi passa dans le petit salon. Il y chauffa et versa lui-même son café. » Sur certains plans, on distingue bien le dessin, dans l'embrasure d'une fenêtre, du fourneau à deux feux où le roi préparait ce café.

La cour des Cerfs, nommée en raison des têtes de cerfs en plâtre qui la décoraient, était le sanctuaire privé du roi. Depuis le retour du jeune Louis XV à l'été 1722, les cabinets qui s'articulaient sur quatre étages autour de cette petite cour ne cessèrent de se développer et de déménager au gré d'incessantes transformations : cabinets du tour, de physique, bibliothèques, salle à manger « d'été » et « d'hiver », « laboratoires »... Cette dernière appellation désignait des cuisines dans lesquelles le roi, avec l'aide du cuisinier et pâtissier Louis-Joseph Lazur, qui y était logé, s'essayait à faire la cuisine, notamment des omelettes, des confitures et des pâtisseries, ainsi qu'à distiller.

Salles à manger et laboratoires ouvraient sur des terrasses verdoyantes établies au niveau des toits du château et sur lesquelles Louis XV aimait particulièrement se promener. Le roi se servait souvent des toitures pour passer plus rapidement d'un cabinet à un autre, n'hésitant pas pour cela à passer de fenêtre en fenêtre, et même à faire la conversation par les cheminées ! Le 5 juillet 1737, le duc de Luynes raconte : « Depuis quelque temps il monte après souper sur les toits du château, et se promène avec ceux qui ont eu l'honneur de souper avec lui jusqu'au bout de l'aile neuve et de là jusqu'à celui de l'aile des Princes. Il a été plusieurs fois faire la conversation chez Mme de Chalais, par une fenêtre qui donne sur le toit, et chez Mme de Tallard, par la cheminée. » Le mémorialiste poursuit : « Après souper il se promena sur les toits du côté de l'aile neuve et envoya M. de Soubise à la cheminée de Mme de Tallard faire la conversation, pendant que S.M. passa par les cours. Il passa à la porte de Mme de Luynes qu'il ouvrit lui-même ; le suisse, à moitié endormi, ayant voulu ouvrir les deux battants, le Roi s'en alla chez Mme de Tallard où il y eut un cavagnole. S.M. y gagna environ cent louis. » N'hésitant pas à descendre des toits par une croisée ouverte ou par une échelle, il lui arriva une fois de rester bloqué derrière une fenêtre grillagée : « Lundi dernier, il retourna encore à la même cheminée de Mme de Tallard, et ayant voulu descendre par la même fenêtre, il trouva les barreaux mis. Il envoya quérir un couperet, qui fut ce que l'on put trouver de plus près ; mais ce fut inutilement que l'on essaya de faire une ouverture. » Au printemps 1748, sur la terrasse orientale, Louis XV fit établir des « volières ». Agrandis l'année suivante, ces colombiers-poulaillers étaient constitués d'élégants pavillons de bois revêtus de treillage, d'un vestibule et de deux galeries-volières au sol recouvert de terre battue et au ciel grillagé permettant à une colonie de poules et de pigeons de s'ébattre allègrement. Situés près des laboratoires, ces poulaillers suspendus de Versailles offraient au roi l'avantage de disposer d'œufs frais à proximité[2].

Non loin de là, au troisième étage, Louis XV fit aménager un vaste appartement pour sa première favorite, Mme de Châteauroux. Afin de le relier d'une manière plus commode et discrète à son appartement intérieur, le roi fit installer en 1743, du côté nord de la petite cour du Roi, une « chaise volante ». L'invention de cette mécanique est attribuée à Jean-Jacques

2. L'ensemble fut supprimé dès 1755.

Renouard, comte de Villayer, académicien fantasque qui inspira sans doute La Bruyère pour son personnage d'Hermippe dans *Les Caractères*, ayant trouvé « le secret de monter et descendre autrement que par l'escalier »... Saint-Simon, dans ses additions au *Journal* de Dangeau, s'étend sur ces curieuses inventions « qui par des contre-poids montent et descendent seules entre deux murs à l'étage qu'on veut, en s'asseyant dedans par le seul poids du corps et s'arrêtant où l'on veut ». Il mentionne également l'aventure amusante de la duchesse de Bourbon qui resta enfermée près de trois heures entre deux étages de son hôtel de Versailles avant que l'on vînt la délivrer en démolissant les murs... Réalisée par le machiniste Blaise-Henri Arnoult, la chaise volante fut utilisée par Mme de Pompadour entre 1745 et 1750, et resta en service jusqu'en 1754[3].

Une quête d'intimité

Au siècle suivant, Marie-Antoinette développa largement ses espaces privés, procédant par extension et colonisation. En 1779, les travaux pharaoniques menés depuis cinq ans dans les jardins du Petit Trianon n'étaient pas encore achevés que la reine procédait au remaniement général de ses cabinets intérieurs, demandant à son architecte Richard Mique de réaménager de fond en comble son boudoir, dénommé « cabinet de

3. Démontée, elle est alors transportée à Fontainebleau pour permettre à la marquise de gagner sa loge du théâtre de l'aile de la Belle Cheminée.

la Méridienne » en raison de la présence d'une niche-sofa sur laquelle elle venait se reposer à la mi-journée, puis son grand cabinet intérieur, dit Cabinet doré en raison des boiseries éblouissantes réalisées par les frères Rousseau, célèbres sculpteurs ornemanistes. Ces deux cabinets d'un raffinement inouï représentent un sommet de l'art décoratif français. La reine étendit ensuite ses cabinets au second étage, colonisant pour cela des pièces jusque-là réservées aux valets de chambre du roi, à ses femmes de chambre et à sa dame d'honneur, la princesse de Chimay. Elle y fit aménager un cabinet du billard, une salle à manger pour ses dîners en société et un boudoir. Enfin, à partir de 1782, elle prit possession de l'ancien appartement de Madame Sophie, situé au rez-de-chaussée donnant sur la cour de Marbre, pour aménager un petit appartement comprenant une nouvelle chambre. À l'été 1788, délogeant cette fois-ci le premier valet de chambre de son fils, elle installa une vaste pièce des bains de près de 40 mètres carrés ornée d'un décor boisé d'une extrême élégance composé de motifs aquatiques sculptés et peints en blanc se détachant sur un fond bleu pastel, à la manière des camées de Wedgwood.

D'année en année, la reine se repliait davantage dans les entrailles de son petit labyrinthe dont elle tenait absolument à contrôler les accès. Les clefs et les serrures y étaient partout présentes : la reine faisait tour à tour condamner des escaliers, poser sur les portes en glace de sa Méridienne de grands verrous de bronze à son chiffre fermant de l'intérieur et, raffinement suprême, installer sur la porte de sa nouvelle chambre un système de fermeture automatique à distance élaboré spécialement pour elle par le serrurier Jubault « pour pouvoir ouvrir et fermer à volonté les portes depuis son lit »…

Des chantiers permanents à « faire perdre la tête »

L'étude de l'évolution de ces cabinets privés dans les archives des Bâtiments laisse souvent l'historien sans voix. Il est difficile en effet de ne pas perdre le fil de ces pièces changeant parfois chaque année de situation, de forme et de destination. C'est tout un peuple d'artisans et d'entrepreneurs qui surgit alors sur le papier, faisant revivre l'effervescence extraordinaire avec laquelle étaient menés ces « petits chantiers » intérieurs qui devaient être achevés avant le retour de la famille royale des « petits voyages » à Marly, Fontainebleau ou Compiègne. Tous les jours, on modifiait les cloisons, les portes, on recentrait les cheminées, on condamnait d'anciennes entrées, on supprimait et on ouvrait de nouveaux degrés, on relevait les plafonds ou rabaissait les sols, ce qui impliquait, comme pour la grande pièce des bains de Marie-Antoinette, de changer la taille des croisées et de démonter toutes les boiseries à peine posées… Les rapports de l'architecte et inspecteur des Bâtiments Jean-François Heurtier au surintendant, le comte d'Angiviller, abondent en formules rappelant sans cesse l'impérieuse nécessité d'aller toujours plus vite. Les entrepreneurs augmentaient les effectifs tandis que les artisans redoublaient leurs efforts et veillaient, c'est-à-dire se relayaient jour et nuit. À titre d'exemple, les frères Rousseau – que l'on imagine toujours deux ou à la tête d'un petit atelier – et le doreur Dutems employaient à eux seuls près de 230 ouvriers rien que pour le chantier des cabinets de la Reine. Ceci éclaire ces transformations effectuées à la vitesse de l'éclair.

Les artisans devaient en outre se plier aux désirs changeants de Marie-Antoinette. Poursuivant son jeu de démolition et de reconstruction, cette dernière avait par exemple souhaité conserver, au centre de l'appartement de Madame Sophie, la superbe bibliothèque ornée de stucs peints, mais décida finalement de tout détruire avant, prise de remords, d'envoyer un ordre en pleine nuit afin qu'elle fût rétablie dans son état initial alors que les ouvriers en avaient déjà arraché la moitié... Dans une note adressée à d'Angiviller, datée du 8 novembre 1785, Heurtier ose conclure : « Il y a de quoi perdre la tête ! »

Ces changements de parti incessants ne sont pas le seul fait d'une jeune reine passionnée de décor mais un état général des travaux sous l'Ancien Régime : depuis les premiers chantiers de Louis XIV, ordres et contrordres se succédaient continuellement dans l'exécution d'un même travail qui, une fois achevé, engendrait mille et une modifications. En 1783 par exemple, Louis XVI fit aménager dans un corridor donnant sur une terrasse de la cour des Cerfs une galerie d'électricité pour accueillir sa machine électrique et ses nombreux accessoires. En juillet de la même année, il décida de la faire détruire afin de rétablir la terrasse telle qu'elle était auparavant, mais à peine le corridor était-il démoli et la terrasse restituée que le roi éprouva un « repentir » et la fit rebâtir...

Une ville dans la ville

Côté cour, les chantiers de déménagement et aménagement étaient aussi incessants. Pas un mètre carré qui ne soit employé pour loger un membre de la cour : du sol aux combles, Versailles était plein comme un œuf. À la fin du règne de Louis XIV, près de 4 000 personnes vivaient en « ce pays-ci », comme on appelait la cour, et 2 740 dans les dépendances qu'étaient le Grand Commun, les Grande et Petite Écuries et les différents hôtels particuliers dans la ville de Versailles. Sous le règne de Louis XVI, avant les réformes d'économie de 1780 à 1788, le nombre monta sans doute jusqu'à 7 000.

Les « Maisons royales » des souverains et des enfants de France employaient chacune des centaines d'officiers *commensaux* – compagnons de table selon l'étymologie latine –, c'est-à-dire les personnes vivant dans la maison d'un seigneur et liées à lui par leur fonction, possédant à ce titre dans les temps anciens le droit de partager sa table. La Maison de la reine comptait environ 450 personnes et les seuls départements des Écuries et de la Bouche du roi employaient respectivement 1 000 et 700 personnes. La liste infinie des charges inscrites sur les registres de l'ancienne monarchie surprend toujours, révélant une hiérarchie ancillaire extraordinairement complexe et variée, des charges très honorifiques réservées à l'élite de la noblesse jusqu'aux bas-officiers et domestiques. La majorité servait par quartier (un trimestre dans l'année), ce qui en quadruplait le nombre. Certaines charges étaient en réalité minimes. Comme le raconte Mme Campan, première femme de chambre de Marie-Antoinette, dans ses *Mémoires*, la charge de portemanteau ordinaire était une fonction très honorable consistant à porter la queue de la robe de la reine dans les grands appartements et la galerie des Glaces, mais, précise-t-elle, « le titulaire de cette charge éprouvait un désagrément habituel, étant obligé, par l'étiquette, de [la céder] à son page toutes les fois que Sa Majesté entrait dans la chapelle ou dans les appartements intérieurs du roi ». D'autres charges particulièrement lucratives étaient en vérité inexistantes, telles celle de maître de la Garde-Robe, de 60 000 francs, qui « n'était qu'un simple titre chez une princesse, la dame d'atours étant chargée de tout ce qui concernait cette partie » ; ou celles de surintendant des Finances, Domaines et Affaires et d'intendant de la Maison et des Finances pour lesquelles Mme Campan note de manière lapidaire : « Point de fonctions. »

De la « rue de Noailles » aux galetas : la course aux logements

« J'ai toujours remarqué que les deux seules grâces réellement d'un usage agréable à la Cour, sont les entrées et un bon logement au château, indique le duc de Croÿ. Le reste est peu de chose auprès de cela. » Le rêve de chaque courtisan était d'obtenir un bon logement, c'est-à-dire convenant à son rang. Seules les personnes ayant une charge auprès d'un membre de la famille royale pouvaient être logées à Versailles aux frais du roi. Ces *logeants* étaient à distinguer de ceux condamnés aux allers et retours entre le « Louvre » (lieu où réside le souverain) et leurs résidences, appelés galopins, en référence aux garçons de cuisine cavalant dans les offices. Disposer d'un logement à Versailles était par ailleurs essentiel pour faire sa cour : il fallait être présent aux grandes cérémonies liturgiques et aux divertissements. Des absences répétées étaient remarquées et valaient le discrédit.

À Versailles, les lieux ont un langage : la géographie des appartements et leur proximité avec celui des souverains dans le corps central, cœur névralgique du château, était le plus sûr baromètre du rang et de la faveur. Les princes du sang et les grands seigneurs disposaient d'un appartement dans les grandes ailes du Nord et du Midi ouvrant sur les jardins[4]. L'appartement du puissant comte de Noailles, gouverneur des villes, châteaux et parcs de Versailles et de Marly, situé au premier étage de l'aile du Nord, était si vaste que la galerie qui le desservait était nommée la « rue de Noailles ». Plus acharnée qu'une croisade, la « chasse aux croisées » à Versailles était une obsession de tous les instants. Le point de mire était le même comte de Noailles, chargé de l'attribution des logements, et toutes les tactiques étaient bonnes pour l'influencer, ainsi que ce dernier le raconte au roi : « Mme la Marquise de Nesle a employé tous ses charmes auprès du comte de Noailles pour que

4. Ces appartements ont disparu lorsque Louis-Philippe aménagea les galeries du musée d'Histoire de France.

son époux, premier écuyer de Mme la comtesse de Provence, ait la préférence pour un logement au château »... Ces appartements étaient de plus en plus rares et Noailles se trouvait régulièrement devant de véritables casse-tête pour trouver un logement à ceux qui y avaient droit. Malgré la pénurie, certains bénéficiaient de deux logements, un appartement d'honneur et un appartement de service, plus petit, situé à proximité des souverains afin de les servir à tout moment. Aussi, lorsqu'un appartement devenait vacant, une ruche de prétendants bourdonnait aussitôt et c'était alors un immense jeu de dominos, un déménagement en entraînant souvent dix autres pour des questions de préséance. À la mort de Madame Sophie, qui possédait l'un des plus vastes et des plus beaux appartements du château, donnant sur la cour de Marbre et l'enfilade des jardins, c'était, nous l'avons évoqué, la reine elle-même qui s'était précipitée pour le demander à Louis XVI, qui le lui accorda aussitôt. La carte de la cour était alors rebattue pour un temps.

Les entresols inférieur et supérieur des appartements royaux étaient dévolus au service de la Chambre. De ce grand ensemble presque entièrement disparu sous le règne de Louis-Philippe subsiste l'appartement de Pauline de Tourzel, nommée gouvernante des enfants de France en 1789 et qui suivra la famille royale jusqu'au palais des Tuileries. Ce petit logement, installé à la place de l'ancienne garde-robe des atours et de la lingerie de la reine, est un précieux témoignage de la vie dans ces pièces au plafond bas imposant l'usage de la chandelle dès l'après-midi.

Un grand nombre de courtisans logeaient dans de petites pièces nichées dans les attiques des ailes du

Nord et du Midi. Ces « nids à rats » dans lesquels ils s'entassaient ne présentaient en réalité pas d'inconvénients majeurs, car, ayant acheté leur charge pour le prestige social et les exemptions d'impôts, ils ne faisaient souvent que passer à la cour pour leur « quartier » et vivaient le reste de l'année sur leurs terres ou dans leur résidence en ville. Certains personnages importants devaient cependant se résoudre à accepter, la mort dans l'âme, un logement au Grand Commun comme une solution d'attente en espérant un jour prochain gagner le château. Si cet immense bâtiment avait l'avantage d'être situé à proximité directe du château, il leur était difficile d'admettre cet adjectif « commun » les assimilant à de simples serviteurs. Les plus malchanceux se contentaient de toucher une indemnité compensatoire permettant de se loger en ville, mais ils devaient alors payer les courses journalières en chaise à porteurs pour se rendre chaque jour au château.

Le peuple du Grand Commun

Les services de la Bouche, de la Garde-Robe et de la Chambre étaient logés au Grand Commun et dans ses hôtels annexes. Ce vaste édifice bâti par Jules Hardouin-Mansart entre 1682 et 1684, situé derrière l'aile des Ministres sud, offrait une superficie de 20 000 mètres carrés répartis sur cinq niveaux[5]. Le rez-de-chaussée comprenait différents services de

5. Le bâtiment abrite aujourd'hui les bureaux et l'administration du château de Versailles.

lingerie, de fourrière ainsi que les cuisines communes, flanquées de salles à manger pour les domestiques et où étaient dressées les « tables secondaires ». « L'Enfer » – vaste hall toujours conservé – abritait les rôtissoires. Contrairement à l'idée reçue, il n'y avait pas de pertes de nourriture à Versailles : les reliefs de l'impressionnante table royale, où des dizaines de plats (pour la plupart peu ou pas touchés) se succédaient en un véritable ballet, servaient ensuite à nourrir graduellement les tables des gentilshommes servants puis du personnel subalterne, les reliquats étant vendus à des boutiquiers postés aux abords du bâtiment. C'est ce que l'on nommait « la table du serdeau », c'est-à-dire celle des officiers de la Bouche constituée des dessertes de la table royale.

Près de 1 500 personnes étaient logées dans les étages. Le premier était réservé aux charges plus honorifiques, les étages supérieurs jusqu'aux soupentes comprenaient de simples logements de deux pièces standardisés, des chambres simples à l'ameublement spartiate, certaines partagées par deux officiers du même service. Dans le « brisis », des pièces sans portes ni fenêtres tels des box de dortoir étaient dans un état quasi insalubre. En 1772, le contrôleur des Bâtiments chargé du département du Dehors alerta sur le délabrement de l'édifice et sur la nécessité de le restaurer.

Dans le bain du roi

S'il est vrai qu'on ne prenait pas beaucoup de bains sous le règne de Louis XIV, c'était moins par manque d'hygiène que par méfiance à l'égard de l'eau, chaude surtout, qui avait la réputation, en dilatant les pores, de laisser pénétrer des maladies et ainsi de véhiculer les épidémies. La toilette était donc le plus souvent « sèche », c'est-à-dire effectuée par frottement principalement du visage et des mains avec un linge parfumé d'essence de fleurs ou d'« esprit-de-vin » (alcool). Dans les traités de civilité, c'était davantage la « netteté » qui était gage de propreté, ce qui impliquait de porter en permanence du linge de corps parfaitement blanc. Aussi les courtisans changeaient-ils chaque jour plusieurs fois de chemise. Les parfums confectionnés par les apothicaires du roi connurent à cette époque un développement considérable. Les odeurs à base de musc, d'ambre, de civette ou de tubéreuse étaient alors puissantes et entêtantes. Dans la seconde moitié du XVIIIe siècle, les progrès de la distillation permettront des combinaisons aromatiques beaucoup plus subtiles. Les bains, pris sous le contrôle des médecins, avaient lieu « en chambre », les officiers de la Fourrière roulant une baignoire au centre de la pièce.

Le XVIIIe siècle voit le retour en grâce de l'eau et l'apparition, au château, de pièces spécifiques, dallées de carreaux de marbre blanc et noir, pourvues de baignoires en cuivre étamé et flanquées d'une chambre des bains pour se reposer des « fatigues du bain », comme le recommandaient les médecins. La pièce des bains que Louis XVI fit aménager en 1774 dans son appartement intérieur en contenait deux, l'une pour se laver, l'autre pour se rincer. Les baignoires étaient garnies de grands draps de lin afin d'éviter le contact brûlant du métal avec la peau. Ces pièces étaient entresolées (environ 2,40 mètres de hauteur) afin de conserver la chaleur et de permettre l'installation, au-dessus, des cuves et de la chaufferie. Les baignoires étaient ainsi alimentées en eau chaude et en eau froide, lesquelles, par un système gravitaire, parvenaient jusqu'aux robinets de bronze doré. L'eau de pluie était collectée au moyen de grands réservoirs disposés sur le toit du château, puis déversée par les porteurs d'eau dans les cuves avant d'être chauffée, comme les serviettes du souverain. Les officiers remplissaient alors la baignoire aux trois quarts et le roi rafraîchissait ou chauffait le bain selon son goût. La baignoire et le sol dallé étaient pourvus de bondes assurant l'évacuation dans des réservoirs situés sous les petites cours, les eaux étant réutilisées, de manière écologique dirions-nous aujourd'hui, dans les jardins.

À Versailles, les salles de bains particulières étaient réservées à la famille royale, les courtisans utilisant principalement dans leur garde-robe des cuvettes et baignoires portatives. Témoin cette demande de la comtesse de Durfort rejetée sèchement par Marigny : « Comme il est sans exemple qu'on ait fait des bains pour qui que ce soit, à l'exception de la famille royale – et quelques Princes du sang n'en ont jamais eu chez le Roi – je ne saurais prendre sur moi de faire faire ceux que demande Mme la Comtesse [...] sans être autorisé par Sa Majesté [...] mais certainement le Roi ne le permettra pas. » Cinq jours plus tard, le directeur confirme : « Sa Majesté n'entend point qu'il soit fait aucun bain pour quelque personne qu'il soit à l'exception de la famille royale. Elle me l'a défendu expressément[6]. »

6. W. R. Newton, *Derrière la façade. Vivre au château de Versailles au XVIIIe siècle*, Perrin, 2008, p. 91.

Les « Pays-Bas »

Achevons cette géographie de l'intime à Versailles par l'évocation des lieux d'aisances. Les chaises percées, appelées « chaises d'affaires » ou « de commodité », étaient disposées dans un cabinet d'affaires, aussi appelé garde-robe, une petite pièce attenante à la chambre dévolue au rangement des habits ou servant de cabinet de retraite. Composées de vases en céramique encastrés dans un siège plus ou moins confortable et élégant, ces chaises étaient de formes variées, et plusieurs centaines sont référencées dans les inventaires. Celles de la famille royale étaient généralement couvertes de damas rouge et bleu avec une assise en maroquin, d'autres étaient munies d'un couvercle amovible ou décorées de manière fantaisiste, telle celle en forme de pile de livres intitulés *Voyage aux Pays-Bas*[7]... Les chaises de Louis XVI étaient même si confortables que l'un de ses chats angoras y avait élu domicile, comme le raconte le comte d'Hézecques dans une fameuse anecdote, ce qui donna lieu à un face-à-face cocasse entre le roi et son chat... L'évacuation se faisait encore manuellement et la charge en incombait aux garçons porte-chaises d'affaires. Louis XV introduisit à Versailles des chaises plus modernes dites « à l'anglaise », possédant un mécanisme hydraulique de chasse d'eau.

En dehors de ces chaises particulières il existait des « lieux publics » disposés à divers endroits du château, derrière l'escalier des Ambassadeurs ou au

7. *Ibid.*, p. 94.

rez-de-chaussée de l'aile du Midi, reliés à un système de fosses d'aisances souterraines. Grâce à un système d'aqueducs souterrains, les fosses se déchargeaient au sud dans l'étang des Marais, nommé « étang puant », dans celui de Clagny ainsi que dans différents endroits de la ville. Dans ce domaine-là également, Versailles était donc à la pointe de l'innovation, et l'hygiène, au cours des trois règnes, fut une préoccupation essentielle. La légende persistante d'un lieu sale où chacun s'oubliait dans les coins, ce qui pouvait arriver mais de manière exceptionnelle[8], provenait davantage de la foule qui fréquentait chaque jour le château : aux milliers de courtisans, il fallait encore ajouter le nombre incalculable de visiteurs venus de France, d'Europe et même du monde entier. Les commodités étaient ainsi insuffisantes et les « touristes » ou militaires de passage peu respectueux des lieux. En somme, la situation n'était sans doute pas si éloignée de celle d'aujourd'hui au vu de l'état de saleté impressionnant, malgré les installations communales, de certains lieux après de grands rassemblements de population.

Bibliographie sélective

Da Vinha (Mathieu), « Domesticité et réseaux à Versailles sous Louis XIV », *Château de Versailles de l'Ancien Régime à nos jours*, n° 12, janvier-mars 2014, p. 34-43.

---

8. Certaines anecdotes restées célèbres ont été racontées par la princesse Palatine et Saint-Simon, telle celle où l'évêque de Noyon « se mit à pisser par la balustrade », ce qui provoqua l'indignation générale.

— (dir.), *Au service du roi. Dans les coulisses de Versailles*, Paris, Tallandier, 2015.

NEWTON (William R.), *La Petite Cour. Services et serviteurs à la cour de Versailles au* XVIIIe *siècle*, Paris, Fayard, 2006.

—, *Derrière la façade. Vivre au château de Versailles au* XVIIIe *siècle*, Paris, Perrin, 2008.

PARDAILHÉ-GALABRUN (Annick), *La Naissance de l'intime. 3 000 foyers parisiens.* XVIIe-XVIIIe *siècles*, Paris, PUF, 1988.

10

Les désordres de la cour

par Mathieu DA VINHA

> « Aussi je puis dire avec une très exacte sincérité que je ne crois pas qu'il y eût dans le monde une Cour plus abandonnée à toute sorte de vices. La mauvaise éducation qu'on avait donnée à ces jeunes personnes éclatait bientôt par les dérèglements les plus affreux. S'ils n'osaient pas se déclarer si ouvertement à Versailles ou dans les endroits où le Roi demeurait, ils couraient à Paris, où il n'y avait point d'excès, quelque abominables qu'ils fussent, qu'ils n'y commissent[1]. »

Si la vision de François Hébert lors de son arrivée à la cour en 1686 est nécessairement orientée par la fonction qu'il occupe à Versailles – curé de la

---

1. *Mémoires du curé de Versailles François Hébert 1686-1704*, introduction de Georges Girard et préface d'Henri Bremond, Paris, Les Éditions de France, 1927, p. 32-33.

paroisse royale de Notre-Dame –, elle n'en demeure pas moins une réalité corroborée par plusieurs autres sources contemporaines du règne de Louis XIV. Cette « débauche » de la cour versaillaise, qu'il développe longuement au début de ses *Mémoires*, à travers les différentes formes qu'elle peut prendre (le luxe outrancier, la folle passion pour le jeu, l'ivrognerie ou encore l'extraconjugalité), se retrouve tout autant, comme nous le verrons, au XVIIIe siècle. À la différence d'Hébert, l'envoyé de l'électeur de Brandebourg livre quasi au même moment une vision plus nuancée :

> La quatrième réflexion qu'on peut encore faire sur ladite cour de France, c'est que, par la salutaire défense des duels et la rigueur avec laquelle elle s'observe, on n'y voit plus les désordres, les querelles et leurs suites funestes, qui faisoient tant de bruit et de ravage, et avec autant d'impunité, sous les règnes passés. À quoi on peut ajouter l'ordre rétabli dans la police, comme entre autres, dans la sûreté du séjour de Versailles ou d'autres lieux où la cour se trouve, dans celle des chemins qui y mènent, et dans la commodité régulière et diverse des voitures pour les allants et venants en cour, et autres effets qu'on ressent du bon ordre susdit[2].

Pour aborder et mieux cerner les désordres de la cour, qui relèvent du droit civil et du droit pénal, nous proposons de nous intéresser aux désordres matériels, pénaux et criminels, avant d'examiner les désordres moraux.

---

2. *Relation de la cour de France en 1690 par Ézéchiel Spanheim*, éd. Émile Bourgeois présentée par Michel Richard, Paris, Mercure de France, coll. « Le Temps retrouvé », 1973, p. 131-132.

Les désordres matériels

La cour, microcosme social et creuset de la société d'Ancien Régime, concentre en son sein toutes sortes d'individus, depuis le roi et sa famille jusqu'au plus petit marmiton ou frotteur de parquets, en passant par un grand spectre de la noblesse et de la domesticité. C'est aussi le lieu du luxe insolent et de la richesse outrancière, attisant naturellement la concupiscence. Hébert ne s'y trompe pas lorsqu'il décrit le « luxe extraordinaire » de Versailles en y arrivant en 1686. La richesse des appartements royaux irrigue mécaniquement ceux des courtisans, et « le luxe excessif a donné lieu à celui qui s'est d'abord insinué dans l'esprit des courtisans, et qui ensuite s'est répandu dans Paris et dans toute la France ; on n'a pas de peine d'imiter ce qui flatte si agréablement l'amour-propre[3] ». Immanquablement, ces excès donnent lieu à la convoitise qui se matérialise par des vols. Et bien que le vol dans les résidences royales soit sévèrement réprimé (selon les ordonnances policières, il est puni de mort), quelques exemples sont restés fameux[4], qui permettent d'en dresser une typologie.

Les larcins concernent toute la population de la cour, et les mémorialistes égrènent plusieurs vols, que cela soit envers des personnes paraissant inattaquables (le marquis de Dangeau signale ainsi dans

---

3. *Mémoires du curé de Versailles…*, *op. cit.*, p. 18.

4. Pour la période louisquatorzienne, voir notre ouvrage *Le Versailles de Louis XIV*, Paris, Perrin, coll. « Tempus », 2012, p. 281-285.

son *Journal,* à la date du 23 octobre 1684, le cas d'un pauvre capitaine suisse qui se fait détrousser de sa bourse ou celui encore d'un officier de cavalerie auquel il arrive la même mésaventure le 18 janvier 1687), mais aussi envers plusieurs courtisans. Parmi ces derniers, on pense à la comtesse de Mailly qui, peu de temps après son mariage, se fait dérober dans son appartement les pendants d'oreilles d'une valeur de 50 000 livres que lui a offerts Louis XIV pour ses noces, mais aussi 2 000 écus (soit 6 000 livres). Ces bijoux, façonnés si particulièrement, sont invendables sur le marché et sont même retrouvés quelques jours après, comme le note le marquis de Sourches dans ses *Mémoires* le 6 septembre 1687.

Au règne suivant, le duc de Luynes évoque lui aussi à plusieurs reprises les vols dont sont victimes les courtisans. Le récit peut être rapide, comme celui qui concerne le vol de flambeaux d'argent et d'habits opéré chez le duc d'Aumont en mars 1744, mais aussi plus détaillé, comme ce cambriolage perpétré chez Mme de Durfort le 22 avril 1754 et qui mérite, dans sa précision et les circonstances, une citation complète :

> Mme de Durfort, dame de Mesdames, fut volée hier dans son appartement au château dans l'aile neuve du côté de la chapelle ; on ouvrit un secrétaire qui étoit dans sa chambre, on lui prit une bourse, dans laquelle il y avoit 55 louis [soit 1 320 livres] et trois tabatières d'or ; ce qui est encore plus fâcheux, on lui prit aussi des boucles d'oreilles valant 10 ou 12,000 francs que Mme de Rochechouart-Faudoas lui avoit prêtées. Il y avoit dans ce même secrétaire quatre ou cinq rouleaux

> de 50 louis chacun dans un tiroir à secret ; les voleurs n'ont pas trouvé le secret ou n'ont pas eu le temps d'ouvrir le tiroir. Le secrétaire a été ouvert par force ; il semble aussi qu'il y ait eu une porte d'une garde-robe enfoncée, mais on a cru remarquer qu'elle l'a été en dedans pour donner lieu de soupçonner que c'étoient des voleurs externes. Jusqu'à présent, il y a de grands indices contre un domestique de la maison, qui cependant y est depuis seize ans, et un des principaux indices est un grand chien de M. de Durfort, fort méchant pour ceux qu'il ne connoît pas, lequel n'a point fait de bruit et a paru fort tranquille.

L'affaire tient en haleine le duc de Luynes, qui y revient quelques jours plus tard, le 5 mai. Une fois n'est pas coutume, par suite de l'envoi d'une lettre anonyme – qui se trouvera provenir de l'auteur des faits –, tout le butin est quasiment retrouvé intact (« on a été au lieu indiqué, au pied d'une statue qui a le bras cassé dans le fer à cheval de Latone ; on a trouvé 35 louis et les diamants. On a su depuis que presque tout le reste de l'argent a été jeté dans les lieux avec une boîte d'or »). Si le vieux domestique que tous les indices accablent est un temps soupçonné, c'est finalement l'un des deux laquais, arrivé seulement trois semaines auparavant dans la maison des Durfort, qui est confondu et pris par le remords. Et le duc de Luynes de conclure : « Cette aventure prouve combien la vraisemblance est différente de la vérité, et doit servir d'instruction pour ne pas juger légèrement. »

Autre affaire singulière, le vol de la vaisselle d'argent de la gouvernante des enfants de France, Mme de Marsan, en 1755, qui est retrouvée plusieurs mois plus tard, comme le raconte toujours le duc de Luynes dans ses *Mémoires* en mai 1756. La surprise est double et semble résoudre complètement le mystère de la disparition :

> Il y a trois ou quatre jours que l'on en retrouva une partie ; on avoit vidé l'étang de Porchefontaine près Versailles pour le pêcher ; des petits garçons qui s'amusoient à chercher des petits poissons trouvèrent le bout d'une corde qui excita la curiosité. Ils essayèrent de la tirer et sentirent un poids considérable ; ils demandèrent du secours avec lequel on tira un ou deux paquets de vaisselle d'argent extrêmement noire et dont l'on ne pouvoit distinguer les armes. Il y avoit cinquante-quatre assiettes et deux ou trois douzaines de couverts. On trouva aussi dans le même endroit le corps d'un homme noyé depuis longtemps ; il y a apparence que c'est le voleur ou le recéleur entre les mains duquel la corde a cassé en voulant la tirer, et qu'il se sera noyé en cherchant à vouloir attraper le bout.

Si les courtisans se font voler, les affaires les plus retentissantes concernent évidemment le roi et sa famille. Les exemples sont légion et ont été maintes fois évoqués par les historiens. On pense en premier lieu au vol des franges d'or des rideaux du grand appartement du Roi en juin 1691, dont Alexandre Bontemps, intendant du palais, se trouva fort marri. Le scandale est tel que le comte d'Hézecques l'évoque encore dans ses *Souvenirs d'un page à la cour de Louis XVI*[5] plus d'un siècle plus tard. Ce sont aussi

5. *Page à la cour de Louis XVI. Souvenirs du comte d'Hézecques*, éd. Emmanuel Bourassin, Paris, Tallandier, coll. « Miroir de l'Histoire », 1987, p. 67.

plusieurs vols dans les écuries (selles, caparaçons, etc.) que mentionnent les marquis de Sourches et de Dangeau pour le règne de Louis XIV, type de vols que l'on retrouve au temps de Louis XV, notamment à l'hôtel de Limoges où l'on a coupé le crin de trente-neuf chevaux à longue queue de la Petite Écurie du roi, comme le mentionne le duc de Luynes le 6 mai 1753. Et que dire des carreaux richement galonnés et des somptueuses étoffes dérobées à la Chapelle royale à plusieurs occasions ou dans la propre chaise à porteurs de la reine se rendant chez sa dame d'honneur[6] ? Les objets d'art ne sont pas oubliés, et ce sont ainsi cinq vases de bronze du roi qui sont emportés à Choisy, comme le relève le duc de Luynes en novembre 1752, quatre petits tableaux appartenant à Louis XVI dans l'appartement de son directeur général des Bâtiments, le comte d'Angiviller[7], ou encore un petit vase de Sèvres dans l'appartement du Roi. Pour ce dernier, cela se fait au vu et au su de tout le monde, sans que Louis XVI s'en offusque vraiment :

> On parle d'une aventure fort scandaleuse arrivée dernièrement ici [à Versailles]. Il est d'usage que les nouveautés de la manufacture de la porcelaine de Sèvres soient exposées dans une salle du château au commencement de l'année. Un marquis de *** s'est épris d'un charmant petit vase qui faisoit l'admiration de tous les curieux : il s'en est emparé furtivement. Par une fata-

6. Voir les mentions du duc de Luynes dans ses *Mémoires* le 5 décembre 1748, le 19 avril 1749 et le 3 mars 1749.

7. *Correspondance secrète inédite sur Louis XVI, Marie-Antoinette, la cour et la ville de 1777 à 1792*, éd. M. de Lescure, Paris, Plon, 1866, 2 vol., t. I, p. 21 – 16 février 1777.

lité désespérante, le Roi, dit-on, lui a dit de ne point s'alarmer, qu'il connoissoit le voleur[8].

C'est aussi après la propre cassette de certains membres de la famille royale que l'on en a. La dauphine Marie-Josèphe de Saxe en a été victime au moins par deux fois : le 2 avril 1754, le duc de Luynes signale ainsi un vol régulier, depuis de longs mois, dans la cassette personnelle de la princesse, qui, pour s'en prémunir, prend « des précautions pour enfermer cette cassette [...] dans une armoire dans son cabinet particulier ; la clef de cette armoire étoit dans un secrétaire, et la clef du secrétaire [...] dans la bourse de Mme la Dauphine ». Pourtant, malgré toutes ces précautions, « la cassette s'est trouvée enlevée de l'armoire sans qu'il y ait aucune fracture ni que l'armoire ait été ouverte ». Le mystère reste entier. À moins que l'auteur des faits ne soit une de ses femmes de chambre, à savoir Mme Binet de Boisgiroult, laquelle est au cœur d'un des plus gros scandales de la cour quelques années plus tard. Tous les mémorialistes évoquent le vol que la première femme de chambre opère en 1761 dans l'appartement de sa maîtresse, vol dans lequel se trouve compris un gros diamant. Celui-ci est retrouvé peu de temps après chez un joaillier qui l'a récupéré auprès d'un usurier chez lequel la domestique l'a déposé en signant elle-même – et de son propre nom – l'acquit certifiant le dépôt de la pierre ! Ce n'est que par égard pour sa famille – son mari est le premier valet de chambre du dauphin et la famille Binet est une des importantes

8. *Ibid.*, t. II, p. 9 – 24 janvier 1786.

dynasties commensales de la cour – que Louis XV lui fait grâce de la pendaison, mais non de la réclusion dans un couvent[9]...

Les désordres pénaux et criminels

Les désordres de la cour se matérialisent aussi par différentes formes de violence. Malgré les grands interdits de la cour, le duel pour laver son honneur demeure encore bien présent à Versailles, et ce ne sont pas les nombreux édits et déclarations de 1609, 1611, 1613, 1614, 1617, 1623, 1624, ou surtout les grands édits de Louis XIV de 1643 et 1679, qui y changent grand-chose[10]. Malgré une baisse dans la seconde partie du règne du Roi-Soleil, les duels connaissent un léger regain sous la Régence, « un repli au temps de Louis XV » et « une ultime floraison »[11] sous Louis XVI. Si les raisons qui les déclenchent tiennent souvent à des affaires sentimentales, elles ne sont pas toujours explicitées, et les mémorialistes ne font que les mentionner sans en donner nécessairement l'origine. Quelques exemples précis nous parviennent toutefois. Sans évidemment se dérouler à la cour au vu et au su de tout le monde, ces duels

9. Sur cette affaire, voir notamment notre article « Vols et malversations à Versailles » in *Le Château de Versailles de l'Ancien Régime à nos jours*, n° 29, avril-juin 2018, p. 44-51.

10. Voir Claude-Joseph de Ferrière, *Dictionnaire de droit et de pratique*, nouvelle édition revue, corrigée et augmentée, Paris, Veuve Brunet, 1769, 2 vol., t. I, p. 519-521 (article « Duel »).

11. Voir François Billacois, article « Duel », *in* Lucien Bély (dir.), *Dictionnaire de l'Ancien Régime*, Paris, PUF, 1996, p. 451.

concernent cependant des hommes de cour ou de leur entourage. Prenons le cas du jeune comte de Forbin, parent du cardinal de Janson et protégé du puissant premier valet de chambre du roi et intendant de Versailles Alexandre Bontemps. Impliqué en 1677 à Toulon dans un conflit d'honneur contre le chevalier de Gourdon, qu'il raconte longuement et précisément dans ses *Mémoires*[12], il le tue bien malgré lui, tout en admirant l'âme généreuse de son adversaire, et la nouvelle de ce combat se répand bien vite. Et « comme le roi ne [fait] point grâce aux duellistes », le parlement d'Aix le condamne à avoir la tête tranchée. Heureusement pour lui, et grâce à son parent le bailli Louis de Forbin, capitaine des mousquetaires gris, mais aussi major des gardes du corps du roi, il est informé rapidement des menaces qui pèsent sur lui. Colbert, proche du major, ne fait partir l'ordre d'arrestation que par le courrier ordinaire, ce qui laisse le temps au jeune homme de s'enfuir et de se faire oublier. Grâce à ses appuis à la cour, notamment ceux de Bontemps, l'affaire est enterrée et le jeune comte est même rétabli dans ses emplois[13].

S'il n'existe aucun cas avéré de meurtre à la cour et que Paris conserve cette « exclusivité » (le *Journal* de Siméon-Prosper Hardy regorge pour la fin du règne de Louis XV et celui de Louis XVI de sombres faits divers), il existe en revanche des suspicions de crimes à Versailles. On pense évidemment à l'affaire

12. Voir *Mémoires du comte de Forbin (1656-1733)*, éd. Micheline Cuénin, Paris, Mercure de France, coll. « Le Temps retrouvé », 1993, p. 40-42.
13. *Ibid.*, p. 45.

des Poisons en 1679-1682[14] ou encore à la tentative d'assassinat de Louis XV par Damiens en janvier 1757. La prévôté de l'hôtel ou le bailliage de Versailles ont en revanche à traiter plusieurs affaires de morts mystérieuses. L'une des plus connues est sans doute la découverte du corps du médecin Pierre Rainssant en 1689. Le 7 juin, Dangeau note dans son *Journal* : « On a trouvé l'après-dînée un homme noyé dans la pièce des Suisses. C'étoit M. Rainssant, garde des médailles du roi ; on ne sait point comment il y est tombé. » Le mystère ne demeure toutefois pas longtemps et le pauvre homme, médecin devenu numismate, est vraisemblablement mort par accident, comme le confirme le grand prévôt lui-même, le marquis de Sourches, qui, dans l'une des notes de ses *Mémoires* à la date du même 7 juin, rapporte : « Ce pauvre homme, apparemment étourdi par de l'opium qu'il prenoit tous les jours, tomba par hasard dans cette pièce d'eau, où il se noya. » Comme le rapporte le *Mercure galant* de juillet, c'est en voulant attraper de l'eau et s'en asperger pour reprendre ses esprits que Rainssant tomba. L'ouverture de son corps par le chirurgien Dionis, poursuit le périodique, contrebalance quelque peu le jugement à l'emporte-pièce du marquis de Sourches et « prouve évidemment que c'estoit une vapeur apoplectique, & non pas un mal caduc ». Les sources égrènent périodiquement des repêchages de noyés beaucoup moins connus, voire totalement inconnus...

---

14. Voir Jean-Christian Petitfils, *L'Affaire des poisons. Crimes et sorcellerie au temps du Roi-Soleil*, Paris, Perrin, 2010.

Autre fléau de la cour : la sécurité pour y accéder. Si les observateurs – à l'instar de Spanheim – reconnaissent que des efforts ont été déployés pour sécuriser les abords et la résidence de Versailles, limitant ainsi les vols et les duels et assurant la sécurité des personnes, les risques subsistent. La preuve en est l'agression dont est victime Clément Desmurs, huissier de l'antichambre de la Reine[15]. Dans ses *Mémoires*, le duc de Luynes rapporte que le serviteur « fut attaqué le 31 à la butte de Picardie, à cinq ou six heures après midi, par trois voleurs », et que, bien qu'il eût tenté de se défendre avec son épée, les assaillants le tinrent en joue avec leurs pistolets, et « il fallut donner la bourse et la montre ».

Les désordres moraux

Au-delà des désordres matériels, pénaux et criminels, ce qui retient véritablement l'attention des observateurs et des courtisans, ce sont les désordres moraux de la cour. La licence – avérée, supputée ou exagérée – qui y règne suscite de très nombreux commentaires. Celle-ci se matérialise par une vie sexuelle libre et dissolue qui va à l'encontre des principes prônés par la religion catholique apostolique et romaine. Tous les « vices » sont concernés, et la place nous manquerait pour tous les évoquer. On n'en retiendra que quelques-uns. L'un des premiers est le « vice italien », nommé ainsi pour sa supposée importation depuis l'autre côté des Alpes. Si

15. Le duc de Luynes se trompe et le qualifie d'huissier du cabinet.

les pratiques sodomites remontent bien avant le règne de Louis XIV, on se plaît à souligner que les neveux du cardinal Mazarin, les frères Paul et Philippe Mancini, en sont des adeptes, le premier ayant potentiellement corrompu le jeune roi en 1652, selon les propos du premier valet de chambre Pierre de La Porte[16], tandis que son cadet, le futur duc de Nevers, aurait été, selon Primi Visconti, le premier amant de Monsieur, frère du roi, conduisant ainsi le duc d'Orléans vers le chemin définitif de l'homosexualité : « Mais il m'a été assuré, d'autre part, que le duc de Nevers avait été le premier à corrompre Monsieur, lequel était un prince d'une grande beauté. Aussi la reine mère avait-elle éloigné Monsieur du duc de Nevers, que l'on accusait d'avoir importé en France la mode du vice italien[17]. »

Le duc d'Orléans ne se départira jamais de son homosexualité, envisageant même de confier en 1689 l'éducation de son fils à l'un de ses plus célèbres amants, le marquis d'Effiat, mettant son épouse, la célèbre Madame Palatine, dans une de ses plus belles colères. Elle exprime tout son dégoût à cette idée dans sa très longue lettre du 26 août 1689, dénonçant l'éventuel éducateur comme « un des drôles les plus

---

16. Voir *Mémoires de M. de La Porte, Premier Valet de Chambre de Louis XIV*, Genève, 1756, p. 215-216 pour l'anecdote elle-même arrivée en 1652 à Melun (et où se trouvaient et Mazarin et son neveu) et p. 233-234 pour la lettre qu'il écrivit ultérieurement à Anne d'Autriche pour se justifier de la dénonciation qu'il a faite de « l'attentât manuel qu'on venoit de commettre sur [la] personne [du roi] ».

17. Voir *Mémoires de Primi Visconti sur la cour de Louis XIV*, éd. J.-F. Solnon, Paris, Perrin, coll. « L'Histoire en mémoires », 1988, p. 13 [année 1673].

méprisables et les plus débauchés du monde », craignant que « ce ne serait pas un honneur pour [son] fils si l'on pouvait penser qu'il est la maîtresse de d'Effiat, car s'il est certain qu'il n'y a pas de plus grand sodomite que lui dans toute la France, ce serait, à [son] avis, un mauvais début pour un jeune prince comme est [son] fils, que de commencer sa vie par les plus affreuses débauches du monde »[18]. Après qu'elle a fait ses récriminations à Louis XIV, cette éventualité, au bonheur de Madame Palatine, est abandonnée.

S'il le tolère chez son frère, le vice italien[19] n'en est pas moins abhorré par Louis XIV, qui se livre d'ailleurs à une véritable chasse aux sorcières parmi les jeunes princes qui s'y adonnent. Mais que faire quand son propre fils légitimé, le comte de Vermandois, âgé d'une quinzaine d'années à peine, partage ces plaisirs ? C'est ce que révèle de manière sibylline le pamphlet *La France devenue italienne avec les derniers dérèglements de la Cour* attribué à Bussy-Rabutin et dans lequel on reconnaît tous les protagonistes[20]. L'affaire, dans laquelle sont impliqués les plus grands noms de la cour, éclate au grand jour, comme le souligne le marquis de Sourches dans ses *Mémoires*, au début du mois de juin 1682. Le mémorialiste

18. *Lettres de la princesse Palatine (1672-1722)*, éd. O. Amiel, Paris, Mercure de France, coll. « Le Temps retrouvé », 1981, p. 87.

19. Sur le « vice italien », voir Dirk Van der Cruysse, *Madame Palatine*, Paris, Fayard, 1988, p. 170-182.

20. Voir Roger de Rabutin, comte de Bussy, dit Bussy-Rabutin, *Histoire amoureuse des Gaules suivie de La France galante*, éd. G. Mongrédien, Paris, Classiques Garnier, 1930, 2 vol., t. II, p. 299-435 et plus particulièrement p. 305-307 pour l'affaire des jeunes princes et de Vermandois en particulier.

y évoque l'exil d'un très grand nombre de jeunes seigneurs parmi lesquels on peut citer le prince de La Roche-sur-Yon (futur prince de Conti[21]), le prince de Turenne, le marquis de Créqui, le chevalier de Tilladet, etc. Si la punition est si sévère, c'est que « M. le comte de Vermandois, amiral de France, qui n'avoit encore que quatorze à quinze ans, étoit fort mêlé dans ces débauches, et, le Roi l'ayant interrogé avec toute l'autorité d'un père et d'un roi, il n'avoit pas pu tenir contre lui et avoit tout avoué, de sorte que le Roi avoit su par lui tous ceux qui y avoient quelque part, ce qui fut cause de leur disgrâce ».

Les relations masculines se poursuivent sous la Régence et il n'est pas rare, à l'instar de ce qu'écrit Marais dans son *Journal*, de retrouver quelques histoires parmi les jeunes nobles, comme cette scène de viol dans les jardins de Versailles durant l'été 1722 : « Il y a débauche aussi des jeunes seigneurs entre eux et ils ne s'en cachent point. Le jeune duc de Boufflers, le marquis de Rambures et le marquis d'Alincourt étant allés dans un bosquet, le duc de Boufflers voulut violer Rambures et n'en put venir à bout. D'Alincourt dit qu'il voulait prendre la revanche pour son beau-frère Boufflers. Rambures ne s'en défendit point et en passa doucement par là. Voilà les abominations que le voyage de Versailles a produites[22]. » Le viol, raconté ici sur un ton relativement léger, n'est

21. Voir *Relation de la cour de France en 1690 par Ézéchiel Spanheim*, *op. cit.*, p. 96.

22. Mathieu Marais, *Journal de Paris*, éd. Henri Duranton et Robert Granderoute, Saint-Étienne, Publications de l'université de Saint-Étienne Jean-Monnet, 2004, 2 vol., t. II, p. 538.

pas l'apanage des jeunes seigneurs, si l'on en croit la lettre de Madame Palatine à Harling le 8 mars 1721 lorsqu'elle évoque la conduite du comte de Charolais à l'égard de sa maîtresse Mme de Saint-Sulpice. Dédouanant le prince de la famille de Condé, ou plutôt blâmant l'attitude de la victime, la duchesse d'Orléans, après que la pauvre femme a été brûlée dans d'étranges circonstances, mentionne ce qui au départ semble bel et bien être un viol :

> On croit qu'elle en mourra, mais elle l'aura bien mérité ; car, en soupant avec le comte de Charolais, il l'enivra complètement, la déshabilla, lui appliqua un pétard tout enflammé sur un endroit qu'il ne faut pas nommer, en disant : « Il faut que petit Bichon mange aussi. » Elle fut horriblement brûlée ; il l'enveloppa dans un drap de lit et la renvoya chez elle dans un fiacre. Après cela, on ne peut pas la plaindre[23].

Cette aventure, plus ou moins attestée et reprise dans plusieurs récits du temps, dénote néanmoins une tolérance convenue pour la débauche à la cour.

Si le viol[24] en tant que tel est très rarement mentionné pour la cour, en revanche le plus grand « vice » qui la ronge, selon les mémorialistes les plus intransigeants et traditionalistes (depuis le curé Hébert

---

23. *Correspondance complète de Madame, duchesse d'Orléans, née princesse Palatine, mère du Régent*, éd. G. Brunet, Paris, Charpentier, 1855, 2 vol., t. II, p. 308. Je remercie Christian Kühner de m'avoir indiqué cette référence.

24. Pour une vision plus globale, voir Enora Peronneau Saint-Jalmes, *Crimes sexuels et société à la fin de l'Ancien Régime*, Paris, Perrin, 2021.

jusqu'à la marquise de La Tour du Pin), reste l'adultère et la vie libre qu'y mènent aussi bien les hommes que les femmes. Il faut dire que l'exemple vient d'en haut et que les rois, pendant la période versaillaise, s'en donnent à cœur joie, quitte à entretenir une « autre famille »[25]. Dans la même page que le récit du viol de Rambures et consacrée aux « Débauches de la cour » (31 juillet 1722), Marais signale : « On vit en débauche ouverte à Versailles ; il n'y a personne à la tête qui puisse contenir les courtisans et les dames. L'exemple manque. Les princes ont des maîtresses publiques ; il n'y a plus ni politesse, ni civilité, ni bienséance. Ce n'est plus la cour de ce grand Roi qui, d'un regard, arrêtait les plus libertins, et on y voit régner tous les vices sous un Roi mineur qui n'a point encore d'autorité. » Les premiers temps de Louis XIV semblent loin et oubliés, mais et le Régent et Louis XV reprennent le flambeau de l'adultère. Il ne nous appartient pas ici d'évoquer la vie extraconjugale des souverains mais plutôt de noter une tendance à sa banalisation au sein de toute la cour à la fin de l'Ancien Régime[26]. Louis XVI, si l'on en croit la *Correspondance secrète*, prend la chose avec beaucoup de distance, lorsqu'il évoque en 1786 l'escapade nocturne chez la duchesse de Guiche (fille de Mme de Polignac) du jeune comte

---

25. Voir Flavie Leroux, *L'Autre Famille royale. Bâtards et maîtresses, d'Henri IV à Louis XVI*, Paris, Passés/Composés, 2022.

26. Voir notamment Benedetta Craveri, *Les Derniers Libertins*, Paris, Flammarion, coll. « Au fil de l'histoire », 2016 et, dans une moindre mesure, notre ouvrage *Le Plaisir de vivre ou les Libertés de la marquise de Jaucourt*, Paris, Tallandier, 2023.

d'Archambaud (frère de Talleyrand), qui fuit l'appartement de son encore plus jeune maîtresse par la fenêtre, manquant par là de tomber. Et le roi de dire, « en riant : "Puisqu'il faut absolument que nous soyons entourés de catins, qu'au moins on les loge toutes au rez-de-chaussée, afin qu'on ne coure pas le risque de se casser le cou si, en allant les voir, on est obligé de passer par la fenêtre[27]" ».

*

Que cela soit le vol, le duel, le meurtre, le viol ou encore l'adultère, les désordres, on l'a vu, prennent différentes formes à la cour. Et encore, seules quelques « débauches » ont été évoquées ici. Microsociété, la cour condense en son sein tous les vices et, au même titre qu'elle semble irradier une certaine forme de savoir-vivre, les tendances culturelles et artistiques, etc., au sein de toute la société, elle irradie les vices et les débauches, donnant lieu à une critique sévère, à tort ou à raison, de son mode de vie, y compris parmi les siens. On n'en retiendra qu'une, celle de la marquise de La Tour du Pin qui, après avoir survécu à la Révolution, en attribue toutes les causes à la noblesse de cour :

> Le règne dévergondé de Louis XV avait corrompu la haute société. La noblesse de la Cour donnait l'exemple de tous les vices. Le jeu, la débauche, l'immoralité, l'irréligion, s'étalaient ouvertement. Le haut clergé, attiré

27. Pour tout le récit, voir *Correspondance secrète inédite…*, *op. cit.*, t. II, p. 14, 16 et 18.

à Paris pour les assemblées du clergé, que le besoin d'argent et le désordre des finances forçaient le roi, afin d'obtenir le don gratuit, à rendre à peu près annuelles, était corrompu par les mœurs dissolues de la Cour. [...]

Ainsi la dissolution des mœurs descendait des hautes classes dans les classes inférieures. La vertu chez les hommes, la bonne conduite chez les femmes, étaient tournées en ridicule et passaient pour de la rusticité. [...] Plus j'avance en âge, cependant, plus je considère que la Révolution de 1789 n'a été que le résultat inévitable et, je pourrais même dire, la juste punition de vices des hautes classes, vices portés à un excès tel qu'il devenait infaillible, si on n'avait pas été frappé du plus funeste aveuglement, que l'on serait consumé par le volcan que de ses propres mains on avait allumé[28].

---

28. *Mémoires de la marquise de La Tour du Pin (1778-1815) suivis d'extraits inédits de sa Correspondance (1815-1846)*, éd. par le comte Christian de Liedekerke Beaufort, Paris, Mercure de France, coll. « Le Temps retrouvé », 1979, p. 45-46.

11

Versailles et la diplomatie secrète

par Thierry SARMANT

Jusqu'en 1752, le château de Versailles a compté parmi ses morceaux de bravoure l'escalier des Ambassadeurs, espace extraordinaire qui donnait accès au grand appartement du Roi. Dans cette machinerie architecturale et picturale, réalisée entre 1674 et 1678, Charles Le Brun avait employé une débauche de marbres et de peintures représentant les quatre parties du monde, les muses et les victoires de Louis XIV. Ce « grand degré de marbre » ouvrait le parcours triomphal des audiences solennelles qui, traversant les salons du grand appartement, menaient à la Grande Galerie et au trône du roi. L'escalier des Ambassadeurs, c'est la diplomatie ostensible et ostentatoire, celle des audiences d'étiquette, des réceptions mémorables faites aux Génois (1685), aux Siamois (1686), aux Persans (1715), aux Ottomans (1742). C'est le discours triomphaliste d'une monarchie qui s'offre à l'admiration de l'univers.

À côté de cette diplomatie d'apparat, Versailles a également accueilli une diplomatie secrète, ou tout au moins discrète – qui pour nous est la diplomatie véritable. Le plan en entonnoir qu'offre le château, depuis les ailes d'entrée en brique et pierre jusqu'au cœur du corps central, en indique les trois principaux aspects, du plus routinier au plus singulier, des bureaux des commis aux appartements privés du monarque. Les ailes des Ministres, de part et d'autre de la cour du même nom, étaient le domaine des appartements des secrétaires d'État et des bureaux de leurs collaborateurs. L'appartement du Roi, sur la cour de Marbre, accueillait les délibérations du Conseil et les audiences du souverain. Son appartement intérieur, enfin, a été le théâtre du secret le plus absolu, « le Secret du roi ».

Au premier abord, le château de Versailles, avec ses vastes cours ouvrant les unes sur les autres sur lesquelles donnent des dizaines de fenêtres, ses amples galeries et ses vastes salons, ne paraît pas constituer un théâtre idéal pour négocier à l'abri des regards. C'est oublier que le palais possède maints accès latéraux, escaliers discrets et corridors inconnus qui permettent au visiteur qui le désire de se dérober à une curiosité indiscrète.

Secret des ministres, secret des bureaux

En 1679, Louis XIV fit élever à Versailles deux longues ailes en brique et pierre reliant quatre pavillons préexistants. Ces deux ailes connues sous le nom d'ailes des Ministres abritaient, on l'a dit, les appartements des quatre secrétaires d'État et leurs bureaux. Le gouvernement étant inséparable du souverain, il était normal que ses principaux collaborateurs résident auprès de lui. Des pavillons des secrétaires d'État furent élevés dans le même esprit à Fontainebleau la même année 1679. La croissance progressive des effectifs ministériels amena le ministre Louvois à occuper également une partie de la surintendance des Bâtiments, et les commis des bureaux à acheter ou faire bâtir des maisons dans la ville de Versailles.

Traditionnellement, le secrétaire d'État des Affaires étrangères avait ses appartements dans l'aile gauche des Ministres. C'est là qu'il recevait les diplomates étrangers et menait avec eux des négociations. Ses premiers commis – nous dirions aujourd'hui ses directeurs d'administration centrale – avaient des pied-à-terre dans cette aile. Les bureaux s'entassaient au deuxième étage, sous les combles et dans le rez-de-chaussée bas donnant sur la rue voisine du château. C'était là qu'on rédigeait la correspondance avec les ambassadeurs et les ministres français en poste à l'étranger, que l'on « déchiffrait » la correspondance secrète à l'arrivée et que l'on « chiffrait » la correspondance secrète au départ. Les tables de chiffrage et de déchiffrage étaient propres à chaque bureau et conservées sous clef.

La diplomatie secrète pouvait aussi se dérouler en d'autres lieux, car, suivant les époques, les secrétaires d'État de la Guerre et de la Marine étaient conduits à se mêler de la grande politique internationale et tentés d'empiéter sur les attributions de leur collègue des Affaires étrangères. Tous deux, en effet, disposaient d'un réseau de renseignement à l'échelle internationale. Du côté de la Guerre, c'étaient les officiers stationnés dans les places frontières, en mission à l'étranger et les diplomates amis ou alliés en poste à travers l'Europe. Pour la Marine, le réseau des consulats, qui relevait de ce département jusqu'à la Révolution, constituait également un précieux outil de renseignement. Les négociants français jouaient aussi à l'occasion le rôle d'« honorables correspondants ». Les flux d'informations qui remontaient ainsi jusqu'à Versailles ne semblent pas avoir fait l'objet d'un partage systématique entre ministres.

Les quelques essais de diplomatie parallèle menés par les ministres de la Guerre furent malheureux : en 1688, le marquis de Louvois expédia son collaborateur Jules-Louis Bolé de Chamlay à Rome sous un nom d'emprunt (vicomte d'Orchamps) avec une lettre de Louis XIV au pape Innocent XI, alors brouillé avec la France, mais le souverain pontife refusa de recevoir cet émissaire *incognito*. Vingt ans plus tard, durant la guerre de Succession d'Espagne, Michel Chamillart, secrétaire d'État de la Guerre et contrôleur général des Finances, s'immisça avec maladresse dans les négociations de paix. Dans son *Journal*, son collègue Jean-Baptiste Colbert de Torcy fustige « tous les contre-temps des négociations que M. Chamillart voulut secrètement conduire. Elles achevèrent de faire perdre le peu de bonne opinion que les ennemis pouvaient avoir encore des forces et des affaires du Roi, et véritablement il était impossible de la soutenir, quand le Ministre chargé de la guerre et des finances écrivait aux ennemis [...] que la France absolument épuisée était sur le bord du précipice, et qu'il n'était pas de l'intérêt de la Hollande de l'y laisser tomber ».

Entre 1759 et 1761, Louis XV fit construire par l'ingénieur Jean-Baptiste Berthier à proximité du château deux hôtels destinés à abriter les bureaux des départements de la Guerre, de la Marine et des Affaires étrangères. Lointainement inspirés des bâtiments monastiques, ces édifices marquent le commencement de l'architecture administrative en France. Le dépôt des archives des Affaires étrangères et le bureau des interprètes rejoignirent l'hôtel commun à la Marine et aux Affaires étrangères, mais les autres bureaux de ce département, eux, restèrent au château.

Les bureaux de Versailles étaient-ils de bons gardiens des secrets de l'État ? Pas tout à fait. François Bussy, premier commis des Affaires étrangères de 1749 à 1766, après avoir été chargé d'affaires à Londres, était vendu à la Grande-Bretagne depuis… 1735 ! Endetté, il avait été recruté par l'ambassadeur britannique en France, le comte Waldegrave. En 1768, le bruit courut qu'un commis du bureau du Nord avait vendu au résident de Russie le chiffre servant à la correspondance avec Saint-Pétersbourg, sans qu'une preuve formelle en pût être apportée.

Les autorités étaient conscientes de ces risques. Dans ses *Mémoires* publiés en 1736, mais rédigés pendant la guerre de Succession d'Espagne, le marquis de Feuquières, ancien lieutenant général des armées du roi, note ainsi au sujet des espions : « Il s'en trouve dans le Conseil des princes, dans les bureaux des ministres, parmi les officiers des armées, dans les cabinets des généraux, dans les villes ennemies, dans le plat pays et même dans les monastères. » Des précautions étaient prises en conséquence. En 1765 Jean-Baptiste Berthier, nommé gouverneur des hôtels ministériels, fit promulguer un *Règlement que le roi veut être observé dans les hôtels situés à Versailles où sont établis les bureaux de la Guerre, de la Marine et des Affaires étrangères*, comprenant plusieurs mesures de sécurité. Un des derniers actes de Louis XVI intéressant Versailles fut un règlement renouvelant ces consignes, daté du 6 juillet 1792. Un corps de garde permanent était affecté à la surveillance des hôtels. L'entrée de solliciteurs était limitée à des horaires précis. Les « frotteurs » et garçons de bureau étaient recrutés parmi les illettrés. Aucune voiture n'était autorisée à sortir des hôtels chargée de paquets ou de papiers sans un ordre préalable. Chaque bureau était doté de deux clefs : une restant entre les mains du premier commis responsable, l'autre devant être déposée par le commis à son départ dans la loge du Suisse. Les papiers confidentiels devenus inutiles au travail des bureaux devaient être brûlés ou déchirés « de manière à ne pouvoir être rapprochés ». Si un commis était resté à son bureau pour achever un travail pressé, son supérieur hiérarchique en était averti.

Secret du Conseil

Après avoir franchi la cour des Ministres, le visiteur de Versailles arrivait à la Cour royale, puis à la cour de Marbre, cette dernière n'étant autre que celle de l'ancien « petit château » de Louis XIII rhabillée avec luxe. Ce petit château, enchâssé dans un corps de bâtiment conçu par Le Vau et appelé « l'Enveloppe », constituait le corps principal du palais, au centre duquel se trouvait l'appartement du Roi. C'est dans cet appartement donnant sur la cour – à ne pas confondre avec le grand appartement, qui n'était qu'une suite de salons de réception donnant au nord – que se trouvait le « cabinet du Conseil » ou « cabinet du Roi », pièce majeure accueillant les délibérations des trois principaux Conseils de gouvernement et les audiences particulières du monarque. Le meuble principal en était une table rectangulaire recouverte d'un drap vert autour de laquelle étaient disposés le fauteuil du roi et les ployants des ministres.

Depuis 1661, ces trois Conseils étaient le Conseil d'En-Haut, le Conseil des dépêches et le Conseil royal des finances. Tandis que le Conseil des dépêches s'occupait de l'intérieur du royaume, le Conseil royal des finances de la fiscalité, le Conseil d'En-Haut traitait de haute politique. En théorie, le secrétaire d'État des Affaires étrangères n'était qu'un grand expéditionnaire et un rédacteur, non un décideur : le lieu de la décision, c'était ce Conseil – que les contemporains nomment tantôt « Conseil d'En-Haut », tantôt « Conseil du ministère », tantôt « Conseil d'État », et le plus souvent Conseil tout court. Parmi les Conseils de gouvernement présidés par le roi, celui-ci était le Conseil restreint par excellence. Ses membres portaient le titre de ministres d'État, acquis par une simple convocation verbale.

Les délibérations des Conseils étaient secrètes. En 1661, Colbert avait même conseillé à Louis XIV de faire prêter aux membres du Conseil royal des finances « un serment particulier de fidélité et de secret » : « Que le roi déclare qu'il veut que le secret soit religieusement observé ; que, s'il découvre que ce qui aura été résolu dans son Conseil vienne à être su, il n'y a point de diligence qu'il ne fasse pour savoir d'où cela pourra venir, et qu'il ôtera absolument de son Conseil quiconque aura été capable de cette faiblesse. »

Ce secret était considéré comme un point fort du régime, dont on tirait orgueil. Une médaille de l'« Histoire du roi » frappée dans les années 1670 montre ainsi Harpocrate, dieu du Silence, le doigt sur la bouche, avec la légende latine *Comes consiliorum* (« Compagnon des Conseils »). « Le secret, lit-on en 1702 dans les *Médailles sur les principaux événements du règne de Louis le Grand*, est l'âme de tous les Conseils, et l'un des principaux fondements de la politique. Il n'a jamais été gardé avec plus d'exactitude que dans le Conseil du roi, dont les ennemis, avec toute leur application et toute leur prévoyance, n'ont jamais pu pénétrer les desseins. C'est à ce profond secret, autant qu'à la prompte exécution de tant de vastes projets, qu'on doit en partie les grands et merveilleux succès de ce règne. »

De fait, sous Louis XIV comme sous ses successeurs, les ministres d'État furent fort peu nombreux – dix-sept au total pour les cinq décennies du règne personnel. C'était devant eux que le secrétaire d'État des Affaires étrangères lisait les dépêches des ambassadeurs et les projets de réponse à y faire. Quand les secrétaires d'État de la Guerre et de la Marine siégeaient à ce Conseil, les réseaux particuliers d'information dont ils disposaient leur permettaient d'émettre avec un certain poids des opinions qui pouvaient différer de celle de leur collègue des Affaires étrangères. Mais on pouvait être secrétaire d'État sans être ministre d'État, et inversement ministre d'État sans être secrétaire d'État. Le fait que le titulaire des Affaires étrangères ait été presque systématiquement l'un et l'autre lui donnait nécessairement le rôle de cheville ouvrière de ce Conseil.

Le secret des délibérations était-il pour autant absolu ? Pas tout à fait, car les ministres en confiaient souvent la substance à des intimes et, par un phénomène de capillarité bien naturel, débats et décisions pouvaient transpirer peu à peu. Ce secret a cependant été assez bien gardé pour que, dans de nombreux cas, l'historien soit en peine pour rendre compte du déroulement effectif des séances. Nous ne sommes renseignés avec fiabilité que pour des périodes où nous disposons de témoins directs, comme le *Journal* et les *Mémoires* du marquis de Torcy, ministre et secrétaire d'État des Affaires étrangères de 1699 à 1715.

Les audiences diplomatiques du roi, qui avaient lieu dans le même cabinet, complétaient normalement les discussions plus précises ou plus techniques qui avaient lieu chez le secrétaire d'État des Affaires étrangères. Ce dernier n'y était pas toujours présent, et Torcy note avec dépit que c'était une façon pour Louis XIV de lui rappeler que son ministre n'était qu'un exécutant et que le secret ultime des négociations reposait entre les mains du souverain.

Secret du roi

En entourant le petit château de Louis XIII, l'Enveloppe de Le Vau avait ménagé plusieurs cours intérieures, autant d'espaces de respiration autour desquels s'organisaient les pièces les plus secrètes du château : l'appartement intérieur du Roi. C'est dans cet appartement que les souverains successifs conservaient les documents destinés à leur usage personnel. Louis XIV y disposait d'un « Cabinet où le roi écrit », pièce petite mais placée stratégiquement : elle n'était séparée du très officiel cabinet du Conseil que par le cabinet des Perruques et se trouvait à proximité d'un petit escalier discret, qui descendait vers une cour intérieure. Le roi s'y fit livrer en 1685 deux somptueux bureaux en marqueterie d'écaille et de laiton, œuvres de l'ébéniste Alexandre-Jean Oppenordt, munis de nombreux tiroirs où ont dû prendre place ses papiers les plus secrets. Il ne nous reste malheureusement que fort peu de traces de cette documentation personnelle, car Mme de Maintenon et le chancelier Voysin ont brûlé de nombreux papiers lors de l'agonie du roi, sans doute sur instruction du souverain lui-même.

Car le gouvernement royal ne se résumait pas au Conseil et à ses membres. Les monarques successifs ont éprouvé le besoin de consulter en dehors et au-delà de leurs collaborateurs officiels. Après la mort du ministre Louvois, Louis XIV décida de correspondre lui-même avec les généraux commandant les grands théâtres d'opérations et s'appuya sur un comparse, le fameux Chamlay, maréchal général des logis des camps et armées du roi. De 1691 jusqu'à la fin de la guerre de Succession d'Espagne, cet homme de l'ombre l'aida à rédiger sa correspondance, prépara les plans d'opérations des différentes campagnes et présenta au souverain des mémoires sur la conduite de la guerre et des négociations internationales. Il doublait ainsi le secrétaire d'État de la Guerre. Vauban, commissaire général des fortifications, faisait lui aussi parvenir au roi des mémoires diplomatiques. Le duc de Chevreuse était quant à lui une sorte de ministre d'État secret, qui s'entretenait régulièrement avec le souverain, sans que l'on sache exactement les matières sur lesquelles il était consulté. Durant la guerre de Succession d'Espagne, ces différents personnages élaborèrent et firent parvenir au roi des plans de sortie du conflit comportant un redécoupage de la carte de l'Europe – autant de documents potentiellement explosifs puisque leur diffusion aurait pu dévoiler les concessions maximales auxquelles la France était disposée.

Pendant cette même guerre de Succession, Louis XIV mit en place avec l'Espagne de son petit-fils Philippe V un canal d'information parallèle à celui de ses représentants officiels. Mme de Maintenon, son épouse morganatique, correspondait assidûment avec la princesse des Ursins, aristocrate française dont on avait fait la *camarera mayor* (surintendante de la Maison) de la reine d'Espagne. L'appartement de Mme de Maintenon, donnant sur la Cour royale, où le Roi-Soleil passait une partie de ses journées et travaillait avec ses ministres, était ainsi le pôle d'une diplomatie familiale et dynastique doublant la diplomatie politique.

Le phénomène prit son plein développement sous Louis XV. À partir de 1740, le roi reçut très fréquemment son cousin Louis-François, prince de Conti, à la surprise des courtisans. « M. le prince de Conti a un portefeuille comme un ministre, s'étonnait le duc de Luynes en 1754, et on ne voit pas cependant qu'il soit chargé de rien. » Le roi et le prince élaborèrent en fait une diplomatie parallèle à la diplomatie officielle : c'est ce qu'on a appelé « le Secret du roi » – dont l'existence n'a été découverte qu'à un siècle de distance, en 1866. Ils disposaient d'un réseau d'agents répandus à travers l'Europe et payés sur la cassette personnelle du souverain. Le plus connu est le chevalier d'Éon, célèbre par son goût du travestissement, qui fut secrétaire d'ambassade en Russie puis en Grande-Bretagne.

À la constitution de ce Secret du roi correspond la création au sein de l'appartement intérieur d'une pièce située à l'emplacement du cabinet des Tableaux de Louis XIV : le cabinet de travail, pièce d'angle luxueusement décorée ouvrant à la fois sur la cour de Marbre et sur la Cour royale. Désignée par les contemporains comme le « cabinet intime », ou « cabinet intérieur », cette pièce est le lieu où Louis XV se tenait le plus volontiers. Un grand bas d'armoire d'Antoine-Robert Gaudreaus, orné d'une figure de Minerve, aujourd'hui déposé à l'hôtel de la Marine, y renfermait les dossiers du monarque. Le roi y utilisa successivement un « bureau de travail » en laque rouge, œuvre de Joubert (aujourd'hui au Metropolitan Museum) puis le célébrissime secrétaire à cylindre d'Oeben et Riesener, livré en 1769 et connu sous le nom de « Bureau du roi ».

Les objectifs du Secret, assez nébuleux, tendaient à favoriser la Pologne – dont Conti aurait pu éventuellement coiffer la couronne élective – de façon à écarter du théâtre européen la Russie, dont la puissance s'accroissait au détriment des alliés traditionnels de la France – Pologne, Suède, Empire ottoman. Louis XV et le prince de Conti s'étant brouillés après le « renversement des alliances » qui rapprocha la France de l'Autriche (1756), le comte de Broglie prit le relais du cousin du roi à la tête du Secret en collaboration avec Jean-Pierre Tercier, premier commis des Affaires étrangères. Après le traité de Paris (1763), le Secret s'orienta vers la préparation d'une revanche sur la Grande-Bretagne et sur des plans de débarquement en Angleterre.

À la tête de cette entreprise, le souverain ne semble pas avoir eu de dessein bien nettement arrêté, et certains historiens en sont arrivés à supposer que le Secret n'était pour lui qu'une sorte de passe-temps, une pseudo-conspiration lui permettant de jouer à l'agent secret par procuration. De Broglie lui-même écrivait à Tercier en 1765 : « Il plaît au roi de souffrir l'enchaînement des choses, et je le soupçonne fort de s'en divertir. » Louis XV, il est vrai, déroutait souvent ses collaborateurs, soit par un trop long silence, soit par des instructions quelque peu sibyllines.

Est-il besoin d'indiquer que cette diplomatie secrète aboutit à des résultats nuls, voire négatifs ? Le sort de l'Europe des Lumières ne s'est pas décidé par ces combinaisons hasardeuses, mais sur les champs de bataille. Au terme de la guerre de Sept Ans (1756-1763), la France perdit ses colonies d'Amérique du Nord au bénéfice de la Grande-Bretagne et la Prusse annexa définitivement la Silésie autrichienne. En 1772, les voisins de la Pologne, Russie, Prusse, et Autriche, s'entendirent pour partager des pans entiers de son territoire, et vingt ans plus tard, après deux nouveaux partages (1793 et 1795), la Pologne cessa d'exister. En 1774, l'année de la mort de Louis XV, l'Empire ottoman dut renoncer à sa suzeraineté sur le khanat de Crimée, qui fut bientôt annexé à l'Empire russe. La Suède, qui déclara la guerre à la Russie à deux reprises, en 1741 et 1788, fut deux fois vaincue et définitivement ravalée à la condition de puissance de second rang. La France n'avait guère eu de prise sur tous ces événements.

Louis XVI, en montant sur le trône, eut connaissance du Secret et démantela ce service. Il nomma secrétaire d'État des Affaires étrangères le comte de Vergennes, ancien ambassadeur à Constantinople et à Stockholm, et travailla avec lui en meilleure harmonie que son grand-père ne l'avait fait avec ses ministres, en ayant pour objectif le maintien du *statu quo* sur le continent face aux appétits des puissances de l'est de l'Europe – Prusse, Autriche, Russie –, et la revanche sur la Grande-Bretagne outre-mer. Le duo Louis XVI-Vergennes ne tarda pas à recourir à son tour à la diplomatie secrète : ce fut la fourniture d'argent et d'armes aux Insurgents américains par le biais d'une maison de commerce dirigée par Beaumarchais, et l'accueil à Versailles d'un agent du Congrès américain, Silas Deane… qui lui-même avait pour conseiller un certain Bancroft, rétribué par le Foreign Office.

Dans le même temps, la diplomatie dynastique continuait à doubler la diplomatie ministérielle. Louis XVI écrivait personnellement à son cousin Charles III d'Espagne. Marie-Antoinette, elle, se faisait trop volontiers auprès de son époux l'écho des suggestions de sa mère Marie-Thérèse et de son frère Joseph II. Ce dernier se rendit à deux reprises en France pour tenter d'obtenir du roi une approbation de ses projets d'expansion. Ces pratiques n'aboutirent pas cependant à une dissociation de la politique étrangère française : monarque faible à l'intérieur, le dernier Bourbon de Versailles mena à l'extérieur une politique avisée.

L'existence de canaux diplomatiques parallèles est de tous les temps et de tous les régimes. Ils peuvent s'avérer utiles pour fluidifier une négociation ou atteindre des interlocuteurs que la diplomatie officielle ne parvient pas à toucher. Mais ces dispositifs peuvent aussi venir à la traverse de celle-ci, notamment quand la ligne politique générale est incertaine ou lorsque le chef de l'État pèche par défaut de volonté et d'autorité.

Les deux cas de figure se sont présentés à Versailles, le premier sous Louis XIV et Louis XVI, le second sous Louis XV. Au vu de l'échec presque total du réseau personnel créé par ce dernier, on peut trouver plus d'une raison à son souci d'en dissimuler l'existence à ses contemporains… souci qu'ont respecté les pouvoirs suivants durant près d'un siècle.

C'était compter sans le zèle des historiens du XIXe et du XXe siècle, les Edgard Boutaric, les duc de Broglie, les Michel Antoine, les Didier Ozanam, qui ont finalement donné raison à la célèbre maxime ciselée par Racine à l'acte IV de *Britannicus* : « Il n'est point de secrets que le temps ne révèle. »

BIBLIOGRAPHIE SÉLECTIVE

ANTOINE (Michel) et OZANAM (Didier) (éd.), *Correspondance secrète du comte de Broglie avec Louis XV (1756-1774)*, 2 vol., Paris, Klincksieck, 1956-1961.

BAUDEZ (Basile), MAISONNIER (Élisabeth) et PÉNICAUT (Emmanuel) (dir.), *Les Hôtels de la Guerre et des Affaires étrangères à Versailles. Deux ministères et une bibliothèque municipale du XVIIIe au XXIe siècle*, Paris, Éditions Nicolas Chaudun, 2010.

BÉLY (Lucien), *Espions et ambassadeurs au temps de Louis XIV*, Paris, Fayard, 1990.

—, *Les Secrets de Louis XIV. Mystères d'État et pouvoir absolu*, Paris, Tallandier, 2013.

CÉNAT (Jean-Philippe), *Chamlay. Le stratège secret de Louis XIV*, Paris, Belin, 2011.

SAMOYAULT (Jean-Pierre), *Les Bureaux du secrétariat d'État des Affaires étrangères sous Louis XV*, Paris, Pedone, 1971.

STOLL (Mathieu), « "Ils étaient comme de petits dieux..." Les conseillers au Conseil royal des finances, 1661-1715 », *Bibliothèque de l'École des chartes*, t. 171, 2013, p. 437-463.

VERLET (Pierre), *Le Château de Versailles*, Paris, Fayard, 1985.

12

La franc-maçonnerie, le roi et Versailles

par Jean-Vincent BACQUART

Depuis des décennies, on a tant glosé sur le château de Versailles, son histoire et ses augustes occupants ; on a tant disserté – et divagué – sur ces maçons qu'on dit « francs », leurs réunions discrètes et leurs réseaux. Mais, étrangement, les deux thèmes ont rarement été associés au sein d'une étude, et plus rarement encore au sein d'un travail rigoureux. Pourquoi ? Parce que les sources sont lacunaires et parfois difficiles à interpréter. C'est vrai. Peut-être aussi parce que envisager Versailles sous l'angle de la franc-maçonnerie serait contre-intuitif. En effet, nombre de nos contemporains semblent victimes de prismes déformants. Soit la franc-maçonnerie, réputée réformiste et éclairée, ne peut avoir existé au cœur d'un lieu vécu comme le conservatoire d'idées réactionnaires ; soit la même organisation, considérée cette fois comme complotiste et responsable de 1789, ne peut avoir eu de proximité avec une cour et une famille royale malmenées par la Révolution.

Pourtant, loin des idées reçues, envisager Versailles à l'aune de la franc-maçonnerie revient à interroger le rapport entre le pouvoir monarchique et cette société philosophique venue d'outre-Manche. Intimement liées à la propagation des Lumières, les loges se multiplient bientôt dans tout le royaume, et Versailles, ville comme palais, s'inscrit naturellement dans ce phénomène. Alors que bourgeois et aristocrates sont de plus en plus nombreux à manier symboliquement équerre et compas, l'entourage des souverains ne fait pas exception à la règle. Au-delà, la famille royale, dont certains membres ont sans doute été initiés, ne peut en ignorer l'existence et la vitalité. Ainsi, sans être maçonnique au sens symbolique du terme, le Versailles de Louis XV et de Louis XVI est bien un sujet d'histoire maçonnique digne d'intérêt.

Des maçons en général et des francs-maçons en particulier

Par commodité historiographique, le 24 juin 1717 s'impose souvent comme date de naissance de la franc-maçonnerie moderne. Ce jour-là, quatre loges réunies dans une taverne de Londres auraient accepté de se donner un avenir commun en formant la première obédience de l'histoire : la grande loge de Londres et de Westminster. D'où viennent ces assemblées adoptant les codes des bâtisseurs du Moyen Âge, mais où aucun maçon de métier ne siège ? À quelle époque des hommes se sont-ils ainsi regroupés pour partager des idées et s'entraider ? Nul ne peut répondre avec certitude à la question des origines de la maçonnerie dite « spéculative », à ne pas confondre avec la maçonnerie « opérative » des artisans du bâtiment.

On a longtemps considéré que des loges de maçons de métier, entre Angleterre et Écosse, avaient accueilli à l'époque moderne des personnalités extérieures, fascinées par la symbolique et les rites ancestraux qui s'y pratiquaient. Au fil du temps, les membres spéculatifs, de plus en plus nombreux, auraient remplacé les vrais bâtisseurs. Pourtant, cette théorie de l'« assimilation » a récemment été battue en brèche par des chercheurs lui préférant celle de l'« emprunt ». En effet, les premières loges spéculatives rencontrées dans l'Angleterre du XVIIe siècle n'ont jamais eu de rapport avec les corporations du bâtiment et semblent être le produit d'un phénomène spontané : des hommes auraient ainsi créé une nouvelle forme de sociabilité en s'inspirant simplement du corpus symbolique et rituélique des bâtisseurs d'autrefois. Quant à leur nom de *freemasons*, loin d'être le souvenir d'une quelconque franchise dont aurait bénéficié le métier au Moyen Âge, il n'est que la contraction de *freestone masons*. Choisir ce qualificatif revenait à s'inscrire dans les pas d'artisans de haut vol, car cette *freestone* ou « pierre franche », propice aux travaux de sculpture les plus délicats, n'était confiée qu'aux tailleurs chevronnés.

Les bourgeois et les petits commerçants qui peuplaient originellement les loges britanniques sont bientôt rejoints par des frères au statut social plus élevé. Versées dans la philosophie et l'ésotérisme, proches de la Royal Society, ces personnalités gravitent dans les cercles du pouvoir, à l'image des grands maîtres successifs Jean-Théophile Desaguliers (1683-1744), ami de Newton et futur chapelain du prince de Galles, ou le richissime duc de Montagu (1690-1749). Sous l'impulsion de ce dernier, le pasteur James Anderson (1678-1739) produit ce que l'on considère comme le texte fondateur de la maçonnerie moderne : *Les Constitution, Histoire, Lois, Obligations, Ordonnances, Règlements et Usages de la Très Respectable Confrérie des Francs-maçons acceptés* (1723). Codifiée et dorénavant structurée, la franc-maçonnerie va connaître une expansion rapide et franchir la Manche.

Des Anglais qui règnent en maîtres sur les loges françaises

Née et organisée en Angleterre, la première maçonnerie française est naturellement animée par des Britanniques. Vers 1725, ces derniers auraient établi à Paris, rue des Boucheries, la première loge du royaume : *Saint-Thomas au Louis d'Argent*. Les quelques ateliers qui se créent alors dans la capitale mènent une existence plutôt discrète sous la houlette de Philip, duc de Wharton (1698-1731), de James Hector MacLean (1703-1750) ou de Charles Radclyffe, comte de Derwentwater (1693-1746).

L'année 1737 marque un tournant dans l'histoire française de la fraternité. Andrew Michael Ramsay (1686-1743), Écossais évoluant dans l'univers jacobite, vient en effet d'élaborer un discours-programme pour la maçonnerie française, qu'il souhaite catholique et soutien de la monarchie. Avec un peu de naïveté, celui qu'on qualifie alors d'« orateur de l'ordre maçonnique » soumet sa prose au cardinal Fleury, principal ministre de Louis XV. Le prélat, aussitôt intrigué par ces réunions secrètes – qui plus est remplies d'étrangers –, somme Ramsay de rendre son tablier s'il veut conserver la pension que la France lui octroie. Dans la foulée, le lieutenant de police René Hérault perquisitionne des loges et saisit des archives. Les conclusions qu'il en tire sont éloquentes quant à l'état d'esprit des autorités : bien que l'on se trouve face à une espèce de société de table sans visées politiques, la franc-maçonnerie est dangereuse parce qu'elle prône la tolérance religieuse et qu'on y admet des membres de toute condition sociale...

À l'heure où les tracasseries policières se multiplient en France, le pape Clément XIII fulmine en 1738 la bulle *In eminenti apostolatus specula,* qui voue tout catholique membre d'une loge à l'excommunication. Dictée avant tout par la situation des États pontificaux, où Clément compte des francs-maçons parmi ses détracteurs, la bulle va rester lettre morte en France, car le Parlement ne l'enregistre pas. Au-delà, on entrave difficilement des idées, et le « discours de Ramsay » d'être bientôt diffusé pour servir de base à une maçonnerie favorisant le progrès des connaissances et l'humanisme.

De la protection des princes. Et du roi ?

Loin d'être étouffée par le gouvernement de Fleury, la franc-maçonnerie française prend son essor dans la décennie 1740, sous l'impulsion d'aristocrates gagnés à sa cause et proches du pouvoir. Après cinq années de grande maîtrise exercée par Louis de Pardaillan de Gondrin, duc d'Antin, Louis de Bourbon-Condé, comte de Clermont, lui succède en 1743, l'année même où Fleury disparaît. Dorénavant, un prince du sang, cousin du roi, préside aux destinées de la fraternité qui va compter dans ses rangs Louis François Armand de Vignerot du Plessis, duc de Richelieu, Louis François Joseph de Bourbon, prince de Conti, Louis François Anne de Neuville, duc de Villeroy, ou le maréchal de Saxe. Bien que ces hommes fassent partie du cercle des intimes de Louis XV, aucun document ne permet de connaître l'état d'esprit du monarque vis-à-vis de la maçonnerie. On peut toutefois penser qu'il ne partage pas les préventions de son ministre défunt, puisque les pressions policières diminuent après 1745. Aller au-delà de ce constat semble scientifiquement périlleux.

Certains chercheurs avancent pourtant que le roi a bel et bien été initié. Ils produisent en ce sens une première confidence du chevalier Ramsay qui, en août 1737, révèle à un correspondant anglais qu'il était sur le point d'initier le souverain aux « sacrés mystères », lorsque Fleury lui ordonna d'arrêter ses activités. La deuxième pièce généralement versée au dossier est, elle, postérieure de quarante années au prétendu événement. Discourant dans une loge de Saint-Flour en 1788, le comte Pierre Joseph d'Antil de Ligonez annonce alors que Louis XV fut initié par le duc de Villeroy, et qu'en compagnie de son valet de chambre, Louis Bontemps, « il tenait assez souvent loge dans ses petits appartements ». Quant à l'ultime pilier soutenant l'idée d'une pratique maçonnique – et royale – au sein du château, il faut le chercher dans un gazetin de Philippe Bridard de Lagarde. Le futur bibliothécaire de Mme de Pompadour révèle alors en décembre 1739 qu'une réception de nouveaux maçons va se tenir dans la « loge du roi ».

Même en reliant les trois éléments, force est de constater que le faisceau de preuves semble bien fragile : entre Ramsay, dont on ne sait s'il fantasme ou dit vrai, le comte d'Antil, qui n'était pas né au moment où les faits se seraient déroulés, une « loge des petits appartements » dont on ne trouve aucune trace dans les archives, tout comme cette « loge du roi », qui fonctionnerait alors que Fleury exerce d'énormes pressions sur l'institution. De fait, les appellations sont parfois trompeuses en maçonnerie, ainsi cette véritable loge de la *Chambre du Roi*, qui regroupera des officiers attachés à la maison civile du souverain sans avoir forcément d'assise « géographique » dans le palais même.

On l'aura compris, l'initiation du Bien-Aimé demeure une hasardeuse hypothèse. Comment expliquer sinon le silence des maçons eux-mêmes, qui auraient dû être nombreux à se féliciter de cet auguste patronage et à le faire savoir, s'il avait été réalité ? Gageons cependant que Louis XV devait certainement être informé des activités d'une institution en plein développement, notamment dans la cité royale.

Des loges et des Frères unis

À l'heure où les grands aristocrates proches du roi maçonnent surtout dans les loges parisiennes,

Versailles voit naître de nombreux ateliers, dont une partie est liée à la présence des troupes stationnées en ville ou au palais. Après la loge de la *Chambre du Roi*, dont on situe la création en 1745, bourgeois et nobles, souvent fonctionnaires employés au palais, peuvent bientôt rejoindre les colonnes de la *Parfaite Union* (fondée en 1747), de *Saint-Louis des Croisades* (1758), de *Saint-Jacques et Saint-Philippe* (1759), de *Saint-Nicolas* (1759), de *Saint-Louis Saint-Jean des Frères réunis* (1766), de la *Militaire écossaise du génie* (1766), de *Saint-Jean de la Concorde* (1768), de *Saint-Jean de la Réunion* (1782), de *Saint-Jean de Mars et Bellone* (1783) ou de *Saint-Joseph du Parfait Accord* (1784).

Avec la mort du duc de Clermont en 1771, la grande maîtrise de l'ordre maçonnique échoit à un autre prince du sang, descendant de Louis XIII et du Régent. Celui qu'on connaîtra plus tard sous le nom de Philippe Égalité n'est encore que Louis-Philippe d'Orléans, duc de Chartres. Deux ans après sa désignation, il préside à la transformation de l'ancienne Grande Loge en Grand Orient de France (juin 1773), organisation mieux structurée pour contrôler les six cents loges que comptera bientôt le royaume. Pour l'heure, en 1775, la jeune obédience reçoit de Versailles une demande particulière : des militaires souhaitent constituer un nouvel atelier, non pas localisé « à l'Orient de Versailles », comme cela se pratique, mais au plus huppé « Orient de la Cour ». Il faut dire que la loge, qui voit le jour le 15 septembre, arbore un titre qui va faire couler beaucoup d'encre : la *Militaire des Trois Frères unis*. Frères qui ne sont autres que Louis XVI, récemment couronné, et les comtes de Provence et d'Artois. Ici encore, gardons-nous de voir dans ce nom, choisi par des officiers comme un hommage aux illustres personnages qu'ils servent, un aveu d'appartenance de la royale fratrie à la franc-maçonnerie. Car, des trois Bourbons, seul le futur Charles X aurait un temps fréquenté les loges, après avoir été peut-être initié par son cousin Orléans en 1777.

De la relativité de la bienveillance royale

Après les *Trois Frères unis*, l'Orient de la Cour voit naître le *Patriotisme* en 1780 puis la *Concorde* en 1782. Pourtant, à peine constituée, cette loge – et toutes celles des environs – est contrainte de mettre ses travaux en sommeil pour quelques mois. C'est que le roi, à qui certains auteurs voudraient parfois prêter des sentiments bienveillants à l'égard de la fraternité, vient de signer le 25 novembre 1782 une ordonnance interdisant la pratique maçonnique à Versailles. Quant à faire de son épouse Marie-Antoinette une protectrice des loges, sur la base de propos laudatifs contenus dans certaines de ses lettres, cela revient malheureusement à prendre pour argent comptant des documents apocryphes. En revanche, la seule prise de position connue de la reine à ce sujet figure dans une missive adressée à son frère, l'empereur d'Autriche, en septembre 1790. Et le contenu est sans équivoque : « Prenez bien garde là-bas à toute association de francs-maçons. [...] C'est par cette voie que tous les monstres d'ici comptent d'arriver dans tous les pays au même but. » Ainsi, quelques années avant que les polémistes catholiques ne se déchaînent, la reine donne foi à la thèse éculée du complot maçonnique révolutionnaire. Des propos à la saveur particulière lorsqu'on découvre qu'Axel de Fersen, son ami et soutien indéfectible, fréquentait en 1786 la loge *L'Olympique de la parfaite estime*, ou que la princesse de Lamballe, qui l'avait connue dauphine à Versailles et l'accompagna aux Tuileries, était grande maîtresse des loges écossaises féminines régulières de France…

Du « tout est maçonnique » et de ses limites

Il en va ainsi de la maçonnerie à Versailles comme des autres thèmes abordés dans le présent ouvrage : la réalité est parfois difficile à séparer du fantasme. Des loges que nous venons de croiser, combien ont réellement tenu séance à l'intérieur du palais ? Et où ? Nous n'en savons rien, car les frères du XVIIIe siècle se contentent souvent pour leurs cérémonies d'un lieu quelconque, « sacralisé » pour l'occasion. Une équerre et un compas aperçus dans un décor de pierre ou sur le panneau de bois d'un appartement du château seraient-ils les signes attendus ? Malheureusement, ces deux outils ne sont représentés que pour symboliser la géométrie. Une œuvre peinte cacherait-elle un code connu des seuls francs-maçons ? Les artistes initiés avaient sans doute d'autres préoccupations que de faire de leurs toiles des portes ouvertes vers des enseignements cachés. Alors peut-être ce triangle aux caractères hébreux qui domine le maître-autel de la Chapelle royale ? Las, il ne s'agit que de la représentation symbolique de la Trinité, avec en son centre le tétragramme JHWH désignant Dieu. Les amateurs de mystères voudront alors voir dans le tracé des jardins ou le choix des sujets statufiés la « preuve » d'un dessein initiatique voulu par des maçons. Ils oublieront pour cela que l'architecture ou la mythologie sont des langages universels qui permirent de tout temps de faire passer des notions philosophiques. D'ailleurs, le château de Versailles avait été en grande partie pensé et bâti avant même l'arrivée de la franc-maçonnerie sur le continent…

BIBLIOGRAPHIE SÉLECTIVE

BAUER (Alain) et DACHEZ (Roger), *Nouvelle histoire des francs-maçons en France. Des origines à nos jours*, Paris, Tallandier, 2018.

BEAUREPAIRE (Pierre-Yves), *Franc-maçonnerie et sociabilité. Les métamorphoses du lien social* XVIIIe-XIXe *siècle*, Paris, Éditions maçonniques de France, 2013.

—, *L'Europe des francs-maçons :* XVIIIe-XXIe *siècles*, Paris, Belin, 2018.

CHEVALLIER (Pierre), *La Première Profanation du temple maçonnique ou Louis XV et la Fraternité, 1737-1755*, Paris, J. Vrin, 1968.

—, *Les Ducs sous l'acacia, ou les Premiers Pas de la franc-maçonnerie française, 1725-1743. Nouvelles recherches sur les francs-maçons parisiens et lorrains, 1709-1785. Les Idées religieuses de Davy de La Fautrière*, Genève, Slatkine, 1994.

DACHEZ (Roger), « Les premiers pas de la franc-maçonnerie française : retour sur les premières loges de Paris », *Chroniques d'histoire maçonnique*, 2017/2, n° 80, p. 32-61.

JACOB (Margaret C.), *Les Lumières au quotidien. Franc-maçonnerie et politique au siècle des Lumières*, Paris, À l'Orient, 2004.

MOLLIER (Pierre), « Les mystères de la loge des Trois Frères », in *Curiosités maçonniques. Énigmes, intrigues et secrets dans les loges*, Paris, Dervy, 2021, p. 160-163.

13

Marie-Antoinette et Fersen

par Isabelle ARISTIDE-HASTIR

La fête à Trianon du 21 juin 1784

En cette soirée du 21 juin 1784, la reine Marie-Antoinette reçoit à Trianon le roi Gustave III de Suède et sa suite, avec, parmi eux, le comte Axel de Fersen. Les invités, habillés de blanc, se promènent dans le jardin anglais illuminé pour l'occasion. Tous les regards se portent sur le temple de l'Amour, brillamment éclairé par des fagots de bois embrasés disposés dans une tranchée. Plus tôt dans la soirée, on a donné sur la scène du Petit Théâtre un opéra-comique de Piccinni, *Le Dormeur éveillé*, qui avait été monté pour la première fois à l'automne 1783 à Fontainebleau. Inspirée d'un conte des Mille et Une Nuits, la pièce mêle des récitatifs, des airs lyriques et des ballets, dans un décor orientalisant « à la persane ».

« Si dans ces bois l'amant que j'aime / Vient faire entendre ses soupirs, / Dites-lui bien, tendres Zéphirs, / Que je soupire ici de même. / Plaintive

Écho, dis-lui toi-même / Et mes regrets et mes désirs » (Rose, *Le Dormeur éveillé*, acte II, scène 3).

Le ton est donné : celui du rêve émerveillé, de l'amour, de l'hymen (la pièce se termine par un mariage). Durant le souper, la reine est allée de table en table dire un mot aimable à chacun. Mais le véritable personnage principal de la soirée, c'est le comte de Fersen, c'est à lui que la reine porte de l'intérêt, c'est à lui que les Suédois doivent les faveurs dont la reine les a comblés.

Marie-Antoinette et le comte de Fersen se sont rencontrés dix ans plus tôt, le 30 janvier 1774, lors d'un bal masqué à l'Opéra. La scène est digne d'une pièce de Marivaux : Fersen, qui n'avait jamais vu la dauphine auparavant, discute avec elle pendant une demi-heure avant que celle-ci ne soit reconnue. Celle qui sera reine dans quelques mois est jeune, elle a dix-neuf ans. Axel de Fersen a le même âge, il fait son tour d'Europe comme beaucoup de jeunes nobles et découvre la vie brillante de la cour de France. Les années suivantes, pendant qu'à Versailles Marie-Antoinette s'étourdit, faute de maternité, en bals, soupers, toilettes extravagantes et jeux d'argent, Fersen voyage beaucoup, séjourne en Suède plusieurs années et passe quelques mois à Londres pour un projet de mariage qui n'aboutit pas.

Une relation qui ne passe pas inaperçue

Quatre ans plus tard, de retour en France, Fersen est présenté le 25 août 1778 à la famille royale à

Versailles. La reine lui adresse publiquement quelques mots qui attestent qu'elle n'a pas oublié la première rencontre : « Ah ! c'est une ancienne connaissance ! », et elle l'invite à fréquenter son cercle de jeu le dimanche. On commence à beaucoup parler à Versailles de ce jeune Suédois qui retient les attentions de la reine : elle l'a engagé à se présenter devant elle dans son bel uniforme suédois, bleu à parements jaunes, qu'elle examine soigneusement, aux yeux de tous. Son attachement ne passe pas inaperçu : « La reine [...] fut frappée de sa beauté [...], il était fait pour donner dans l'œil d'une femme qui cherchait les impressions vives » (Saint-Priest).

À cette époque, la reine est déjà la cible depuis plusieurs années de violents libelles et de publications hostiles, dont le flot ne tarira pas. Aux amantes présumées (la princesse de Lamballe, la duchesse de Polignac mais aussi la duchesse de Péquigny, la duchesse de Saint-Maigrin, la duchesse de Cossé, la marquise de Mailly, la princesse de Guéméné) s'ajoute une litanie de ses différents amants imaginaires (le comte d'Artois, le duc de Coigny, le comte Dillon, le comte de Vaudreuil, le comte de Dorset, le prince de Hesse-Darmstadt, le comte de Besenval, le prince de Caraman-Chimay, le comte de Romanzoff, le duc de Guines, lord Seymour... et même La Fayette). Le nom de Fersen ne circule pas dans ce flot de calomnies, et, si l'on en parle dans certaines conversations, il est noyé dans les mille et une sottises que l'on dit chaque jour à la cour.

S'il éprouve des sentiments pour la reine et est sensible à ses marques de faveur, Fersen n'en oublie pas sa carrière. Au printemps 1779, il décide de s'engager, comme La Fayette et d'autres nobles français, dans la guerre d'Indépendance américaine. L'émotion qui saisit la reine au moment des adieux n'échappe pas à l'ambassadeur de Suède à Paris, le comte de Creutz :

« J'avoue que je ne puis m'empêcher de croire qu'elle avait du penchant pour lui, j'en ai vu des indices trop sûrs pour en douter. La reine ne pouvait le quitter des yeux les derniers jours ; en le regardant, ils étaient remplis de larmes » (lettre à Gustave III du 10 avril 1779).

On parle alors d'entretiens prolongés pendant les bals de l'Opéra, de regards appuyés pendant les soirées à Trianon, du trouble de la reine lorsqu'elle chante en présence de Fersen l'air de Didon : « Ah ! que je fus bien inspirée, / Quand je vous reçus dans ma cour ! »... C'est finalement au printemps 1780 que Fersen s'embarque pour l'Amérique comme aide de camp du général Rochambeau.

Le temps de la maturité

Lorsqu'il revient à Paris le 23 juin 1783, Fersen songe à s'établir : se marier pour faire plaisir à son père, acheter le régiment Royal-Suédois, régiment étranger au service de la France, et surtout rester en France. Les projets de mariage avec une jeune Anglaise puis avec Germaine Necker échouent, ce qui lui convient, pour une raison secrète qu'il confie à sa sœur :

« Je ne puis pas être à la seule personne à qui je voudrais être, la seule personne qui m'aime véritablement, aussi je ne veux être à personne » (lettre à Sophie Fersen du 31 juillet 1783).

Car Fersen a renoué avec Marie-Antoinette. Il l'a revue à Versailles, il lui a fait sa cour, sans affectation, et celle-ci, plus prudente, l'a reçu « fort ordinairement ». On ignore s'il a correspondu avec la reine pendant son séjour en Amérique mais on sait qu'il lui a écrit dès son arrivée en juin 1783. Le prétexte en est l'achat du régiment Royal-Suédois. Le roi Louis XVI doit donner son accord, et pour l'obtenir, Fersen demande une recommandation au roi de Suède et le soutien de la reine, qui le lui accorde sans hésiter. L'affaire est rapidement conclue : le 20 septembre, Fersen reçoit son brevet de colonel-propriétaire. Une telle faveur n'échappe pas aux courtisans, mais déjà Fersen repart, cette fois-ci pour l'Italie, où il accompagne le roi de Suède.

Avec le temps et les absences, la relation entre Marie-Antoinette et Fersen a évolué en profondeur. Tous deux ont mûri, ont affirmé leurs choix. Fersen, comme La Fayette, est un héros de la guerre d'Indépendance américaine, mais il a souffert de sa campagne militaire, ses traits sont marqués. En toutes circonstances, il garde sa réserve et son sérieux, et, surtout, il ne partage pas les idées évolutionnistes d'autres nobles. Marie-Antoinette est devenue pleinement reine de France en donnant un héritier à la Couronne (décembre 1781) et affirme sa personnalité par ses choix vestimentaires et décoratifs. Ses goûts se portent sur la simplicité et le retour à la nature, une simplicité cependant coûteuse et une nature idéalisée. Elle se fait représenter au Salon de 1783 en robe-chemise de mousseline (tableau vite remplacé par le délicieux portrait « à la rose ») et affectionne de plus en plus le jardin du Petit Trianon où, en prolongement du jardin anglais, elle fait entreprendre la construction du Hameau. À Versailles, elle fait décorer à son goût ses appartements privés : le précieux cabinet de la Méridienne derrière sa chambre d'apparat (1781), la salle de bains au rez-de-chaussée (1781), le Salon doré (1784). La vie de cour en représentation permanente lui déplaît ; elle préfère la compagnie de ses intimes et de ses favoris à celle des courtisans. Fersen ne fait pas partie de la petite coterie de la reine, il occupe une place à part dans son cœur, c'est son *amant* secret et un indéfectible soutien, jusqu'à sa mort. Quand ils se retrouvent en 1783, tous les signes attestent un enracinement profond du sentiment amoureux, tellement profond et précieux que l'un et l'autre se montrent désormais prudents pour déjouer la calomnie.

Le doute sur la nature exacte de leurs relations apparaît quand la reine donne naissance à son troisième enfant, le futur Louis XVII, le 27 mars 1785, neuf mois après la réception de Trianon. À son baptême, son parrain, le comte de Provence, demande perfidement : « Avant de commencer, ne devrions-nous pas connaître le nom des parents de l'enfant ? » Les avis sont partagés, du vivant de la reine et jusqu'à nos jours... Les personnes qui ont côtoyé Marie-Antoinette de près (l'ambassadeur Mercy, sa première femme de chambre, Mme Campan, son ami le comte d'Esterhazy) n'ont rien écrit ou rien voulu écrire sur sa relation avec Fersen. Mais plus les années passent, plus le soupçon devient réalité pour certains témoins plus éloignés de la reine (le roi Gustave III de Suède, Quintin Craufurd, Gouverneur Morris et même Napoléon Bonaparte) : pour eux, Fersen est l'amant intime de la reine et certains croient que le futur Louis XVII est le fruit de leurs amours.

Prudence et secret

« Dans tout ce que tu fais, agis prudemment et regarde la fin » (lettre de Friedrich-Axel de Fersen à son fils, février 1789).

Le secret est d'autant plus difficile à percer qu'aucun des deux ne s'est jamais laissé aller à une confidence et que tous les témoins s'accordent sur la prudence d'Axel de Fersen : « Il vécut sans intrigues et sans chercher d'éclat ; et durant tout le temps de sa faveur, si quelque chose put en faire soupçonner l'excès, ce fut une attitude plus modérée, plus respectueuse [...] » (comte de Tilly). Dès le début de sa correspondance avec la reine, en 1783, Fersen prend toutes les précautions pour que cette relation épistolaire (il lui écrit tous les quinze jours quand il est absent) soit cachée. Il donne à Marie-Antoinette dans ses cahiers le nom de code de « Joséphine ».

Les lettres ont presque toutes disparu mais nous avons un aperçu de leur contenu par les quelques notes gardées par Fersen dans son cahier d'enregistrement. Ils s'entretiennent, comme des amis proches, de sujets familiers, qu'ils ont pu évoquer ensemble : un voyage envisagé à Vienne en mai 1784, un chien que Fersen se charge de lui procurer et « comment il faut l'appeler », « s'il faut en faire mystère » (juillet 1784), un dessin de « femme habillée en redingote » (octobre 1784), que l'on peut voir encore aujourd'hui au château de

Löfstadt, en Suède. Mais nulle familiarité dans cette correspondance : l'attitude de Fersen envers la reine, telle qu'elle apparaît par ses tournures de phrases, est celle d'un homme plein de respect et de dévouement.

Et quand la reine rencontre Fersen à Versailles, elle lui demande des nouvelles de sa famille, de sa sœur Sophie, de son père le feld-maréchal Friedrich-Axel de Fersen. Fersen lui décrit la bataille navale d'Öland (juillet 1789) et lui apprend l'arrestation et l'emprisonnement de son père (février 1789). Touchée par cette nouvelle, la reine recopie de sa main une lettre pleine de dignité qu'il a envoyée à son fils. Tous deux ont donc adopté des relations simples et convenues, mais l'amour est bien là : ils se le confieront plus tard avec émotion, en 1791-1792, quand la situation sera désespérée et qu'ils seront séparés.

Le logement de Fersen à Versailles

« Vous voir, vous aimer et vous consoler c'est tout ce que je désire » (lettre de Fersen à Marie-Antoinette, 18 octobre 1791).

À partir de 1785, la reine est de plus en plus exposée aux critiques, avec l'affaire du Collier et les événements politiques qui amèneront à la Révolution ; la préoccupation de Fersen est alors d'être le plus près possible de Marie-Antoinette à Versailles. Quand il n'est pas en Suède ou à Valenciennes à la tête de son régiment Royal-Suédois, il est à la cour : « je viendrai mardi au soir », « je pars lundi soir » (juillet 1785). Pendant l'été 1787, la reine est triste, sa fille, la petite princesse Sophie, est morte le 19 juin. Sur son portrait officiel, en robe de velours rouge, entourée de ses enfants près du berceau vide, son regard est au loin, mélancolique… Fersen s'en inquiète : « Je partirai le 18 pour être le 19 à Paris et le soir chez elle, qu'elle m'envoie une lettre chez moi pour me dire ce que je dois faire » (septembre 1787).

À Versailles il n'a, pendant longtemps, aucun logement fixe. Il loue un appartement à Paris, situé en 1785 au troisième étage du 14 de la rue Caumartin, puis en 1787 au 31 de la rue de Miromesnil et, plus tard, rue de Matignon. C'est là qu'il loge son valet, son aide de camp, son cuisinier et ses domestiques. Il dispose aussi d'écuries pour ses chevaux, d'une remise pour son cabriolet, etc. Quand il vient passer plusieurs jours à la cour, il loge chez sa tante, Mme de La Gardie, ou à l'hôtel des Ambassadeurs (1784) ; par la suite, il prend un logement en ville chez le duc de Luynes (1785-1788), rue de la Surintendance (actuelle rue de l'Indépendance-Américaine). Mais ce qu'il désire, c'est loger au château. En avril 1787 il soumet à la reine le projet de « loger en haut ». On peut voir dans les cabinets privés de celle-ci, au deuxième étage du château, une petite pièce avec cheminée, carrelée de tommettes rouges, qui servait à ses femmes de chambre, et que l'on qualifie d'« appartement de Fersen » à Versailles. La reine y fait poser au début de 1788 un poêle « suédois ». Cette petite pièce carrelée est un bien pauvre appartement pour un favori royal : c'est plutôt une pièce de commodité et d'attente pour rester à proximité de la reine, pour qui cette présence est rassurante. En septembre 1788 Fersen déménage ses affaires de Paris, il installe sa suite, ses chevaux, ses équipages dans un logement « officiel » à Versailles, aux Écuries d'Orléans, rue de la Pompe (actuelle rue Carnot). Il a désormais tout loisir de rencontrer la reine, il a ses entrées chez elle, se rend à son jeu, soupe en sa compagnie chez Mme d'Ossun, sa dame du Palais (mais se garde bien d'aller chez Mme de Polignac), et, trois ou quatre fois par semaine, on le voit se rendre à cheval du côté de Trianon pour rejoindre Marie-Antoinette, qui s'y promène seule.

Derniers jours à Versailles

Quand commence la Révolution, Fersen n'est pas à Versailles : il a dû partir le 13 juin 1789, le jour des obsèques du dauphin, pour rejoindre son régiment à Valenciennes et maintenir l'ordre dans la province. Il est au désespoir quand il apprend que plusieurs régiments d'infanterie et de cavalerie, dont le Royal-Allemand et les hussards du comte d'Esterhazy, ont été appelés en renfort aux abords de la capitale. Il offre à plusieurs reprises à la reine ses services et la protection de son régiment Royal-Suédois. Alors que la cour se vide, que les Condés, les Polignac, le comte d'Artois quittent la France, Fersen, lui, veut être aux côtés de la reine. Il peut enfin quitter son régiment le 24 septembre 1789 et s'installer à Versailles, au château, cette fois dans l'appartement du comte d'Esterhazy, quatre pièces situées à l'attique de l'Aile vieille, sur la Cour royale, et près de l'appartement de la Reine. Il est présent à ses côtés lors des funestes journées des 5 et 6 octobre 1789.

« J'ai été témoin de tout et je suis revenu à Paris dans une des voitures de la suite du roi ; nous avons été six heures et demie en chemin. Dieu me préserve de jamais voir un spectacle aussi affligeant » (lettre de Fersen à son père, 9 octobre 1789).

Selon un témoin (Mme d'Adhémar), il était à Paris le 5 octobre lors des premières émeutes et serait venu à Versailles prévenir Marie-Antoinette de l'arrivée des femmes insurgées et de la garde nationale. Sans doute a-t-il passé la nuit au château, partageant l'angoisse de la reine. Le 6 octobre au petit matin, le château est envahi par les émeutiers, la chambre de la Reine est forcée, Marie-Antoinette se sauve en chemise dans les appartements du Roi. Selon des récits bien postérieurs (lord Holland, *Mémorial de Sainte-Hélène*), Fersen aurait été contraint de s'échapper par la fenêtre.

À treize heures, Louis XVI donne le signal du départ, la cour et la famille royale quittent Versailles pour s'installer à Paris. Fersen est dans une des voitures qui suivent le cortège. Pendant que le roi et la reine sont reçus à l'Hôtel de Ville à la fin de la journée, Fersen serait allé attendre la famille royale au château des Tuileries, sa nouvelle demeure, mais le secrétaire d'État à la Maison du roi, Saint-Priest, l'aurait prié de s'éclipser (*Mémoires* de Saint-Priest).

Un amour jusqu'à la mort

« C'est dans les revers où l'âme doit s'élever » (lettre de Friedrich-Axel de Fersen à son fils, février 1789).

Mais Fersen ne va pas s'éclipser définitivement. Un nouveau et dernier chapitre commence, plus douloureux, plus intense aussi. Grâce au soutien du roi de Suède qui le charge de lui envoyer des nouvelles de France, Fersen a ses entrées officielles aux Tuileries. Il parvient à gagner la confiance du roi et devient son conseiller. Il peut aussi voir un peu plus librement la reine, pour laquelle désormais il éprouve, face à son courage, un sentiment d'admiration, teinté de chagrin devant son malheur. Il veut la secourir, lui rendre son bonheur, aussi, dès le début de l'année 1790, son projet est-il arrêté : il faut faire sortir le roi et sa famille de Paris. C'est lui qui se charge des détails pratiques de la fuite de la famille royale (la berline, les passeports, les avances d'argent) et conduit le fiacre hors de Paris dans la nuit du 20 au 21 juin 1791.

L'arrestation de la famille royale à Varennes et son retour sous bonne surveillance aux Tuileries signent leur séparation. Séparation géographique tout au moins (Fersen est à Bruxelles), car commence alors une correspondance secrète, miraculeusement conservée, qui vient d'être en partie révélée grâce au projet REX (2014-2021) soutenu par la Fondation des sciences du patrimoine. Ils s'y livrent en toute confiance, avec des mots qui trahissent leur amour toujours aussi vif et leur parfaite compréhension mutuelle : « Jamais jamais je ne peux être un moment sans vous adorer » (Marie-Antoinette, lettre du 4 janvier 1792).

Ébloui par la reine dans sa jeunesse (« il n'y a jamais eu d'être plus parfait que vous », lettre du 25 octobre 1791) et par la cour de France, le comte suédois va désormais tout tenter pour sauver la monarchie… et surtout sa reine, au risque de sa vie, de sa fortune et de sa réputation. Il refuse de rentrer en Suède, fait le siège des cours européennes pour obtenir leur soutien et échafaude un nouveau projet d'évasion, qu'il soumet au roi Louis XVI et à la reine lors d'une visite *incognito* aux Tuileries les 13 et 14 février 1792. Le roi refuse, Fersen espère que Marie-Antoinette pourra partir seule, mais celle-ci, bien que troublée, s'incline devant la volonté du roi. C'est la dernière fois qu'ils se voient.

Dans sa prison du Temple où elle est enfermée après la prise des Tuileries le 10 août 1792, Marie-Antoinette trouvera encore le moyen d'envoyer à son ami un dernier témoignage de son amour avant son exécution : un petit billet portant l'inscription « Adieu mon cœur est tout à vous ». Lié jusqu'à sa mort à Marie-Antoinette par un attachement qui touche à la vénération, Fersen connaîtra lui aussi un destin tragique : il sera lynché par la foule à Stockholm le 20 juin 1810.

Bibliographie sélective

Aristide-Hastir (Isabelle), *Marie-Antoinette & Axel de Fersen. Correspondance secrète*, Neuilly-sur-Seine, Michel Lafon, 2021.

Campan (Mme), *Mémoires sur la vie privée de Marie-Antoinette, reine de France et de Navarre*, Paris, Baudouin frères, 1823.

Craufurd (Quintin), *Notices sur Marie Stuart, reine d'Écosse, et sur Marie-Antoinette, reine de France*, Paris, Gratiot, 1819.

Esterhazy (Valentin), *Mémoires du Cte Valentin Esterhazy*, Paris, Plon, 1905.

Holland (Henry Richard Vassall), *Souvenirs diplomatiques de lord Holland*, Paris, Rouvier et Ledoyen, 1851.

KLINCKOWSTRÖM (Rudolf Maurits, baron DE), *Le Comte de Fersen et la cour de France,* 2 vol., Paris, Firmin-Didot, 1877-1878.

LAMOTHE-LANGON (Étienne DE), *Souvenirs sur Marie-Antoinette, archiduchesse d'Autriche, reine de France, et sur la cour de Versailles, par madame la C^{sse} d'Adhémar, dame du palais,* Paris, Mame, 1836.

LAS CASES (Emmanuel DE), *Mémorial de Sainte-Hélène,* Paris, 1823.

MARIE-ANTOINETTE, *Lettres inédites. Lettres au comte de Mercy, 1771-1792,* Paris, Albin Michel, 2019.

MERCY-ARGENTEAU (Florimond DE), *Correspondance secrète du comte de Mercy-Argenteau avec l'empereur Joseph II et le prince de Kaunitz,* Paris, Imprimerie nationale, 1889-1891.

MORRIS (Gouverneur), *Journal de Gouverneur Morris, ministre plénipotentiaire des États-Unis en France de 1792 à 1794, pendant les années 1789, 1790, 1791 et 1792,* Paris, Plon-Nourrit, 1901.

PICCINNI (Niccolò) et MARMONTEL (Jean-François), *Le Dormeur éveillé, opéra-comique en quatre actes, en vers, mêlé d'ariettes, représenté devant Leurs Majestés à Fontainebleau,* 1783.

SAINT-PRIEST (François-Emmanuel Guignard DE), *Mémoires. Règnes de Louis XV et de Louis XVI,* Paris, Calmann-Lévy, 1929.

SÖDERHJELM (Alma), *Fersen et Marie-Antoinette. Correspondance et journal intime inédits du comte Axel de Fersen,* Paris, Éditions Kra, 1930.

TILLY (Alexandre DE), *Mémoires du comte Alexandre de Tilly pour servir à l'histoire des mœurs de la fin du XVIIIe siècle,* Paris, chez les Marchands de Nouveautés, 1828.

14

Octobre rouge

par Antoine BOULANT

Tournant majeur de la Révolution française, les journées d'octobre 1789 constituent également un traumatisme inédit dans la longue histoire du château de Versailles. Cette insurrection populaire trouve son origine à la fois dans la grave crise économique que connaissait la capitale depuis de nombreux mois et dans la crise politique résultant du refus de Louis XVI d'accepter la Déclaration des droits de l'homme, l'abolition des privilèges et les premiers articles constitutionnels votés par l'Assemblée constituante. L'agitation qui en découla fit bientôt renaître une ancienne idée selon laquelle le roi devait être soustrait à l'influence pernicieuse de la cour pour vivre au milieu de son peuple. Revêtant d'abord la forme d'un rassemblement de femmes venues réclamer du pain devant l'hôtel de ville de Paris aux premières heures du 5 octobre, l'insurrection prit un caractère politique lorsqu'il fut décidé de marcher sur le château de Versailles. Gagnant la place Louis-XV (actuelle place de la Concorde), 6 000 à 7 000 insurgées, auxquelles se mêlaient plusieurs centaines d'hommes, entreprirent vers dix heures un parcours de plus de 16 kilomètres sous une pluie battante, munies d'armes de fortune et tirant plusieurs canons.

Arrivés à Versailles en milieu d'après-midi – ce qui contraignit Louis XVI à revenir précipitamment de sa partie de chasse pour gagner son appartement –, les émeutiers se trouvèrent confrontés à une force publique puissante rassemblée depuis quelques heures sur la place d'Armes. Les troupes chargées de protéger le château se composaient en effet du régiment de Flandre, de gardes suisses, de cavaliers de maréchaussée, de chasseurs, de gardes du corps et de la garde nationale de Versailles, dont les 4 000 hommes obéissaient à leur commandant, le comte d'Estaing, lui-même placé sous l'autorité de la municipalité, et non celle du roi. Les officiers municipaux lui donnèrent pour instructions de « prendre toutes les précautions et d'employer toutes les forces à sa disposition pour garantir de toute insulte le roi et la famille royale, l'Assemblée nationale et cette ville, mais de repousser la force par la force, après avoir néanmoins employé tous les moyens de douceur pour maintenir la paix ». De nombreux Suisses stationnaient également dans la cour royale. Le roi ne pouvait en revanche compter que sur quelques dizaines de gardes-françaises, dont le régiment avait été presque totalement intégré à la garde nationale parisienne.

« Tout était en désordre »

Tous les témoignages dont l'historien dispose pour reconstituer le détail des événements attestent que la tension était alors très vive. Tandis qu'un grand nombre de femmes hurlaient des insultes contre la reine, d'autres lançaient des pierres à travers les grilles séparant la place d'Armes de la cour des Ministres ou tentaient de forcer le passage. La foule des émeutiers menaçait les soldats et les gardes de ses faux, faucilles, sabres, haches, piques ou fusils. Une véritable panique régnait par ailleurs dans les appartements du château, Mlle de Donnissan notant ainsi que « tout était en désordre » et qu'une « foule de personnes couraient les galeries », notamment des centaines de gentilshommes prêts à défendre la famille royale au péril de leur vie.

En dépit de leur effectif nombreux, les forces vouées à la défense du château ne pouvaient espérer faire face aux 7 000 émeutiers, rejoints peu avant minuit par 20 000 gardes nationaux parisiens commandés par le marquis de La Fayette et accompagnés de volontaires et d'habitants des faubourgs. L'indécision du souverain, qui avait aussitôt réuni ses ministres pour tenir conseil, acheva par ailleurs de paralyser toute action militaire. Tandis qu'un savant dispositif proposé par le comte de Saint-Priest, secrétaire d'État de la Maison du roi, était abandonné, et que le duc de Guiche échouait à convaincre Louis XVI d'ordonner une charge des gardes du corps pour évacuer la place d'Armes, le roi écrivait au comte d'Estaing pour lui interdire « de se porter à aucune mesure militaire offensive ». Ce refus obstiné de recourir à la force est un trait de caractère que l'on devait retrouver chez le monarque tout au long de la Révolution, singulièrement lors de la tragique journée du 10 août 1792.

Tandis que la foule continuait de se masser sur la place d'Armes, une partie des insurgés se dirigea vers l'hôtel des Menus-Plaisirs qui abritait depuis cinq mois les états généraux, devenus Assemblée constituante au début de juillet. Se plaçant à la tête d'une quinzaine de femmes, leur porte-parole, Maillard, pénétra dans la salle des séances pour exiger la fouille de toutes les maisons susceptibles de receler de la farine, dénonçant les « hommes pervers qui [donnaient] de l'argent et des billets de caisse aux meuniers afin de les engager à ne pas moudre ». Après qu'il eut réclamé des mesures pour améliorer l'approvisionnement de Paris et l'envoi d'une députation aux gardes du corps du roi pour les exhorter à porter la cocarde tricolore, des centaines de femmes pénétrèrent à leur tour dans la salle, criant « Du pain », affirmant qu'il fallait « tordre le col » de la reine, interpellant les députés et les spectateurs, enjambant les banquettes et envahissant les tribunes, plusieurs d'entre elles bousculant le président de l'Assemblée, Mounier, pour s'asseoir dans son fauteuil. Si ce dernier leur promit de se rendre auprès de Louis XVI pour lui demander de prendre des décisions en faveur du ravitaillement de Paris, il y vit également l'occasion d'exiger du souverain la sanction des articles constitutionnels et de la Déclaration des droits de l'homme.

Soucieux de prévenir un assaut aux conséquences imprévisibles, le roi accepta en fin d'après-midi de recevoir Mounier. Accompagné de cinq députés et d'une délégation de douze femmes, il pénétra avec quatre d'entre elles dans la salle du Conseil, où les attendait le roi. C'est là que, après avoir réclamé du pain, la jeune Louison Chabry s'évanouit, Louis XVI lui faisant aussitôt respirer des sels, l'embrassant, remettant sept louis d'or à chacune de ses compagnes et ordonnant par écrit que le transport des grains vers Paris fût accéléré.

Autrement plus lourde de conséquences fut la concession à laquelle il dut se résoudre vers huit heures du soir, lorsqu'il remit à Mounier un billet dans lequel il déclarait accepter « purement et simplement les articles de la Constitution et la Déclaration des droits de l'homme ». Cette capitulation majeure entérinait la fin de l'Ancien Régime et signait le succès de l'insurrection. Peu après minuit, à la demande de deux délégués de la Commune de Paris, le roi consentit à confier la garde extérieure du château aux 20 000 gardes nationaux parisiens qui venaient d'arriver à Versailles, se plaçant ainsi sous la protection du seul La Fayette. Trompé par le calme apparent de la ville, trop confiant dans sa popularité et accablé de fatigue, ce dernier préféra aller se coucher à l'hôtel de Noailles plutôt que de rester aux côtés du roi et d'inspecter les postes de garde, ce qui devait lui valoir de la part de Rivarol le surnom de « général Morphée ». Le comte de Montlosier devait noter qu'« on ne [prit] pas même au château, pour la sûreté du roi, les précautions les plus ordinaires », beaucoup de grilles restant ouvertes ou étant insuffisamment gardées.

À l'assaut du château

Au petit matin du 6 octobre, plusieurs dizaines d'hommes et de femmes armés parvinrent à pénétrer dans la cour des Ministres, puis dans la cour royale du château. La cause exacte de cette intrusion demeure obscure, certains pensant qu'ils parvinrent à forcer une grille ou à l'ouvrir au moyen d'une clef fournie par un garde, d'autres qu'ils profitèrent de l'habitude qu'avaient conservée les anciens gardes-françaises – devenus gardes nationaux – d'ouvrir les grilles au lever du jour. Un émeutier tenta d'escalader une des colonnes soutenant le balcon de la chambre du Roi, mais fut aussitôt abattu par un garde du corps. La foule se précipita alors vers l'escalier de la Reine : le garde du corps de faction, du nom de Pagès des Huttes, fut aussitôt saisi, désarmé et percé de coups de pique, avant d'être traîné dans la cour des Ministres et décapité d'un coup de hache. Le député Malouet devait longtemps conserver le souvenir du « spectacle d'un jeune enfant couvert de sang, qui portait au bout d'une pique la tête d'un garde du roi ». La foule s'engouffra ensuite dans l'escalier de la Reine, dont les deux gardes suisses furent désarmés, pénétrant quelques instants plus tard dans les appartements et contraignant les gardes du corps à se replier – ces derniers ayant d'ailleurs reçu l'ordre de ne pas résister. Les insurgés s'emparèrent bientôt d'un second garde du corps nommé Rouph de Varicourt, traîné à son tour dans la cour des Ministres pour y être décapité.

Il paraît certain que l'intention des émeutiers était alors de s'en prendre à Marie-Antoinette, Mme Campan affirmant ainsi que « c'était particulièrement contre la reine que l'insurrection était dirigée ». Tandis qu'ils parvenaient à atteindre la salle des gardes et tentaient en vain d'assassiner deux autres gardes du corps, la souveraine quitta sa chambre en toute hâte et courut à moitié nue de pièce en pièce pour tenter de rejoindre son époux. À rebours d'une légende tenace, Mme Campan et le comte d'Hézecques affirment dans leurs mémoires que les insurgés ne pénétrèrent pas dans la chambre de la Reine et ne saccagèrent donc pas son lit à coups d'épée et de baïonnette. C'est finalement dans la salle à manger dite des Retours de chasse, située dans l'appartement du Roi, que, protégés par des gardes du corps et des gardes nationaux, Louis XVI, Marie-Antoinette et leurs deux enfants, Madame Élisabeth, les tantes du roi, Mme de Tourzel, les sous-gouvernantes, les ministres et plusieurs autres personnes trouvèrent refuge, la foule ne parvenant pas à progresser au-delà de la première antichambre de l'appartement du Roi. Quant aux insurgés qui n'avaient pas envahi les appartements, ils se massèrent bientôt par centaines dans les cours du château. Mme de Tourzel devait les qualifier de « figures atroces ; c'était une cohue d'hommes et de femmes armés de fourches, de faux, de piques, et vociférant les plus horribles injures et les menaces les plus effrayantes ».

La confrontation directe du souverain avec le peuple rassemblé dans la cour de Marbre allait cependant devenir inévitable, plusieurs dizaines de voix réclamant qu'il se montrât au balcon de sa chambre. S'exécutant en compagnie de la reine et de leurs deux enfants, il fut bientôt rejoint par La Fayette, qui demanda aux insurgés de ne commettre aucun désordre et déclara que le roi s'apprêtait à prendre toutes les mesures nécessaires au soulagement de la population parisienne – suscitant aussitôt les cris de « Vive le roi ! » et « Vive la reine ! » – avant que la famille royale ne regagnât la chambre royale.

La Fayette fit alors vainement signe à la foule de se retirer. Le cri répété de « La reine au balcon ! » contraignit Marie-Antoinette à reparaître quelques instants plus tard, laissant craindre à ses proches qu'elle pût être insultée, voire abattue d'un coup de fusil. Elle resta ainsi plusieurs minutes sur le balcon, mains croisées sur la poitrine, avant de faire une légère révérence qui suscita le cri de « Vive la reine ! », puis de regagner la chambre. Les cris réclamant « Le roi à Paris ! » étaient cependant bien plus lourds de signification politique. Il était en effet onze heures lorsque Louis XVI et son épouse parurent une nouvelle fois au balcon en compagnie du ministre Necker et de La Fayette, celui-ci annonçant aux émeutiers que le monarque acceptait de fixer sa demeure à Paris. Le roi déclara à son tour qu'il confiait ce qu'il avait de plus précieux « à l'amour de [ses] bons et fidèles sujets », déclenchant aussitôt un tonnerre d'acclamations et des détonations d'armes à feu. La Fayette reparut une dernière fois sur le balcon en compagnie de la reine, dont il baisa la main aux cris répétés de : « Vive la reine ! »

Il ne resta dès lors que quelques heures au roi et à la reine pour rassembler leurs effets, en particulier les papiers importants. Mme Campan rapporte qu'elle aperçut le roi pouvant « à peine parler, des pleurs inondant son visage ». Vers une heure et demie de l'après-midi, Louis XVI, Marie-Antoinette, leurs deux enfants, Madame Élisabeth et Mme de Tourzel montèrent dans un carrosse qui stationnait dans la cour royale, après que le roi eut demandé au nouveau commandant de la garde nationale, le comte de Gouvernet, de tenter de « sauver [son] pauvre Versailles ». De nombreuses personnes de la cour prirent place dans des dizaines d'autres voitures. Escorté par des gardes du corps, des soldats du régiment de Flandre et des cent-suisses, le cortège s'ébranla, traversant la cour des Ministres entre deux haies de gardes nationaux et gagnant la place d'Armes puis l'avenue de Paris. Il était précédé d'un groupe d'insurgés brandissant sur des piques les têtes des deux gardes du corps assassinés, et suivi d'une foule considérable, dans laquelle on pouvait distinguer des femmes montées sur des fûts de canon et d'autres agitant des miches de pain plantées sur des baïonnettes.

Pour beaucoup d'entre elles, l'installation de la famille royale aux Tuileries annonçait la fin de la disette dans la capitale. Pour le monarque, elle signait la fin de sa liberté individuelle. Pour la plupart des contemporains, elle consacrait l'achèvement de la Révolution.

Bibliographie sélective

Biard (Michel), « Les journées révolutionnaires d'octobre 1789 », dans Patrice Gueniffey et François-Guillaume Lorrain (dir.),

Révolutions françaises du Moyen Âge à nos jours, Paris, Perrin/Le Point, 2020.

BOULANT (Antoine), *La Journée révolutionnaire. Le peuple à l'assaut du pouvoir. 1789-1795*, Paris, Passés/Composés, 2021.

LECLERCQ (dom Henri), *Les Journées d'Octobre et la fin de l'année 1789*, Paris, Letouzey et Ané, 1924.

MARAL (Alexandre), *Les Derniers Jours de Versailles*, Paris, Perrin, 2018.

MAZÉ (Jules), *Louis XVI et Marie-Antoinette. Les journées révolutionnaires d'octobre 1789*, Paris, Hachette, 1939.

VILLIERS (Marc DE), *Reine Audu (les légendes des journées d'Octobre)*, Paris, Émile-Paul Frères, 1917.

15

Versailles sous la Révolution

par Yves CARLIER

Loin du cliché tenace et de ce que supposent bien des visiteurs pénétrant dans l'enceinte du château de Versailles, celui-ci ne fut pas pillé pendant la Révolution, quand bien même y débuta-t-elle physiquement – et violemment – lorsque les Parisiens l'envahirent le matin du 6 octobre 1789. La conséquence de cet événement fut, le jour même, le départ pour Paris de la famille royale et de la cour, suivies de tout le personnel nécessaire à la continuité du service. Cet exil des habitants s'accompagna du déménagement de nombreux meubles et objets indispensables à l'ameublement du palais des Tuileries où s'établirent les souverains. Ce qui n'aurait pu être que provisoire perdura, et lorsque s'imposa le constat que la cour ne reviendrait pas de sitôt à Versailles, le démeublement du château fut entrepris pour ne laisser en place que tableaux et sculptures. Tous ceux qui relatèrent leurs visites dans les années 1790-1791 notèrent une succession de salles vides et un sentiment de solitude et de tristesse, car, si étonnant que cela puisse paraître, il était loisible à quiconque de visiter certains appartements ou les bosquets sous la conduite de personnes habilitées placées sous la responsabilité du régisseur du domaine, tandis que les jardins restaient ouverts et demeuraient un lieu de promenade. On ignore qui se rendait encore à Versailles, hormis quelques étrangers qui relatèrent leur périple en France durant ces années. Paradoxalement, cette absence prolongée de la cour fut une aubaine pour l'administration des Bâtiments du roi. Elle entama des restaurations inenvisageables jusque-là, notamment celle des peintures du plafond de la galerie des Glaces, car un tel chantier impliquait l'installation d'échafaudages encombrants pour une longue période, ce qui était pratiquement inconcevable en présence de la cour. Malgré les aléas inhérents à ces temps troublés entraînant des interruptions, ce chantier fut achevé en 1795.

Statuer sur le sort du château

Après l'échec de la fuite à Varennes, l'avenir de la famille royale se jouait désormais hors de Versailles. Le château fut placé sous scellés et la question de son destin commença à se poser, pour resurgir de manière plus sensible après le 10 août 1792 et la chute de la monarchie. Dans un premier temps, la Convention décréta en 1793 que les anciens châteaux de la Couronne seraient désormais pris en charge par la République, ce qui résolvait dans l'immédiat l'avenir de Versailles. Cette première sauvegarde fut confirmée par un décret du 5 mai 1794 l'incluant dans la liste des maisons nationales exceptées de l'aliénation et entretenues « aux frais de la République pour servir aux jouissances du peuple et former des établissements utiles à l'agriculture et aux arts ». Pour reprendre les termes du rapport sur le devenir de Versailles rédigé par le conventionnel Georges Couthon, il fallait « le purifier en l'utilisant » et ne pas le laisser dans une situation où les nostalgiques du régime déchu seraient venus en pèlerinage. Mais pendant un temps, aucun projet satisfaisant et cohérent n'émergea, faute d'une vision globale sur l'intégralité du domaine, mais aussi parce que les avis émis par les instances tant locales que nationales étaient souvent contradictoires.

Toutefois, grâce à tout un personnel ayant servi avant le 6 octobre et qui avait été maintenu, dont certains membres avaient conservé leur logement, les bâtiments et tout ce qu'ils renfermaient étaient entretenus tant bien que mal (des poêles avaient été posés pour combattre l'humidité), tout en connaissant des dégradations dues au manque de surveillance ou au relâchement des préposés à la surveillance, et en subissant des premières atteintes. Ainsi l'enlèvement des bustes de la cour de Marbre supposés représenter des tyrans, ou l'effacement de symboles monarchiques sur des sculptures du parc, jusqu'au portrait de Louis XIV autrefois sculpté par Domenico Guidi pour son groupe de *La Renommée*. Ce n'était que le prélude à la suppression systématique des emblèmes de la « féodalité » (fleurs de lys, chiffres et armoiries essentiellement) entamée après la chute de la monarchie. Ces opérations furent confiées aux personnes chargées de l'entretien ou des travaux dans le château et qui, pour la plupart, y avaient travaillé avant les événements révolutionnaires. Elles procédèrent soigneusement, laissant lisible le fantôme de ce qui avait été ôté tout en prenant parfois l'initiative d'opérer des adaptations, telles des fleurs de lys métamorphosées en fleurs à quatre feuilles.

Les destructions furent beaucoup plus rares et purent avoir des causes diverses. Viennent en premier des raisons symboliques, auxquelles s'ajoutait la récupération de matériaux. En novembre 1792 fut décidée la démolition des éléments composant l'Arc de Triomphe dans le bosquet du même nom, suivie peu après par l'enlèvement de tous ses plombs et cuivres. En 1794, ce fut le tour de la grille de séparation entre les deux principales cours du château, lesquelles furent alors dépavées sur presque toute leur surface. Mais d'autres raisons amenèrent parfois à entreprendre des destructions, ainsi du Pavillon frais au Petit Trianon qui se dégrada à la suite d'infiltrations dues au vol des plombs de sa toiture.

Si la démolition pure et simple du château et du domaine fut parfois évoquée – le fameux « faire passer la charrue » du représentant du peuple Charles Delacroix –, elle ne fut jamais sérieusement envisagée. Le domaine trouva même des défenseurs, comme le jardinier Antoine Richard, chargé du jardin botanique de Trianon, qui, soucieux de préserver cet extraordinaire fonds, rédigea un mémoire préconisant la conversion partielle des jardins en potagers ou en vergers. En 1793, des arbres fruitiers furent plantés dans des bosquets ou au niveau de la tête du canal, et les parterres furent voués à la culture. Dans le même ordre d'idées, le canal, souffrant d'un manque d'entretien, fut asséché et converti en 1795 en une zone de pâturage ou de culture, tandis que ses berges étaient partiellement démolies.

D'un autre côté, l'immensité du domaine suscita des convoitises que l'état déplorable des finances poussa à satisfaire. De nombreuses parcelles à vocation agricole ou forestière furent aliénées et, en 1793, il fut même envisagé de vendre le domaine de Trianon divisé en lots, idée combattue par Richard et finalement repoussée par Delacroix en 1795. Une autre manière d'exploiter le domaine fut d'en louer des portions. Ce fut notamment le cas de la ménagerie qui, après le transfert en 1794 à Paris des derniers animaux encore présents, fut concédée à un entrepreneur en équipages d'artillerie avant d'être aliénée en 1801, ou du Petit Trianon, converti par un cabaretier en auberge avec chambres, tandis que des bals publics étaient organisés dans le Jardin français mitoyen et que le Pavillon français faisait office de café.

Que faire des collections ?

Tout autant que le devenir des bâtiments, le sort de ce qu'ils contenaient fut l'objet de toutes les attentions après la chute de la monarchie. Chef-lieu du récent département de Seine-et-Oise, Versailles – et le château plus particulièrement – était devenu au fil du temps un des principaux lieux de dépôt des biens saisis auprès du clergé ou chez les émigrés et les condamnés, tout en renfermant encore la plupart des anciennes collections de la Couronne.

Face à la question de leur avenir, deux options furent privilégiées.

La plus connue fut l'aliénation pure et simple par le biais de ventes aux enchères. Elles concernèrent plus particulièrement le mobilier des anciennes résidences royales selon des principes fixés par un décret du 22 octobre 1792. Les fameuses « ventes révolutionnaires » de Versailles débutèrent le 25 août 1793 pour s'achever en janvier 1795. La quantité de ce qui était demeuré sur place est confondante, puisque 17 182 lots furent proposés, et que la plupart comprenaient plusieurs objets, sinon plusieurs dizaines. Si leurs acheteurs venaient d'horizons variés, on remarque la présence régulière et soutenue de marchands parisiens qui, isolés ou associés (pratique théoriquement interdite), furent des plus actifs pour acheter massivement et à bon compte les lots les plus insignes. Toutefois, tout ce qui composait l'ameublement du château n'affronta pas le feu des enchères, car en avaient été exclus les meubles et objets qu'une des commissions chargées de recenser les biens saisis avait considérés comme « monuments des arts et des sciences ». Ce n'est que plus tard que furent aliénés bon nombre de ces objets gardés pour leur valeur artistique ou leur valeur, ce qui se fit soit par voie d'échanges avec des fournisseurs de la République et au plus grand profit de ces derniers, soit par de nouvelles ventes qui se déroulèrent en 1797.

L'autre possibilité consistait à conserver les œuvres – essentiellement des peintures et des sculptures – afin de les mettre à la disposition de tous dans des musées. Or il existait depuis le règne de Louis XVI un projet d'installation dans les salles du Louvre d'un musée dont le noyau aurait été constitué des collections de la Couronne, et plus particulièrement des chefs-d'œuvre dus aux pinceaux de Léonard de Vinci, Raphaël, Véronèse, Titien, Rubens et bien d'autres. La jeune République reprit à son compte ce projet d'un muséum central des Arts qui ouvrit au public le 10 août 1793. Dès le 9 septembre 1792, elle publia un premier décret ordonnant d'envoyer à Paris les anciennes collections de la Couronne. Les édiles versaillais s'en inquiétèrent, estimant que la ville avait déjà beaucoup perdu avec le départ de la famille royale, et qu'y ajouter l'enlèvement des chefs-d'œuvre dont la présence pouvait attirer des visiteurs accentuerait son déclin. Mais le mouvement était lancé et la municipalité réitéra ses protestations face à ce qu'elle considérait comme un dépouillement de Versailles. C'est alors que, toujours soucieuse de défendre ses intérêts et afin d'éviter une disparition pure et simple du château, elle émit le souhait de le convertir en un « établissement d'éducation nationale qui puisse servir de modèle à ceux que l'on formera[it] par la suite ». Elle présenta une pétition en ce sens le 3 novembre 1792 tout en réclamant le retour des premiers tableaux enlevés pour le muséum, qu'elle proposait d'exposer avec des antiques, des pierres gravées, des estampes, et suggéra d'adjoindre une bibliothèque à cet ensemble. Elle émit en outre l'idée que le muséum de Paris soit alors réservé à l'art national, idée qui resurgira quelque temps plus tard, mais appliquée à Versailles !

La question de l'emploi du château revenait régulièrement à l'ordre du jour, engendrant des propositions variées : loger les corps délibérants, héberger les artistes français chassés de Rome ou accueillir une École centrale. Cette dernière option fit l'objet d'un projet qui aurait donné à Versailles une double physionomie, le château devenant à la fois un lieu d'enseignement et un lieu d'exposition par la création d'un musée. Celui-ci aurait été installé dans les salles côté jardin du corps central du château (les bâtiments autour de la cour de Marbre auraient été abattus en vue de créer un jardin), tandis que les ailes nord et sud seraient dévolues à l'enseignement de matières aussi diverses que la médecine et la chirurgie, les mathématiques et les sciences physiques ou naturelles, les beaux-arts et la musique. Rien ne fut fermement décidé à cause de l'instabilité politique, ce qui permit des occupations inattendues d'espaces du château. En 1794, l'aile du Midi accueillit des ouvriers de la manufacture d'armes de Boutet avant leur emménagement au Grand Commun, tandis que la Société populaire de Versailles – autrement dit le club des Jacobins – s'installait dans le château et tint ses séances dans l'opéra jusqu'à Thermidor. Plus tard, en l'an VI, d'autres projets virent le jour, comme l'accueil des invalides (et la transformation de l'Hôtel des Invalides en hôpital), ou l'installation du gouvernement du Directoire, alors étroitement logé au palais du Luxembourg.

La création d'un muséum

Néanmoins, l'idée soutenue par le district de Versailles de convertir le château en un muséum faisait son chemin tout en subissant autant de progrès que de soubresauts. Mais il fallait avant tout connaître ce dont on pouvait disposer, ce à quoi le collège des « commissaires-artistes » et responsables des fonds confisqués s'attaqua en procédant au tri et à la réorganisation des innombrables collections déjà abritées ou continuant d'affluer. Les administrateurs du district de Versailles souhaitaient inaugurer ce muséum durant l'été 1794, mais, rien n'étant prêt (les grands appartements n'étaient pas totalement équipés pour qu'on y accroche des tableaux et y dispose des « meubles concordants »), seul un cabinet d'histoire naturelle installé dans les salles du rez-de-chaussée au nord ouvrit ses portes. Le projet impliquait aussi la disposition de sculptures au rez-de-chaussée, l'installation dans les salles de l'aile du Midi côté jardin d'une bibliothèque publique avec un dépôt de dessins et d'estampes et, dans l'aile du Nord, d'une section scientifique. Ce musée encore embryonnaire ouvrit finalement le 18 avril 1796, à raison de deux jours par décade. Toutefois, il devait composer avec l'existence d'autres institutions susceptibles d'empiéter sur ses prérogatives, si ce n'est de lui porter préjudice. À Versailles même, ce fut avec l'École centrale, moins pour l'octroi d'espaces puisque cette dernière occupait essentiellement les ailes des Ministres, que pour la gestion des collections. Les conflits répétés entre les deux voisins incitèrent le ministre de l'Intérieur à retirer au muséum la gestion de la bibliothèque et des cabinets d'histoire naturelle et de physique pour la confier à l'École centrale. À Paris, le muséum central des Arts puis le musée des Monuments français (ouvert en 1795) se firent attribuer des œuvres qui auraient dû figurer dans les galeries de Versailles.

C'est finalement sous le Directoire que le gouvernement clarifia la situation en imposant la création à Versailles d'un musée spécial de l'École française. Celui-ci devait offrir un panorama de la peinture et de la sculpture françaises depuis la fin de la Renaissance, et comprendre des salles consacrées aux artistes vivants. Il avait été annoncé par une lettre du ministre de l'Intérieur du 16 mars 1797 dans laquelle il établissait également que les musées parisiens et versaillais ne devaient pas entrer en concurrence, bien que quelques tableaux de l'école française dussent figurer dans le premier. Cette nouvelle répartition impliqua de procéder à des échanges entre les deux institutions. Elles débutèrent dès août 1797 et ne se firent pas sans récriminations, voire mauvaise foi, de la part des conservateurs de Versailles. S'ils pouvaient regretter le départ de quelques tableaux de Nicolas Poussin et protestèrent contre l'enlèvement de dessus-de-porte et autres tableaux encastrés en considérant qu'ils occupaient un emplacement auquel ils avaient été adaptés, ils retardèrent autant que possible le départ des antiques, jusqu'au moment où une lettre comminatoire du ministre de l'Intérieur leur rappela la réalité de leur position. Installé dans les grands appartements et la galerie des Glaces, dont les plafonds peints étaient des compléments idéaux, le musée ouvrit vers la fin de 1801. Il ne vécut en l'état que peu de temps puisque dès 1803 des ponctions eurent lieu au profit d'autres institutions ou d'établissements religieux lorsque le culte catholique fut rétabli, avant de fermer ses portes sous l'Empire. Même s'il ne fut qu'éphémère, ce musée démontra qu'une autre fonction pouvait être assignée à l'ancienne résidence des rois de France qu'il était désormais politiquement délicat d'utiliser comme lieu de pouvoir, même si Napoléon y avait songé un temps. Quelque trente ans plus tard, il appartint à Louis-Philippe de consacrer définitivement Versailles à cette fonction muséale.

BIBLIOGRAPHIE SÉLECTIVE

CAFFIN-CARCY (Odile), « Que devint Versailles après le départ de la Cour ? », *Revue historique*, vol. 286, n° 1 (579), 1991, p. 53-80.

— et VILLARD (Jacques), *Versailles et la Révolution*, Versailles, Art Lys, 1996.

NOLHAC (Pierre DE), « Versailles pendant la Révolution », in *L'Art à Versailles*, Paris, L. Conard, 1930.

16

Napoléon et Versailles

par Charles-Éloi VIAL

Entre le château du Roi-Soleil et l'empereur des Français, les choses ne furent jamais simples. À la fascination du conquérant pour l'ancienne monarchie des Bourbons se mêlaient peut-être un peu de jalousie et de rancœur, héritées de ses premières années. Comme souvent, quand on parle de la fin de l'Ancien Régime, tout commence par une humiliation : en octobre ou novembre 1787, le jeune nobliau corse, né sujet du roi Louis XV, qui n'était encore que lieutenant en second au régiment de Valence, serait venu faire antichambre dans les bureaux du contrôleur général des Finances, le cardinal Loménie de Brienne, espérant vainement obtenir une indemnité autrefois promise par le gouvernement royal à son défunt père. Le futur empereur eut donc l'occasion d'arpenter Versailles au couchant de l'Ancien Régime[1], et peut-être d'assister au spectacle du grand couvert, comme des milliers de curieux avant lui.

1. Claude-François de Méneval, *Napoléon et Marie-Louise. Souvenirs historiques*, Paris, Amyot, 1843, vol. 1, p. 138.

Versailles sans monarque

En mai 1801, le Premier consul, qui disposait déjà des Tuileries, de Malmaison et qui s'apprêtait à lancer les travaux de remise en état de Saint-Cloud, créa une « administration du domaine de Versailles et des bois réservés au chef de l'État », englobant le château et le musée spécial de l'École française installé dans les grands appartements, ainsi que les domaines et forêts des environs. Il put dès lors chasser ou faire de reposantes promenades en calèche autour de Versailles, indignant ses adversaires républicains, prompts à critiquer la monarchisation du régime[2]. À cette époque, tout Versailles faisait grise mine. La machine de Marly fonctionnait et les grandes eaux pouvaient jouer, mais les jardins étaient mal entretenus, les œuvres du musée en partie décrochées, les appartements en mauvais état et démeublés, ne laissant aux visiteurs que la vision de salons plongés dans la pénombre. Profitant de quelques mois de paix entre Paris et Londres, le peintre John Dean Paul vit ainsi en août 1802 un château à l'abandon, des herbes folles poussant entre les dalles de la cour de Marbre et des fenêtres barrées par des planches[3]. Le 20 août 1802, Charles James Fox, ancien ministre anglais favorable à la réconciliation avec la France, eut pour sa part la surprise

2. Vincent Maroteaux, *Versailles, le roi et son domaine*, Paris, Picard, 2000, p. 241.

3. John Dean Paul, *Journal d'un voyage à Paris au mois d'août 1802*, Paris, Picard, 1913, p. 93.

de trouver un buste le représentant, qui avait été délibérément recouvert de poussière et installé dans une pièce prétendument restée fermée depuis 1789, qu'on lui présenta comme le cabinet particulier où Louis XVI se retirait pour méditer l'exemple des grands hommes. Nul ne sait s'il fut dupe de cette mise en scène ordonnée par Bonaparte[4].

En 1804, l'ancienne demeure des rois passa dans le giron de l'administration de la Maison de l'empereur. Enfant de la Révolution, Napoléon n'était sans doute guère tenté par l'idée de s'installer dans cette prison dorée, qu'il devait considérer comme un symbole de décadence plutôt qu'un lieu de pouvoir. Pourtant, il ne pouvait pas laisser cette bâtisse célèbre se dégrader : il avait pu constater, en autorisant le pape Pie VII à bénir la foule depuis une fenêtre de la galerie des Glaces le 3 janvier 1805, que le grand public continuait à fréquenter massivement les lieux. Il se résigna donc à sauver Versailles : le musée resta ouvert et reçut un entretien minimal, sous la responsabilité d'un architecte, le peu vaillant Guillaume Trepsat, âgé et unijambiste.

Un retour progressif

Après une rapide visite au Grand Trianon le 14 mars 1805, l'empereur décida d'y loger sa mère, mais cette dernière refusa net, trouvant la demeure trop humide à son goût. En revanche, Pauline Bonaparte passa tout

4. John Goldworth Alger, *Napoleon's British Visitors and Captives 1801-1815*, Westminster, Constable, 1904, p. 32.

l'été au Petit Trianon, où la guinguette installée depuis l'époque révolutionnaire avait été fermée *manu militari*. Napoléon lui rendit visite le 21 juillet, puis ne se préoccupa plus de Trianon avant le 11 mars 1808. Venu pour un simple déjeuner de chasse, il s'y plut et ordonna de le remeubler, de racheter les parcelles du parc vendues sous la Révolution et de remettre en eau le Grand Canal, transformé depuis des années en prairie. En septembre, séduit par le résultat, il décida de faire du Grand Trianon une de ses maisons de campagne[5]. Il aimait le confort et le grand air, et l'ancien château de plaisance de Louis XIV semblait avoir été construit pour lui : « L'aile droite en particulier, découpée en salons d'apparat que venaient doubler les anciens appartements de madame de Maintenon, était prédisposée à accueillir des appartements officiels et les appartements privés, et il suffisait en quelque sorte de les meubler selon les normes édictées par l'étiquette impériale[6]. »

Comme dans la plupart de ses résidences, Napoléon disposa donc d'un appartement de plain-pied sur le jardin, avec un cabinet topographique et un cabinet de travail qui furent tendus de soie verte, tandis que les murs de sa chambre furent audacieusement couverts d'un gros de Tours couleur citron orné d'un semis d'étoiles d'argent, complété par une bordure en soie violette. Le mobilier en bois doré fut

5. Pierre-François-Léonard Fontaine, *Journal, 1799-1853*, Paris, ENSBA, 1987, vol. 1, p. 205-207, note du 27 mars 1808.

6. Jérémie Benoît, *Napoléon et Versailles*, cat. exp., Paris, RMN/Versailles, musée national des châteaux de Versailles et de Trianon, 2005, p. 86.

réservé à quelques pièces plus solennelles, les appartements d'habitation étant meublés par Marcion et Jacob-Desmalter en acajou ou en bois peint en blanc, s'accordant parfaitement avec les boiseries du temps de Louis XIV.

En février 1809, Napoléon réclama de nouveaux tableaux pour remplacer ceux accrochés sous l'Ancien Régime. Vivant Denon, directeur du Musée Napoléon, proposa d'y placer des toiles portant sur la « geste » du grand conquérant, qui furent progressivement livrées ou achetées jusqu'en 1813, comme la *Reddition d'Ulm* de Berthon ou le *Bivouac de Wagram* de Roehn. Le premier séjour de l'Aigle eut enfin lieu du 16 au 26 décembre 1809 : au lendemain de la signature de l'acte de divorce d'avec Joséphine, il se réfugia dans ce palais où il n'avait pas de souvenirs en commun avec elle, cherchant à fuir son chagrin. Le 25, il n'y tint plus et l'invita pour dîner, donnant lieu à une scène déchirante, sous le regard de la reine Hortense : « Il régnait un profond silence. Ma mère ne pouvait rien prendre et je la voyais prête à s'évanouir. L'Empereur essuya deux ou trois fois ses yeux sans rien dire et nous partîmes immédiatement après le dîner[7]. »

L'Aigle au repos

Le 29 janvier 1810, Napoléon donna les premiers ordres pour préparer les appartements de sa future

7. Hortense de Beauharnais, *Mémoires de la reine Hortense*, Paris, Plon, 1927, vol. 2, p. 56.

épouse, l'archiduchesse Marie-Louise, pour qui il fit remeubler le Hameau de Marie-Antoinette. Le couple passa à Trianon les 21 et 23 juin, le 24 juillet, puis du 8 au 10 août, pour des voyages en petit comité, loin de l'atmosphère pesante de la cour. L'impératrice ne disposant que d'une chambre d'apparat au Grand Trianon, ses appartements particuliers avaient été installés dans le Petit, son mari la rejoignant la nuit par les jardins, en empruntant un charmant pont en fer forgé construit à la même époque. Après des années de travaux, le résultat du réaménagement était à couper le souffle, comme l'écrit le prince autrichien Clary : « L'Orient n'a jamais connu, je crois, rien d'aussi beau en bronzes, velours brodés, porcelaines, peintures, parquets, cheminées, et tout est du meilleur goût[8]. » Ajoutant quelques touches personnelles, l'empereur fit encore placer dans la galerie de Trianon une collection de maquettes de navires, puis installa début 1811 dans son grand salon les deux plateaux de table, deux vases, deux tronçons de colonnes et une grande vasque en malachite verte offerts par le tsar Alexandre.

Napoléon revint à Trianon du 10 au 23 juillet puis du 23 au 28 août 1811. Il combla Marie-Louise avec une grande fête organisée le 25 août : « Le temps était devenu magnifique et les délicieux jardins du Petit Trianon, les fabriques, les lacs, les îles de ce séjour enchanté se prêtaient à des scènes et à des combinaisons dont les organisateurs de la fête surent tirer

---

8. *Souvenirs du prince Charles de Clary-et-Aldringen. Trois mois à Paris lors du mariage de l'empereur Napoléon Ier et de l'archiduchesse Marie-Louise*, Paris, Plon-Nourrit et Cie, 1914, p. 177.

un merveilleux parti. On représenta sur le théâtre de Trianon *Le Jardinier de Schönbrunn*[9]. » Le reste du séjour fut paisible, alternant entre la chasse, les promenades en calèche, à cheval, à pied ou en barque.

Le dernier voyage de Napoléon eut lieu du 7 au 23 mars 1813, quelques semaines après son retour de la désastreuse campagne de Russie. Le réaménagement était terminé et l'architecte eut surtout à se soucier du bon fonctionnement des cheminées, et de ce que l'odeur du vernis du parquet ne dérange pas l'empereur[10]. Durant ce séjour studieux, consacré aux préparatifs de la future campagne de Saxe, Napoléon fit de nombreux allers et retours à Paris pour passer des revues militaires ou accorder des audiences aux Tuileries, avant de revenir le soir dîner avec Marie-Louise.

Face au soleil

À Versailles, Napoléon commença par vouloir terminer le grand chantier laissé inachevé à la fin de l'Ancien Régime faute d'argent, celui de la reconstruction des façades donnant sur la ville : seul un pavillon avait été édifié par Gabriel à la fin du règne de Louis XV, déséquilibrant complètement la cour d'honneur. Le vieil architecte Jacques Gondoin, concepteur de la colonne Vendôme, soumit en 1807 plusieurs projets de restauration, de décoration, d'ameublement et de répartition des appartements, estimant pouvoir

9. C.-F. de Méneval, *Napoléon et Marie-Louise*..., vol. 1, p. 316.

10. AN, O^2 239, dossier 2, lettre de Costaz, intendant des Bâtiments, à l'architecte Trepsat, 11 février 1813.

rendre le château habitable pour la somme colossale de 27 millions[11]. En mars 1808, le brillant architecte du Louvre, Pierre-François-Léonard Fontaine, soumit à son tour un projet de reconstruction du corps central dans le style néoclassique, évalué à 6 millions, qui rappelait celui proposé à Louis XVI en 1783 par Louis-Étienne Boullée[12]. Mais l'empereur avait encore des guerres à financer, et les choses en restèrent là. Inhabitable et surtout inadapté à la cour impériale, Versailles demeura un musée et un lieu de pèlerinage pour les nostalgiques de l'Ancien Régime, tel le vicomte Lainé, qui y passa le 6 novembre 1808 : « Une vieille bonne femme m'a dit que Louis XIV y revient la nuit deux ou trois fois par an. On la croit sans peine, car son esprit règne encore autour de ces palais ; sa main est imprimée sur tous les monuments et semble le disputer à celle du temps[13]. »

Tout changea avec la perspective du prochain mariage avec Marie-Louise, quand Napoléon affola l'administration des Bâtiments de la Couronne en déclarant vouloir passer à Versailles l'hiver 1810-1811. Le Garde-Meuble passa commande de tapisseries et surtout de 68 kilomètres de soieries pour un montant de 2 millions. Un jeune architecte, Alexandre Dufour,

---

11. Christian Baulez, « Le projet d'installation de Napoléon à Versailles. De Gondoin à Fontaine », *Versalia. Revue de la Société des amis de Versailles*, n° 9, 2006, p. 14-22.

12. Frédéric Lacaille, Élisabeth Maisonnier, « Versailles sous l'Empire », in *Versailles. Architectures rêvées, 1660-1815*, cat. exp., Paris, Gallimard/Versailles, musée national des châteaux de Versailles et de Trianon, 2019, p. 229-233.

13. Émile de Perceval, *Dans les archives du Vte Lainé*, Paris, Champion, 1929, p. 179.

fut chargé du chantier du château et des dépendances, où s'installèrent la vénerie, les écuries et la garde. Pour accélérer les travaux, l'empereur ordonna même de fermer le musée, mais le préfet de Seine-et-Oise obtint un délai, faisant valoir que le tourisme était la principale ressource de la ville[14].

Le 12 juillet 1811, l'empereur, mécontent d'avoir dépensé 3,5 millions pour un château qui n'était toujours pas habitable, se livra au cours d'une longue réunion à un bilan sévère des travaux, menés jusqu'alors sans vision d'ensemble. Il examina les projets soumis par ses architectes, déclarant d'abord que la reconstruction des façades coûterait trop cher, avant d'envisager de construire un arc de triomphe dans la cour de Marbre et d'installer dans l'aile du Midi l'« académie » destinée à éduquer les princes de la famille impériale. Finalement, le maître décida… de ne rien décider, et de laisser Versailles tel qu'il était : « Parce que Louis XV a mal dépensé 1 500 000 francs, ce n'est pas une raison pour mal dépenser quatre millions[15]. »

Par la suite, l'empereur, indécis, eut d'autres occasions d'évoquer Versailles, envisageant tour à tour de démolir les parties « gothiques » du règne de Louis XIII, puis de détruire les ajouts du XVIIIe siècle pour revenir à un état plus fidèle au temps de Louis XIV ! Pour imprimer sa marque, il aurait même songé à détruire le jardin pour édifier à la place des panoramas en maçonnerie des capitales conquises par les armées révolutionnaires

14. AN, 20150040/13, lettre du comte de Gavre, préfet de Seine-et-Oise, à Vivant Denon, 24 avril 1811.

15. BnF, Manuscrits, Français 6583, fol. 29, « Résumé de l'examen fait par Sa Majesté le 12 juillet 1811 ».

et impériales[16]. Fontaine s'empressa de le détourner de cette idée du dernier mauvais goût. Des années plus tard, il nota que l'empereur, « fatigué des nombreux obstacles [...], effrayé du montant des dépenses, [...] regretta, en le maudissant, que Louis XIV, dans cet amas d'incohérence, lui eût laissé son faste à utiliser et la Révolution ses excès à réparer[17] ».

L'architecte avait compris que le prestige de Versailles était lié au passé, assimilant d'emblée tout chantier de reconstruction majeure à du vandalisme. Le château n'était pas un musée d'art, encore moins un palais habitable, mais un lieu de mémoire et d'histoire. Face au souvenir de l'Ancien Régime, l'empereur avait les mains liées. Il avait sans doute fini par le comprendre, ce qui explique qu'il rêva par la suite de construire son propre Versailles, le palais du roi de Rome, qui aurait dû être bâti sur la colline de Chaillot. Napoléon fut pourtant marqué par ce véritable Waterloo architectural. Dans la nuit du 29 au 30 avril 1821, alors qu'il agonisait dans sa triste maison de Longwood, il se serait réveillé pour dicter à son valet deux dernières « rêveries », aujourd'hui disparues. L'une portait sur la défense du territoire national en cas d'invasion étrangère et l'autre sur Versailles. L'humiliation des défaites de 1814 et 1815 continuait à le hanter, autant que le souvenir du faste des anciens rois[18].

---

16. Emmanuel de Las Cases, *Mémorial de Sainte-Hélène*, Paris, Bourdin, 1842, vol. 2, p. 42.

17. Pierre-François-Léonard Fontaine, *Notice sur les palais et châteaux royaux : palais de Versailles*, Paris, s.l., s.n., 1836, p. 31.

18. Charles-Tristan de Montholon, *Récits de la captivité de Sainte-Hélène*, Paris, Paulin, 1847, vol. 2, p. 546.

Sans que l'exilé le sache, Versailles avait pourtant été marqué par son souvenir : le Britannique Edward Stanley, qui visita Trianon en 1816, nota que le personnel royal refusait de répondre aux touristes curieux d'en savoir davantage sur le quotidien de « Bonàpendre[19] ». À la même époque, un employé se plaignit que des vétérans de la Grande Armée vinssent contempler les plafonds de la salle du Trône, où les visages des empereurs romains avaient été retouchés de manière à ressembler à Napoléon[20]. Il fallut attendre la monarchie de Juillet pour que l'Aigle investisse enfin Versailles, Louis-Philippe ayant rassemblé au sein du musée de l'Histoire de France des centaines de peintures et de statues évoquant les plus grandes heures de l'épopée.

---

19. Stephen Weston, *Two Sketches of France, Belgium, and Spa, in Two Tours, During the Summers of 1771 and 1816*, Londres, Baldwin, 1817, p. 117.

20. AN, O^3 1435, lettre de Burette de Verrières, maréchal des logis de la Maison du roi, 2 septembre 1816.

17

La nationalisation de Versailles par Louis-Philippe

par Laurent THEIS

« Le plus beau jour de la vie du Roi. » C'est ainsi qu'en juge la duchesse de Dino, qui à Versailles, au soir du 10 juin 1837, a eu l'honneur de dîner à la table de Louis-Philippe, dans la galerie des Batailles officiellement inaugurée le jour même, tout comme l'ensemble du musée dédié « À toutes les gloires de la France » logé dans le palais de Louis XIV. En cette circonstance mémorable, le dernier roi des Français savourait la réalisation du projet auquel, peut-être, il voulait attacher la gloire de son règne, et qui à coup sûr lui apporta le plus de satisfaction.

Un mauvais souvenir

Ce palais, il l'avait connu tout autre quand, duc de Valois puis de Chartres, il avait évolué dans les fastes de l'Ancien Régime bientôt finissant et de la royauté encore de droit divin dont son père, le duc Philippe-Joseph d'Orléans, travaillait à saper les fondements. Mais jamais il n'y vécut, les Orléans étant, comme on sait, installés à Paris, au Palais-Royal qui portait si mal son nom. Quand il allait à Versailles en passant, c'était pour admirer les tableaux de la Surintendance et de la galerie des Glaces, qui contribuèrent à former son goût pour la peinture. Mais il n'en conserva pas de bons souvenirs. Sa présentation officielle à la famille royale, le 26 décembre 1786, fut d'une extrême froideur en raison de l'inimitié que se vouaient les Bourbons et les Orléans. Louis XVI ne tendit pas même la main au jeune homme, et pas davantage Marie-Antoinette et le dauphin. Seul le comte de Provence afficha une certaine chaleur, qui devait quelque chose à la politique. Le baptême dans la Chapelle royale le 12 mai 1788 – le roi étant protocolairement parrain et la reine marraine – ne fut pas non plus une fête de famille. Surtout, à l'ouverture des états généraux le 4 mai 1789, un incident marqua profondément le premier prince du sang que Louis-Philippe était devenu, puisque son père, désormais élu, marchait en tête de la députation de la noblesse, juste derrière le tiers état avec lequel il paraissait se confondre. Passant devant Louis XVI, le duc d'Orléans fut apostrophé par son royal cousin lui enjoignant de regagner son rang, devant toute la représentation du royaume. Le duc de Chartres aimait et admirait profondément son père. L'affront public que ce dernier avait subi, son fils ne l'oublia jamais. Il était encore à Versailles, dans une tribune de l'Assemblée, lors de la journée du 5 octobre, dont les violences conduisirent au transfert forcé de la royauté aux Tuileries.

Le palais de Versailles n'était pas pour lui associé à des moments heureux. C'est à Paris, à Saint-Cloud, à Saint-Leu qu'il se sentait chez lui, avant de devoir s'exiler en avril 1793. Versailles sous la Révolution lui suggéra néanmoins une observation qu'il consigna dans ses *Mémoires* et dont, devenu roi des Français, il fit son profit : « Il est certain que le local d'une Assemblée a une grande influence sur sa conduite et sur ses délibérations. La salle de Versailles était également belle et commode. Quand les orateurs parlaient de la tribune, ils étaient entendus dans toutes les parties de la salle, ce qui faisait qu'on parlait peu de sa place [...]. L'étendue du local et la facilité de se déplacer d'un endroit à l'autre, empêchaient les différents partis de s'affecter un canton, comme ils l'ont fait depuis, ce qui a contribué, plus qu'on ne croit, à l'exaspération et à la violence qu'ils ont manifestées. Un grand local a encore un autre avantage bien plus réel qu'il ne paraît à première vue, c'est qu'il n'y fait jamais trop chaud. » Ainsi s'expliqueraient en partie les débordements qui eurent lieu par la suite dans « le long boyau » de la salle du Manège, aux Tuileries.

Un désir d'histoire

Le palais de Versailles, dont les trois derniers Bourbons de l'Ancien Régime avaient fait le siège de la monarchie, le duc d'Orléans le retrouva en quelque sorte dans la corbeille de son héritage lorsqu'il accéda à la royauté le 9 août 1830, à bientôt cinquante-sept ans. Les deux rois de France de la Restauration, qui en avaient des souvenirs bien plus précis et nombreux que leur cousin pour y avoir vécu durant des décennies, ne s'étaient pas souciés de s'y réinstaller, bien que Louis XVIII, paraît-il, y eût songé un moment, ni même à y faire en grand les travaux nécessaires à son entretien. Dès lors, pour le roi des Français, que faire de Versailles ?

La loi du 2 mars 1832 relative à l'administration de la Liste civile, âprement débattue à la Chambre des députés, attribuait au roi, à titre de dotation immobilière, onze domaines et palais, dont, naturellement, Versailles. Durant la Révolution, son nom était devenu le symbole d'une monarchie exécrée, l'antre du tyran. C'est pour en témoigner auprès des générations futures qu'il avait été conservé, comme le monument d'un régime aboli dont les excès et les vices devaient demeurer tangibles. Pour la royauté nouvelle, fondée sur une autre légitimité, issue d'une révolution populaire, une occasion était à saisir : pour affirmer son caractère national, recourir à l'histoire de France et s'y intégrer. L'atmosphère de l'époque s'y prêtait. Depuis une décennie, le désir d'histoire s'était emparé de la génération née dans le dernier quart du XVIIIe siècle. Il lui fallait comprendre ce qui lui était arrivé, rendre compte et raison des événements prodigieux et pour finir désastreux qui l'avaient frappée, et qui remontaient pour partie à des causes lointaines. S'y ajoutaient les couleurs vives dont le romantisme naissant parait le passé, en particulier médiéval. Aux temps comprimés de la Restauration, l'histoire devenait un autre moyen de faire de la politique. C'est pourquoi elle fut l'affaire principalement des libéraux, l'idée nouvelle de nation, portée par la Révolution, se substituant à la tradition de l'État royal. « L'histoire est la muse de notre temps : nous sommes les premiers qui ayons compris le passé », écrit en 1825 Albertine de Broglie, fille de Mme de Staël, à l'historien et pair de France Prosper de Barante, lequel, auteur d'une *Histoire des ducs de Bourgogne* en treize volumes, se réjouit qu'une « fièvre historique » se répande comme une épidémie salutaire. En 1831 encore, Chateaubriand constate que « tout aujourd'hui prend la forme de l'histoire ». C'est alors que naît véritablement l'histoire de France en tant que savoir constitué, entrant dans l'enseignement secondaire en 1818. Les éditions de sources se multiplient, comme les *Mémoires relatifs à l'histoire de France depuis Philippe-Auguste* en cinquante-deux volumes, ou les *Chroniques nationales françaises* en quarante-six tomes. Augustin Thierry et ses *Lettres sur l'histoire de France*, Guizot et ses *Essais sur l'histoire de France*, Thiers, Mignet, bientôt Michelet, alimentent et animent le mouvement.

Louis-Philippe, encore duc d'Orléans, en prend sa part. Son tropisme pour l'histoire vient de loin, de l'éducation de Mme de Genlis et des leçons de l'abbé Guyot. Dès 1802, il commençait d'écrire ses propres *Mémoires*, dont il ne vint jamais à bout. Durant ses pérégrinations d'exilé, il lui arriva d'enseigner l'histoire. Revenu définitivement en France en avril 1817, il tint à montrer son manuscrit à Mme de Staël, et fut un lecteur attentif de ses *Considérations sur la Révolution française* parues en 1818, un an après sa mort. Dans les années 1820, il donne chaque samedi une leçon d'histoire à ses enfants et d'abord, sur la Révolution française, à son fils aîné Ferdinand, duc de

Chartres, afin, expliquera ce prince, de lui épargner « toute fausse appréciation de ces graves événements ». Louise, future reine des Belges, se souvient : « Il lisait des notes ou des fragments de ses *Mémoires*, et racontait beaucoup de souvenirs ; il s'aidait du *Moniteur* et y faisait lire par M. de Boismilon [précepteur du duc de Chartres] les pièces et les discours importants. » On sait comment, déjà, il soutenait la peinture d'histoire, accueillant au Palais-Royal les tableaux d'Horace Vernet consacrés à Valmy et à Jemmapes, où le duc était comme général, et refusés au Salon officiel de 1822. Surtout, il rallie des historiens autour de sa personne ou en faveur du principe libéral et bientôt national qu'il veut représenter, face au légitimisme de la branche aînée. Ainsi Auguste Trognon, plus tard biographe de la reine Marie-Amélie, premier professeur d'histoire au lycée Louis-le-Grand et suppléant un moment Guizot dans son cours d'histoire moderne à la Sorbonne, est choisi en 1825 comme précepteur du prince de Joinville, troisième fils de Louis-Philippe. Alfred Cuvillier-Fleury est son homologue auprès du quatrième, le duc d'Aumale, et fait le lien avec Guizot, dont le duc de Chartres suit le cours d'histoire de la civilisation en 1828-1829. En septembre 1830, Michelet, promu chef du Service historique des archives, devient répétiteur d'histoire auprès de la princesse Clémentine. Il le restera jusqu'en 1843, fréquentant régulièrement la famille désormais royale. Chose inimaginable aux Tuileries chez Charles X ou chez le grand maître de l'Université l'évêque Frayssinous, les professeurs à la faculté des lettres – Cousin, Guizot, Villemain – sont invités à dîner au Palais-Royal. Adolphe Thiers, dans l'ombre de

Talleyrand, se rapproche du duc d'Orléans, alors qu'en 1824 il s'est fait connaître par les quatre premiers volumes de son *Histoire de la Révolution française*.

C'est dire sous quels auspices s'ouvre la monarchie de Juillet, dont les historiens Guizot et Thiers seront les deux principaux ministres, et dans quel contexte intellectuel, historique et politique s'inscrit le projet du roi des Français pour Versailles. Le temps que le nouveau régime s'installe, non sans soubresauts, c'est en 1833 que tout se noue. L'année est à tous égards historique. Le 27 juin s'est tenue à la Bibliothèque royale la réunion fondatrice de la Société de l'histoire de France, destinée à rechercher et publier « les documents originaux relatifs à notre histoire nationale », indique Guizot, ministre de l'Instruction publique, qui préside la séance. Un premier comité est constitué, où siègent aussi bien des hommes politiques comme Thiers, Molé et Barante, futur président, que des érudits comme Letronne, Champollion-Figeac et Lenormant. En est aussi Louis Vitet, inspecteur général des Monuments historiques depuis novembre 1830, une fonction créée par Guizot dans les premiers jours de la monarchie de Juillet, auquel succédera Mérimée en 1834. En décembre 1833, Guizot, dans un rapport au roi, signalant la création de la SHF, conclut : « Au gouvernement seul il appartient, selon moi, de pouvoir accomplir le grand travail d'une publication générale de tous les matériaux importants et encore inédits sur l'histoire de notre patrie. [...] C'est là une œuvre toute libérale, et digne de la bienveillance de Votre Majesté [...]. » Bienveillance aussitôt accordée. Ainsi, l'histoire est désormais affaire de gouvernement. Davantage encore, la voici affaire royale, et aussi personnelle, car se rencontrent ici la volonté politique, voire idéologique, de légitimer la monarchie nouvelle en l'enracinant dans un passé national dont elle serait l'héritière et l'aboutissement, et le goût particulier de Louis-Philippe pour la connaissance de l'histoire, en particulier par les beaux-arts – architecture, décoration et surtout peinture : « La France n'est pas une idée abstraite », écrivait-il à sa mère dès mai 1800. Ainsi l'histoire des règnes et des rois devenait celle de la nation tout entière, comme la Révolution en avait dessiné le principe.

Installer le présent dans le passé

Le coup d'audace de Louis-Philippe, réputé prudent, fut de la placer en pleine lumière dans le cœur même de la monarchie absolue de droit divin, symbole de tout ce qu'avait combattu et renversé la Révolution au nom de la liberté et de la souveraineté nationale : le palais royal de Versailles. Le sort de ce dernier, au début du régime, était encore en balance. L'idée, ancienne, d'y installer une succursale de l'Hôtel des Invalides fut à nouveau caressée en 1831. Celle d'un musée historique serait venue au roi en constatant l'état d'abandon dans lequel il trouva, entreposés aux Invalides, les portraits de maréchaux de France, pourtant des gloires de la nation. Pourquoi, dans un même geste, ne pas honorer ces héros et sauver Versailles « de la destruction barbare et d'un emploi vulgaire », comme l'écrira Guizot ? Trois visites se succédèrent au premier semestre de 1833. Une quatrième, fin août, fut décisive. Dès le lendemain Camille de Montalivet, intendant général de la Liste civile, adressait au roi un rapport, approuvé le 1er septembre, retraçant les conclusions royales : « Vous avez développé, devant les personnes qui vous accompagnaient, le plan que vous avez formé : vous nous avez dit que, sans priver le Louvre de la collection des chefs-d'œuvre de peinture et de sculpture, et des objets d'art anciens et modernes que la Couronne y possède aujourd'hui, vous vouliez que Versailles présentât à la France la réunion des souvenirs de son histoire, et que les monuments de toutes nos gloires nationales y fussent déposés, et environnés ainsi de la magnificence de Louis XIV. » L'entreprise était lancée. « On ne sait plus l'histoire de France », disait souvent le nouveau roi, à en croire Charles de Rémusat. Il devait donc s'en faire l'instituteur, dans l'idée que s'en faisait Chateaubriand en 1831 : « L'histoire n'est point un ouvrage de philosophie, c'est un tableau. » De fait, c'est principalement à travers des tableaux, par centaines, que Louis-Philippe, devenu maître d'ouvrage d'un immense chantier, allait raconter son histoire de France.

Quel chantier !

Le maître d'œuvre était déjà sur place, sans savoir encore ce qui l'attendait. Né en 1777, Frédéric Nepveu, donc de la même génération que son royal patron, avait été nommé en mai 1832 architecte des châteaux de Versailles et de Compiègne. Il avait déjà occupé des postes subalternes à Versailles sous l'Empire et au début de la Restauration. Il devait, dit-on, sa nomination, autant qu'à ses talents propres, à l'appui du peintre Louis Hersent et du président du Conseil Casimir Perier, nés la même année que lui. Surtout, Pierre Fontaine le considérait comme son disciple et protégé. Or Pierre Fontaine était une puissance, débordant largement sa compétence architecturale. Son ascension, commencée sous le Consulat, le conduit à la fonction et dignité de premier architecte de l'empereur en 1813. Sous la Restauration, il parvient à être en même temps architecte du roi et du duc d'Orléans, auquel il a l'intelligence de se lier de plus en plus étroitement, jusqu'à devenir un de ses familiers. La révolution de 1830 le porta au sommet, à soixante-huit ans déjà. Il n'est guère de projet de construction ou de rénovation auquel il n'ait pas été associé ou au sujet duquel le roi ne l'ait pas consulté. Évidemment, Versailles, où il accompagnait régulièrement Louis-Philippe, en faisait partie. La recommandation de Nepveu par Fontaine valait passeport, même si, comme souvent, son patronage n'allait pas sans jalousie à l'égard de son cadet. Quinze années durant, Nepveu fut le conducteur inlassable, compétent et autoritaire de travaux colossaux. Le premier coup de pioche, si l'on peut dire, car il fallait commencer par beaucoup détruire, fut donné lors de la première visite active de Louis-Philippe, le 2 décembre 1833, jour qui peut-être ne devait pas tout au hasard. Le roi débordait, sur ce terrain, d'enthousiasme, et en tympanisait son entourage. Dînant aux Tuileries le 15 décembre, Dorothée de Dino l'écouta « développer son grand plan pour Versailles, qui est vraiment grand, beau et digne d'un arrière-petit-fils de Louis XIV. Mais cela se réalisera-t-il ? ». On a vu comment, moins de quatre ans plus tard, la duchesse put constater sur place la première phase de cette réalisation.

Pour y parvenir, le roi n'épargna ni son temps ni son énergie. Pour commencer, il ôta l'ordonnancement des travaux au contrôle du Conseil des Bâtiments civils, pourtant présidé par son fidèle bibliothécaire et homme à tout faire Jean Vatout, pour le confier à la direction des Bâtiments de la Couronne, placée elle-même sous l'autorité de l'Intendance générale de la Liste civile. Autant dire que le maître d'ouvrage était de fait son propre contrôleur, pour des dépenses qui au total devaient dépasser 20 millions, soit environ le tiers des crédits affectés aux Bâtiments de la Couronne. Le plus remarquable fut l'engagement personnel de Louis-Philippe, politique, intellectuel, artistique si l'on veut, et aussi physique. Témoins les trois cent quatre-vingt-dix-huit procès-verbaux des visites royales adressés par Frédéric Nepveu à Isidore Godard-Dubuc, directeur des Bâtiments de la Couronne, la dernière ayant eu lieu le 10 décembre 1847, moins de trois mois avant la chute du régime, car il restait toujours à faire. On a pu calculer que 8 % du temps du règne ont été consacrés aux visites à Versailles. Le roi s'y rendait accompagné le plus souvent de Pierre Fontaine, d'Auguste de Forbin, directeur général des Musées royaux, et de son successeur Alphonse de Cailleux, précédemment directeur général des Beaux-Arts, naturellement de Montalivet, aussi de membres de la famille royale, et parfois de quelques invités privilégiés, dont Adolphe Thiers fut sans doute le premier le 11 mai 1835. Guizot suivit le 15 juin. La reine Marie-Amélie prenait soin que son époux enfilât des galoches, afin de ne pas contracter quelque mauvais rhume en affrontant la boue du chantier. Sur place, le roi se mêlait de tout, entrant dans les détails à un point qui excédait parfois Nepveu, d'autant qu'il pouvait changer d'avis, entraînant des modifications, donc des retards et des surcoûts. Sans doute surestimait-il ses compétences, qui pourtant étaient réelles, particulièrement en fait d'architecture. C'était la contrepartie d'un investissement personnel tout à fait singulier, dont témoigne, entre autres, Benjamin Appert, secrétaire de Marie-Amélie, dans ses *Dix ans à la cour du roi Louis-Philippe* (1846) : « Je l'ai entendu souvent discuter des plans, des projets, je l'ai vu tracer lui-même des fondations, des allées, des chemins, et en vérité, j'admirais la rectitude de son coup d'œil, le génie de ses remarques, le talent de ses conceptions [...]. » On pense à Louis XIV, un siècle et demi plus tôt, et l'on verra la pertinence de ce rapprochement.

Un roi pédagogue de la Nation

Si l'exécution était parfois erratique, comme souvent en pareille matière, les objectifs de Louis-Philippe pour Versailles étaient précis : légitimer le régime de Juillet en donnant à voir l'histoire nationale dont il était le garant et l'aboutissement ; convoquer le passé français depuis ses origines en l'assumant tout entier, pour fortifier l'unité du pays autour de la monarchie nouvelle en montrant qu'elle vient de loin ; faire valoir les heures glorieuses, dont le cours n'était pas achevé.

Bref, mettre en images une pédagogie de la Nation. Dans cette démonstration, la galerie des Batailles, aménagée dans l'aile sud, plus longue encore que la galerie des Glaces, était évidemment une pièce maîtresse. De Clovis à Tolbiac jusqu'à Napoléon à Wagram, trente-sept tableaux, dont vingt-neuf commandés par le roi, marquaient les grands moments de la monarchie française, conduisant, à l'extrémité de la galerie, à la salle de 1830 où cinq toiles illustraient l'avènement de Louis-Philippe. Ainsi était rendue visible la continuité entre le premier roi des Francs et le nouveau roi des Français, *via* Philippe Auguste à Bouvines ou Henri IV entrant à Paris, tous deux rois du peuple en même temps que fondateurs de l'État. En ces années, l'histoire de France devenait populaire, à elle de rendre populaire la monarchie des Orléans. Bien entendu, la période la plus récente offrait le plus de difficultés. Louis-Philippe ne les esquiva pas, au contraire. La Révolution n'avait guère donné lieu à des représentations artistiques sous l'Empire et la Restauration. Le musée de Versailles lui consacra une salle, dite « de 1792 ». En enjambant la chute de la monarchie le 10 Août, les toiles qui couvraient les murs à profusion montraient que l'histoire continuait, à Valmy, à Jemmapes, où le jeune général duc de Chartres était représenté, et dont il tira plus tard sa légitimité : « Le duc d'Orléans est un prince dévoué à la cause de la Révolution. [...] Le duc d'Orléans était à Jemmapes. [...] Le duc d'Orléans a porté au feu les couleurs tricolores. Le duc d'Orléans peut seul les porter encore », rappelait la proclamation du 31 juillet 1830 rédigée par Thiers. De fait, l'officier républicain de Valmy et de Jemmapes, combattant pour la patrie et pour la liberté, figure aussi, sous le pinceau de Léon

Cogniet, parmi les nombreux portraits des généraux de la Révolution, avec le général Bonaparte par Félix Philippoteaux en fin de parcours, tous deux rayonnants de jeunesse.

Ce n'était pas assez de capter l'héritage de la partie glorieuse et avouable de la Révolution. Celui du Consulat et de l'Empire était également désirable, tant ils avaient porté au plus haut la gloire des armes françaises. Au rez-de-chaussée de l'aile sud, sous la galerie des Batailles, pas moins de treize salles leur furent consacrées, garnies principalement de tableaux commandés par Napoléon pour sa communication politique, de la *Bataille des Pyramides* au *Champ de bataille d'Eylau*. En vérité, le continuateur de cette épopée, dont les aspects contestables étaient escamotés, c'était lui, le roi des Français, et non pas le prince Louis Bonaparte, médiocre, voire ridicule conspirateur à Strasbourg en octobre 1836, à Boulogne en août 1840, alors même qu'était en cours le retour des Cendres voulu par Louis-Philippe. Cette continuation de la gloire militaire, n'étant plus concevable en Europe, trouvait en Afrique du Nord un terrain d'expansion impériale. C'était là l'histoire en train de se faire, en particulier par les princes d'Orléans engagés en première ligne. Les salles d'Afrique, réalisées au premier étage de l'aile nord, en donnaient la mesure dans des proportions gigantesques. Peints par Horace Vernet, le *Siège* et *La Prise de Constantine*, où se distingua le duc de Nemours, *La Bataille d'Isly* et surtout la *Prise de la smalah d'Abd-el-Kader par le duc d'Aumale*, avec ses 5 mètres de haut et 21 mètres de long, témoignaient que les vertus militaires propres à la nation française étaient plus vivantes que jamais.

Il restait à relier l'époque nouvelle avec les temps anciens, ceux de la monarchie chrétienne combattant pour Dieu. Depuis la Restauration, la mode était aux Croisades repeintes aux couleurs troubadours. Dès 1812, Joseph Michaud avait entamé une colossale *Histoire des Croisades*, dont l'édition définitive et posthume, en six volumes, parut en 1841, complétée par une *Bibliothèque des Croisades* en quatre volumes. La même année, l'Académie des inscriptions et belles-lettres lançait un monumental *Recueil des historiens des Croisades*. Bref, le public découvrait, à travers Guillaume de Tyr, Villehardouin ou Robert de Clari, une épopée réputée glorieuse et mise au goût du jour, avec le charme de l'orientalisme. Ce fut chose faite en images dans l'espace consacré aux Croisades, situé intentionnellement sous les salles d'Afrique, la correspondance s'établissant facilement entre les deux entreprises outre-mer. Articulées autour de la porte de Rhodes, provenant de l'hôpital des chevaliers de Saint-Jean-de-Jérusalem et offerte par le sultan Mahmoud à Louis-Philippe en 1837, pas moins de cinq salles au décor néogothique présentaient cent vingt-cinq tableaux retraçant les grandes heures des croisés, princes et peuple, jusqu'à la fin du XIIIe siècle. Là comme ailleurs, Louis-Philippe avait veillé davantage à l'authenticité de la reconstitution qu'à la qualité artistique des œuvres, dans « la constante préoccupation, écrira Montalivet en 1850, de donner à l'art une direction exclusivement historique et nationale ». Figuraient aussi dans ces salles les portraits et blasons des valeureux chevaliers, dont des descendants continuaient de porter, six siècles plus tard, les plus grands noms de France. C'était pour le roi des Français la volonté non dissimulée d'appeler à lui, fils de Philippe Auguste, l'aristocratie légitimiste qui boudait, voire frondait la monarchie constitutionnelle issue d'une révolution. L'ancienne France avait toute sa place dans la nouvelle. Sinon, pourquoi Louis-Philippe aurait-il choisi de magnifier Versailles ?

Louis XIV et moi

En fait, il avait tenu à organiser sa rencontre à la fois historique et personnelle avec Louis XIV. À l'occasion de l'inauguration du musée, une médaille fut frappée aux portraits des deux rois, face contre face. Mieux encore, Louis-Philippe poussa le mimétisme dans une scène racontée par la comtesse de Boigne. À la veille de cette inauguration, résidant comme parfois à Trianon réaménagé, il avait fait venir des costumes pour la représentation du *Misanthrope* – choix significatif : « La Reine me raconta que le Roi s'étant diverti à en revêtir un, avec l'accompagnement obligé de la grande perruque, il était entré dans la chambre où elle se trouvait avec ses filles. Sa ressemblance avec Louis XIV était si frappante qu'elles avaient pu croire que le portrait peint par Rigaud avait quitté son cadre pour leur rendre visite. » En 1701, date de la réalisation de ce portrait du sacre, le Roi-Soleil avait soixante-trois ans, le même âge que Louis-Philippe en juin 1837. Vingt pour cent de la surface des Galeries historiques de Versailles étaient ainsi dédiées au règne de Louis XIV, dont la statue équestre par Petitot et Cartellier fut dès 1836 installée, désormais incontournable, dans la cour d'honneur, et telle qu'elle apparaît, en opportun fond de tableau, sur la célèbre toile d'Horace Vernet représentant le roi entouré de ses cinq fils sortant du palais par la grille d'honneur. *Le Charivari* pouvait bien dauber une « imitation de Louis XIV à la manière du bourgeois gentilhomme », le légitimiste Nettement déplorer que « l'on a[it] mis à Versailles, dans le palais du grand roi, la révolution qui a chassé la famille du grand roi », Stendhal dénoncer en artiste « l'horrible platitude et grossièreté de Versailles », une grande partie de l'opinion apprécia que Versailles, jadis symbole de « l'État, c'est moi ! », fût devenu l'expression de « l'État, c'est nous ! », selon le mot d'André Dupin, président de la Chambre des députés, le 1er janvier 1837. Le socialiste Louis Blanc, peu suspect de complaisance envers le régime de Juillet, salua en 1842 le projet de « léguer aux siècles à venir, racontées sur la toile, taillées dans le marbre et rassemblées dans de splendides galeries, les diverses époques de notre histoire. C'était là une noble, une belle idée, et le roi avait mis à la réaliser une ardeur digne des plus grands éloges ». Le public ne s'y trompa pas : dans les deux premiers mois d'ouverture, on compta en moyenne 8 500 visiteurs par jour, et grâce au chemin de fer Paris-Versailles ouvert en 1839, le total s'établissait, en octobre 1846, à 3 700 000. La part versaillaise de l'héritage de Louis-Philippe ne lui fut jamais contestée, et demeure pour l'essentiel intacte.

Bibliographie sélective

Bajou (Valérie) (dir.), *Louis-Philippe et Versailles*, Versailles/Paris, Château de Versailles/Somogy, 2018.

Gaehtgens (Thomas W.), « Le musée historique de Versailles », *in* Pierre Nora (dir.), *Les Lieux de mémoire*, II, *La Nation*, vol. 3, Paris, Gallimard, 1986, p. 143-168.

Teyssier (Arnaud), *Louis-Philippe. Le dernier roi des Français*, Paris, Perrin, 2010.

18

Les fantômes de la Commune

par Claire Bonnotte Khelil

Il est difficile, encore aujourd'hui, d'imaginer le maelström qui s'est abattu sur le château de Versailles à l'aube du printemps 1871. Après avoir enduré six mois d'occupation prussienne, le palais devient le siège du pouvoir législatif et exécutif. Dans un contexte de fortes tensions sociales, le conflit armé se mue en guerre civile opposant frontalement deux camps, incarnés par deux cités franciliennes rivales par le passé : Versailles et Paris. Si l'Histoire s'est largement penchée sur la dimension idéologique de cette lutte fratricide, remportée militairement par la première, elle s'est moins préoccupée des heurs et malheurs engendrés sur le long terme au sein du monument et de son musée, relégués – sacrifiés ? – à l'arrière-plan de cette tragédie tant locale que nationale.

Le traumatisme prussien

On ne peut véritablement comprendre ce qui s'est déroulé au château lors de la Commune (18 mars-28 mai 1871) sans évoquer ce qui s'y est passé quelques mois plus tôt. Initiée le 19 juillet 1870 par la France impériale, la guerre menée contre la Prusse suscite très vite des bouleversements à l'intérieur du palais. Comme le musée du Louvre, celui de Versailles met de manière préventive ses chefs-d'œuvre à l'abri, dont un certain nombre rejoignent temporairement la capitale. Comme chacun sait, le conflit tourne rapidement au désastre militaire. Un mois plus tard, l'impératrice Eugénie donne l'ordre d'installer un service d'ambulances dans le château, occasionnant la fermeture d'une partie du musée. Trois cents lits doivent bientôt trouver place dans ses galeries, nécessairement peu adaptées à un tel emploi. Mais cette conversion aurait l'avantage, pense-t-on, de préserver le monument d'une invasion prussienne à venir.

Au début du mois de septembre, la république est proclamée, sonnant le glas du régime de Napoléon III, lui-même prisonnier à Sedan. Quelques jours après, la famille impériale et l'état-major prussiens prennent leurs quartiers à Versailles, d'où ils pilotent le siège de Paris. S'ils ne résident pas dans le château mais aux proches abords, ils profitent des charmes de la ville et de ses jardins. En revanche, les espaces aménagés pour les blessés, déjà pourvus de cent cinquante lits, servent opportunément à l'occupant, qui s'en réserve l'usage exclusif.

À la faveur d'une manigance digne d'un incroyable pied de nez, le chancelier Bismarck raccorde le destin du palais national à celui de l'histoire prussienne le 18 janvier 1871. En ce jour commémoratif outre-Rhin, l'Empire allemand est proclamé dans la galerie des Glaces, où les princes germaniques se rassemblent pour acclamer le roi Guillaume Ier. Orchestrée dans le saint des saints du château, la manœuvre est symboliquement humiliante et laisse présager la pire des défaites pour la France. L'organisation de la cérémonie s'est faite à la barbe de tous les diplomates de la jeune République, ainsi qu'à celle de l'architecte Charles Questel et de Frédéric Schmidt, le régisseur du palais, qui contribuent chacun sans le savoir à sa préparation. Le second, capitaine à la retraite, s'en désole lorsqu'il découvre le pot aux roses dans la presse…

La suite des événements confirme les terribles prédictions : le 26 janvier, l'armée française capitule et les négociations d'armistice prennent le relais, suivies un mois plus tard de la signature d'un traité de paix préliminaire entre les deux pays. Malgré les soins attentifs de Frédéric Schmidt et de Charles Questel, joints à ceux d'Eudore Soulié, conservateur du musée, des dommages sont perpétrés au sein du palais et dans les collections, allant jusqu'à la disparition de certaines œuvres. À la lumière des archives, les dégâts restent cependant modérés en comparaison des risques encourus. Dans un contexte d'instrumentalisation du patrimoine, des propos de Soulié sont publiés dans un journal lorrain, affirmant que la présence de l'ambulance prussienne dans son musée « a contribué à un haut degré de le préserver de tout désordre » et que le froid particulièrement intense est le seul responsable de la détérioration de quelques tableaux.

Une invasion généralisée

Dans le respect de la convention d'armistice, des élections législatives sont organisées par le gouvernement français de la Défense nationale, en grande partie réfugié à Bordeaux. Le 17 février 1871, Adolphe Thiers est porté à la tête du pouvoir exécutif, avant de partir peu après pour Versailles, « où est la Prusse », comme le consigne Victor Hugo dans ses carnets intimes. C'est Charles Rameau, maire de la ville et député de Seine-et-Oise, qui informe officieusement Charles Questel des intentions de « translation (en cas de paix) du lieu des séances de l'Assemblée nationale » du théâtre de Bordeaux au château. Dans une missive envoyée de Bordeaux le 24 février, il suggère à l'architecte de réfléchir aux possibilités offertes par l'hémicycle de l'Opéra royal. Si quelques incertitudes demeurent quant à ce projet – le palais de Fontainebleau, bien que plus éloigné de la remuante ville de Paris, offrirait une autre possibilité –, l'édile versaillais ne cache pas « le plus grand intérêt » qu'il entrevoit pour sa propre cité. Sans que l'on sache exactement son rôle, ce choix espéré est très vite entériné. Quelques jours plus tard, Edmond de Joly, architecte de l'Assemblée, mène ses propres prospections sur place, tout en continuant à attendre les ordres de Bordeaux.

À compter du 7 mars, les premiers ouvriers se mettent à l'ouvrage, coordonnés par les deux architectes qui suivent conjointement les travaux de l'ancienne salle de spectacle, nécessitant moult adaptations, dont le remplacement de son plafond peint par un éclairage zénithal. Des pied-à-terre sont également prévus pour les députés, au premier rang desquels Jules Grévy, président de l'Assemblée, pour qui on aménage l'ancien petit appartement du Roi. Concrétisée le 15 mars – jour de l'évacuation de l'ambulance prussienne –, l'arrivée des membres de la Chambre basse s'accompagne, avec l'insurrection de la capitale, de celle des membres du gouvernement soixante-douze heures après. Députés et ministres se retrouvent ainsi, par la force des choses, contraints de cohabiter au sein du château. La tâche est dantesque pour le personnel affecté au palais, tout comme elle l'est pour les très nombreux élus et fonctionnaires propulsés dans les lieux. Ces multiples administrations se montrent aussi gourmandes en espace que l'avait été auparavant l'ambulance prussienne. Quelle que soit sa dimension symbolique ou historique, aucune pièce n'est négligée, et l'on attribue à tout va chaque mètre carré du château et de ses bâtiments périphériques, comme en 1682 lors de l'installation de la cour et du gouvernement. Pour caser tout ce petit monde, qui doit y travailler, manger et dormir, on achemine à tour de bras des bureaux, des draps et autres casseroles. Faute de mieux, des députés campent dans la galerie des Glaces, sous le ciel peint de Charles Le Brun.

La ville, quant à elle, est envahie de réfugiés. Résidant dans l'hôtel de la Préfecture, fraîchement libéré par le roi de Prusse, Adolphe Thiers passe néanmoins des journées entières dans le palais. Concentrant tous les pouvoirs, Versailles, « recapitalisé » et doté d'un gouvernement mais aussi d'une armée à son nom, œuvre à la « décapitalisation » de Paris contre lequel il mène une violente répression. Le 3 avril, les bataillons commandés par Mac-Mahon repoussent une offensive des Fédérés sur Versailles, créant une panique générale. L'affrontement entre les belligérants se clôt par un bain de sang à la fin du mois de mai 1871 et des cohortes de Fédérés vaincus sont emprisonnées dans l'enceinte du domaine. Entre-temps, un traité de paix a été définitivement signé avec la Prusse, censé libérer le pays de l'occupation étrangère.

Des geôles incongrues

Si l'installation de l'appareil exécutif et législatif est assez bien connue, on ne peut en dire autant des conditions de détention des communards, parqués dans l'orangerie mais aussi dans les sous-sols de la Grande et de la Petite Écurie. Détournés de leur usage premier, ces lieux conçus pour le plaisir du roi se transforment en pénitenciers d'un âge médiéval. Plusieurs dizaines de milliers de Fédérés y sont traînés de force depuis Paris, et certains y perdent la vie dans des circonstances proprement inhumaines. Mais combien exactement ? Nul ne le sait véritablement, mais il est incontestable que des problèmes d'hygiène se posent assez vite dans ces espaces confinés où les maladies infectieuses prolifèrent. Y pratique-t-on de mauvais traitements ou s'agit-il de pures légendes destinées à stigmatiser la tyrannie versaillaise ? Les archives restent muettes sur certains aspects et ne permettent pas de répondre à toutes les interrogations. Face au silence des sources, les artistes se montrent peut-être plus explicites, brossant à grands traits des scènes propres aux drames de la guerre. Les aquarelles du conservateur adjoint Eugène Battaille, venu prêter main-forte à son père médecin, nous en livrent quelques aperçus dans l'orangerie, où les caisses à oranger servent à délimiter un espace carcéral.

Au pied de l'escalier des Cent Marches, des femmes désespérées viennent égrener les noms de leurs proches emprisonnés dans ces murs. Elles se mêlent aux Versaillais venus conspuer cette ménagerie « communeuse », à leurs yeux coupable avant même d'être passée devant les tribunaux militaires. Arrêté à Paris pour sa participation aux dérives révolutionnaires, le peintre Gustave Courbet expérimente les geôles versaillaises à l'été 1871, croquant dans son carnet les prisonniers reposant à même le sol, telles des poupées de chiffon. Devant le 3e conseil de guerre réuni dans la Grande Écurie, l'artiste est condamné à six mois de prison et au paiement d'une forte amende. Jugés au sein du château, un grand nombre de Fédérés écopent de condamnations bien plus lourdes, pouvant aller de la déportation lointaine à la mort immédiate. Au palais et dans ses jardins retentissent pendant plusieurs semaines les fusillades contre le mur des Fédérés du camp militaire de Satory.

Un symbole national voué aux gémonies ?

Viscéralement opposé à la Commune et à ses dérives, Pierre Puvis de Chavannes vient quant à lui prendre « un bain de grandeur » à Versailles, comme il l'explique à son amie Berthe Morisot. Accompagnant son beau-frère Alexandre Jordan, député de Saône-et-Loire, le peintre fuit la vision des prisonniers pour mieux s'attacher à celle de l'armée chargée de ramener le calme dans la capitale. Dans ses toiles, les tentes blanches éparpillées autour de la pièce d'eau des Suisses transforment étrangement le paysage en marais salants envahis par des marins. Une impression de combat pacifié – purifié ? – s'en échappe, inhibant les soubresauts sanglants de cette guerre intestine.

Sous la plume des écrivains, cette ambivalence revêt des accents manichéens plus tranchés. Mais un constat général s'impose : le château demeure le grand absent de l'historiographie de la Commune, relégué au rang de scène de théâtre, comme s'il s'agissait d'un simple détail. Force est de constater qu'il est pourtant de taille… Émile Zola, qui s'y rend fréquemment durant la période en qualité de chroniqueur parlementaire, ne fait que très rarement référence au palais dans ses rapports journalistiques. Depuis l'opéra, où les députés siègent du 20 mars 1871 jusqu'à sa réattribution aux sénateurs en 1875 (avec le rétablissement concomitant de la Chambre haute), l'écrivain se met à espérer au « rayonnement qui va emplir la salle entière quand la toile de fond se lèvera. […] Est-ce pour aujourd'hui ? La toile de fond se lèvera-t-elle ? ». L'horizon semble en effet bien morne et l'existence même du palais paraît compromise dans la cacophonie ambiante, sujette à bien des inquiétudes que relaye Zola en personne : « Il est question, pour payer la Prusse, de céder le château et le parc de Versailles à une compagnie anglaise. » Une telle opération immobilière n'aurait peut-être pas déplu à la poétesse Louise Michel, engagée du côté des révolutionnaires, vomissant cette « ville corrompue et fatale » pourvoyeuse de tant de martyrs innocents.

Le fardeau de la mémoire

L'anéantissement de la Commune de Paris ne signifie pas pour autant le retour à la normale pour le château, toujours phagocyté par les services ministériels et parlementaires. Au cours des mois suivants, les ministères quittent au compte-gouttes les grands appartements et les Galeries historiques du musée, mais cette restitution est assez lente, se prolongeant pour les principaux d'entre eux jusqu'à la fin de l'année suivante. Toutefois, elle reste dérisoire en comparaison des différents services et logements parlementaires, qui ne rétrocèdent les derniers espaces qu'en 2005… Depuis la fin de l'année 1875, un nouvel hémicycle édifié par Edmond de Joly permet d'accueillir le rassemblement des deux Chambres dans l'aile du Midi, notamment lors des élections présidentielles, qui y sont organisées jusqu'en 1953. La présence de cette salle entérine la vocation politique du palais voulue par la jeune République, encore utilisée aujourd'hui par le Congrès. Après la démission du président Mac-Mahon en 1879, le Sénat retourne enfin siéger à Paris, délaissant les bancs de l'opéra, qui ne retrouve pourtant son apparence et sa vocation d'origine qu'à l'issue d'une première restauration achevée en 1957. Deux ans plus tard, l'ancien théâtre est officiellement rendu à l'entière jouissance du palais.

Tenu sous le péristyle alors vitré du Grand Trianon, le procès du maréchal Bazaine, accusé d'avoir honteusement capitulé devant l'ennemi à Metz deux ans plus tôt, ravive en 1873 les plaies d'une défaite au goût amer. Ainsi la Commune a-t-elle laissé bien des traces à Versailles, même si l'on doit reconnaître qu'elle n'a, malgré les menaces, pas entraîné la destruction du château, au contraire de ce qu'il est advenu pour le palais des Tuileries. Des tableaux ont certes disparu du musée durant la période, en nombre même supérieur à ceux volés pendant l'occupation prussienne, mais les plus grands maux restent attachés à son aliénation topographique et politique… Versailles, pilier de l'ordre face à l'anarchie parisienne, a bien subi lors de la Commune un réel cataclysme au cœur même de son château. Malgré cela, le palais renaît tel un phénix avant la fin du XIXe siècle, grâce au formidable élan que lui insuffle une nouvelle génération d'artistes et d'écrivains. La Belle Époque y convoque un retour à l'enchantement, faisant fuir les fantômes d'un passé hâtivement expié.

Plus de cent cinquante ans après les faits, la Commune demeure toutefois une histoire largement taboue à Versailles, effacée des mémoires, comme enfermée dans un tombeau. S'agit-il d'une amnésie volontaire, mais surtout nécessaire ? Perçue comme une indécrottable antirévolutionnaire depuis 1789, la ville a considérablement pâti d'une étiquette d'autoritarisme, voire de traîtrise à la Nation. Des relents antirépublicains, antibourgeois, liberticides et même criminels y accompagnent le souvenir du gouvernement d'Adolphe Thiers. C'est pourquoi la Commune est perçue comme une malédiction à Versailles, enchaîné durant des décennies à un combat qui n'était pas le sien. Inauguré sur la colline de Satory le 27 juin 1985, un monument à la mémoire des prisonniers et condamnés à mort inhumés sur place consacre ce deuil tardif, mais cathartique et résilient. Bien que les deux régimes ne puissent être entièrement appréhendés sur le même plan, reconnaissons – comme bien d'autres avant nous – que la Commune s'apparente pour Versailles à ce que l'Occupation est pour Vichy. Le maréchal Pétain ayant échoué à transférer son lieu de résidence dans l'ancienne cité royale à la fin de l'année 1940, on imagine quelle double peine le destin lui a finalement épargnée.

Bibliographie sélective

CAFFIN-CARCY (Odile), « La République chez le Roi-Soleil », *Versalia. Revue de la Société des amis de Versailles*, n° 5, 2002, p. 18-30.

DURAND-LE GUERN (Isabelle), « Versailles et la Commune », *in* Véronique Léonard-Roques (dir.), *Versailles dans la littérature. Mémoire et imaginaire aux* XIX*e et* XX*e siècles*, Clermont-Ferrand, Presses universitaires Blaise-Pascal, 2005, p. 357-368.

OPPERMANN (Fabien), *Le Versailles des présidents. 150 ans de vie républicaine chez le Roi-Soleil*, Paris, Fayard, 2015.

TOMBS (Robert), *La Guerre contre Paris. 1871 : l'armée met fin à la Commune*, Paris, Flammarion, coll. « Champs histoire », 2021.

19

Les traités de Versailles

par Jean SÉVILLIA

Le traité de Versailles ? Il suffit de poser la question autour de soi : toute personne munie d'un minimum de connaissances historiques sait que ce traité a été conclu avec les Allemands afin de faire la paix au lendemain de la Première Guerre mondiale. La réponse est exacte, nonobstant le fait que l'on compte, en réalité, une dizaine de traités de Versailles. La plupart ont été signés sous l'Ancien Régime, témoignant à la fois des talents de la diplomatie française au temps des Bourbons et de l'importance de ce lieu de pouvoir voulu par Louis XIV pour installer la monarchie française dans le plus prestigieux décor.

En 1755, alors que Louis XV gouverne personnellement depuis douze années et que la France et l'Angleterre sont en paix, la Royal Navy arraisonne des navires français au large du Canada, pendant que les Britanniques, sur le sol américain, harcèlent les colons de la Nouvelle-France. Le roi sent que la guerre est proche, mais pour ce faire il a besoin d'un allié sur le continent européen. Or cet allié va se manifester d'un côté inattendu. À Vienne, le chancelier Kaunitz, principal conseiller de l'impératrice-reine Marie-Thérèse, a persuadé la souveraine, déçue du faible concours que lui avait apporté l'Angleterre dans la guerre de Succession d'Autriche, qu'elle n'avait qu'un seul véritable ennemi : Frédéric II de Prusse. Et que pour récupérer la Silésie, partie intégrante du royaume de Bohême perdue par l'Autriche en 1742, le soutien de la France était indispensable...

Ainsi sollicité par Vienne, Louis XV se montre attentif et charge l'abbé de Bernis, qu'il venait tout juste de nommer ambassadeur à Madrid, d'une nouvelle mission en lui commandant de discuter avec le prince Starhemberg, ambassadeur des Habsbourg à Paris. Les négociations entre les deux hommes se déroulent à Bellevue, château construit à Meudon pour Mme de Pompadour, et à Paris, à partir de septembre 1755. Le roi est d'autant plus enclin à encourager ces pourparlers qu'en janvier 1756, par la convention de Westminster, Frédéric II noue un traité d'alliance défensive avec l'Angleterre de George II. Une entente qui s'explique parce que les Britanniques, en guerre larvée contre la France dans les colonies, craignent une attaque française contre le Hanovre, duché allemand d'où est originaire la dynastie anglaise et lié à la Couronne britannique par union personnelle en la personne du souverain. S'allier avec la Prusse, pour Londres, répondait à l'objectif de détacher la Prusse de la France, afin d'empêcher le passage des troupes de Louis XV à travers l'Allemagne.

En 1756, Louis XV s'allie à Marie-Thérèse d'Autriche

Trahi par Frédéric II, Louis XV fait alors le choix du grand basculement : après plus de deux siècles d'affrontement entre les Habsbourg et les rois de France, il s'alliera avec l'Autriche. Cette alliance se manifeste à travers le premier traité de Versailles, d'abord connu comme le traité de Jouy, car il a été signé, en réalité, au château de Jouy (Jouy-en-Josas, à 5 kilomètres de Versailles), le 1er mai 1756, chez Antoine-Louis Rouillé de Jouy, alors secrétaire d'État des Affaires étrangères. Conclu par Bernis et Rouillé au nom de Louis XV, l'accord l'est par Starhemberg au nom de Marie-Thérèse.

Ce traité comporte trois volets. En premier lieu une convention de neutralité qui concerne le conflit franco-britannique en Amérique : il est convenu que l'Autriche n'interviendra pas dans ce différend, pendant que la France s'engage à n'envahir ni les Pays-Bas autrichiens, ni aucune autre province de la Couronne des Habsbourg. À cette convention de neutralité s'ajoute un accord défensif par lequel Paris et Vienne, se jurant « une amitié et une union sincère et constante », se garantissent leurs possessions réciproques, s'assurant mutuellement assistance en cas d'agression d'une tierce puissance. Le traité de Versailles, en troisième lieu, comprend cinq clauses secrètes, Louis XV et Marie-Thérèse se déclarant notamment prêts à porter secours à l'autre en cas d'attaque par un allié du roi d'Angleterre, au moyen d'une armée de 24 000 hommes.

Alors même que les clauses secrètes n'étaient pas connues, ce premier traité de Versailles fit l'effet d'une bombe, et fut l'objet de critiques aiguës. Dans les salons du faubourg Saint-Germain, les esprits éclairés fustigeaient cet abandon du roi de Prusse, modèle des princes des Lumières, ami des Philosophes, au profit de Marie-Thérèse d'Autriche, qui était réputée régner sur un État archaïque, ennemi multiséculaire de surcroît.

En vérité, le renversement des alliances de 1756 était la conséquence d'un événement majeur de l'histoire européenne, la montée de la Prusse et son corollaire, la rivalité au sein du monde germanique entre les Habsbourg et les Hohenzollern, duel qui serait gagné par ces derniers au XIXe siècle. Cet accord, cependant, n'était pas dénué d'ambiguïtés. Louis XV voulait isoler l'Angleterre sur le continent, mais n'était pas vraiment résolu à aider l'Autriche à reconquérir la Silésie, car les intérêts de la France n'étaient pas en cause dans la région. Quant à Marie-Thérèse, si elle entendait rester neutre dans le conflit franco-anglais, elle était décidée à se lancer dans une guerre de revanche contre la Prusse. En somme, la France risquait d'être entraînée dans une guerre continentale, et sans contrepartie. Ce constat incita Louis XV, dès la signature du traité, à donner instruction à Bernis de négocier les conditions d'un deuxième accord, visant, celui-ci, à une alliance offensive.

1757 : l'alliance franco-autrichienne devient offensive

La guerre s'étant déclenchée – longue guerre sur terre et sur mer, sur tous les continents, et qui, à travers ses différentes phases, deviendra ce que nous appelons la guerre de Sept Ans –, Frédéric II, en août 1756, envahit la Saxe, fidèle alliée de l'Autriche. La France, pour respecter son engagement, doit par conséquent aider l'Autriche à recouvrer la Silésie. Mais Bernis, qui siège au Conseil du roi à partir de janvier 1757, poursuit les tractations qui conduisent au deuxième traité de Versailles, signé le 1er mai 1757.

Par ce traité, la France s'engage à lever une armée de 100 000 hommes et à fournir à l'Autriche des subsides annuels de 30 millions de livres. En contrepartie, l'impératrice-reine promet d'ériger un morceau des Pays-Bas en principauté indépendante qui sera attribuée à l'infant don Philippe, gendre de Louis XV. L'octroi de ce territoire, toutefois, est subordonné à la reconquête de la Silésie par l'Autriche, une victoire que n'obtiendra jamais Marie-Thérèse.

Déjà engagée sur mer contre l'Angleterre, la France fait en plus la guerre sur terre contre la Prusse, aux côtés de l'Autriche, de la Suède et de la Russie.

En juin 1757, Bernis remplace Rouillé comme secrétaire d'État des Affaires étrangères. Si le conflit tourne initialement à l'avantage des Franco-Autrichiens, les succès font bientôt place aux échecs, et même au désastre, telle la bataille de Rossbach, en Saxe, en novembre 1757, où les Français du maréchal de Soubise et les Autrichiens de Joseph-Frédéric de Saxe sont écrasés par les troupes de Frédéric II. Cette défaite marque un tournant. Afin de limiter les pertes françaises, Bernis prône une sortie rapide du conflit. Cependant, Mme de Pompadour et le duc de Choiseul, alors ambassadeur à Vienne, ne l'entendent pas ainsi. L'emportant auprès du roi, ils obtiennent que le Saint-Siège attribue la barrette de cardinal à Bernis, en novembre 1758, distinction voulue pour atténuer l'envoi du ministre dans une abbaye de province, exil ordonné par lettre de cachet, tandis que Choiseul, promu, à l'inverse, rentre en France afin de prendre en charge les Affaires étrangères.

En 1759, l'accord franco-autrichien est révisé et réduit

Signé en mars 1759, mais antidaté au 30 décembre 1758, le troisième traité de Versailles confirme les deux précédents : il réaffirme l'amitié entre la France et l'Autriche, mais réduit les engagements de Louis XV. Dans la pratique, ce traité revient à séparer les deux conflits menés par la France : Louis XV renonce à d'hypothétiques agrandissements aux Pays-Bas, enterrant le projet de création d'une principauté confiée à son gendre le duc de Parme, et promet de ne pas négocier avec Frédéric II sans le consentement de Marie-Thérèse. De son côté, l'impératrice-reine, qui ne participe pas au conflit franco-anglais, déclare ne pas pouvoir s'opposer à d'éventuelles négociations entre le roi de France et le roi d'Angleterre s'ils veulent liquider leur conflit.

En 1763, c'est la fin de la guerre de Sept Ans. Au traité de Paris, la France conserve les Antilles mais perd l'Acadie, le Canada et les Indes. L'Angleterre s'impose comme la première puissance maritime mondiale. La même année, la paix de Hubertsbourg, signée entre l'Autriche et la Prusse, consacre la victoire de Frédéric II : si la Prusse se retire de la Saxe, la Silésie, évacuée par l'Autriche, restera allemande. En dépit de la puissante vision d'un ministre comme Choiseul, la France est éprouvée, humiliée, ruinée. L'alliance franco-autrichienne aura duré, sous une forme ou une autre, une trentaine d'années. Le seul fruit tangible de ce rapprochement sera, en 1766, la promesse de mariage entre le dauphin Louis Auguste et la fille de Marie-Thérèse, l'archiduchesse Maria Antonia, union qui sera célébrée en 1770 mais dont on sait qu'elle s'achèvera, en 1793, dans la tragédie.

De Louis XV à Louis XVI, petits traités entre amis

Le 15 mai 1768, un traité est signé, à Versailles, entre la France et la république de Gênes, traité qui conduira à l'intégration de la Corse dans le royaume des Bourbons. Au XVIIIe siècle, les Corses, ayant toujours été traités par Gênes comme des sujets de seconde zone, se révoltaient régulièrement contre la tutelle du doge de Gênes. Dans l'impossibilité d'imposer son autorité, la république, qui était alors en déclin, demandait l'assistance du roi de France. En 1737, 1746, 1756 et 1764, des troupes furent envoyées en

Corse par la France, troupes que les Génois entretenaient tandis que les soldats du roi rétablissaient l'ordre. En 1755, l'île avait formé une république indépendante sous la direction de Pascal Paoli, et il avait fallu un an aux troupes de Louis XV pour éliminer les rebelles. Chaque fois, le commandement avait été conduit à prendre des mesures administratives qui, peu à peu, remplaçaient l'État génois dans l'exercice de la puissance publique.

Le traité de 1768 représente la conséquence logique de ce processus : la Corse est placée sous administration française, mais sans être cédée. La république de Gênes se réserve le droit de réclamer la rétrocession de l'île dès qu'elle aura remboursé au trésor français les dépenses engagées pour le rétablissement de l'ordre. Mais Gênes s'avérant incapable de rembourser sa dette, la Corse, pour finir, restera française. La population n'avait pas été consultée. Il faudra deux campagnes militaires, en 1768 et 1769, pour obtenir sa soumission.

Les débuts du règne de Louis XVI voient la signature de deux autres petits traités à Versailles. Le 22 décembre 1774, la France et l'Espagne concluent une convention au sujet de la contrebande entre les deux royaumes. Et le 20 juin 1780, un traité est signé avec l'évêché de Bâle, qui est une principauté du Saint Empire, traité qui établit le cours du Doubs comme frontière entre le royaume de France et la principauté épiscopale.

1783, fin de la guerre d'Indépendance américaine

Entamée en 1775, la guerre d'Indépendance américaine, qui a opposé la Grande-Bretagne à ses colonies d'Amérique et à la France, à l'Espagne et à la Hollande, s'achève par des traités conclus en France. Le 3 septembre 1783, le traité de Paris est signé par l'Angleterre avec les représentants des treize anciennes colonies britanniques d'Amérique du Nord, ce qui consacre l'indépendance des États-Unis.

Le même jour, la paix de Versailles clôt les hostilités entre Londres et les alliés des Américains. Cette paix, dans les faits, résulte de trois traités bilatéraux. Le premier, signé par Vergennes pour la France et par le duc de Manchester pour la Grande-Bretagne, met fin à la guerre franco-anglaise. Le deuxième traité, qui met un terme à la guerre anglo-espagnole, est signé, lui aussi le 3 septembre 1783, à Versailles, entre le duc de Manchester pour la Grande-Bretagne et le comte d'Aranda pour l'Espagne. Par ce traité, l'Espagne reçoit Minorque, qui était possession britannique depuis 1708, et les deux Florides. Un troisième traité surviendra entre la Grande-Bretagne et la Hollande, mais il sera signé en mai 1784 à Paris.

Avant le traité de Paris de 1763, qui avait signifié la fin de la guerre de Sept Ans, la France, en Amérique, possédait un territoire qui s'étendait du golfe du Saint-Laurent au golfe du Mexique. En 1783, la France peut certes se féliciter d'avoir aidé les États-Unis à naître. Mais si elle récupère Saint-Pierre-et-Miquelon, occupé par les Anglais en 1778, le Canada reste aux mains des Britanniques. Aux Antilles, la France doit céder la Dominique aux Anglais, en échange de la petite île de Tobago et d'un agrandissement autour de Pondichéry en Inde. Autre restitution pour la France, les comptoirs du Sénégal, qui avaient dû être abandonnés aux Britanniques en 1763.

Eu égard aux sacrifices consentis pour la guerre et aux succès politiques et militaires remportés par les Insurgents qui ne seraient pas parvenus à leur but sans le soutien français, la moisson est plutôt maigre pour la France. Cependant, le royaume est redevenu l'arbitre du continent européen, tandis que la marine de Louis XVI, vengeant l'affront subi pendant la guerre de Sept Ans, a fait plier la Royal Navy, ce qui n'est pas un mince exploit. Pour la politique de Vergennes, il s'agissait d'un bilan positif.

1871, la France humiliée par la Prusse à Versailles

Le 2 septembre 1870, trois semaines après que la bataille des frontières a été perdue pour les Français devant les Prussiens, Napoléon III capitule à Sedan. Le 4 septembre, la république est proclamée à Paris. Le 19 septembre, la capitale est encerclée par les Allemands. Le 5 octobre, le roi de Prusse, Guillaume Ier, et le chancelier Otto von Bismarck s'installent en ville à Versailles. En province, le gouvernement de la Défense nationale mobilise 600 000 hommes, mais au cours de l'hiver, ces régiments improvisés sont battus par les Allemands à Orléans (3-4 décembre 1870), au Mans (11-12 janvier 1871), à Belfort (17 janvier), à Saint-Quentin (19 janvier).

Le 16 décembre 1870, une délégation du parlement de la Confédération de l'Allemagne du Nord est arrivée à Versailles. Elle est venue supplier le roi de Prusse d'accepter le titre d'empereur d'Allemagne. Le 20, la Confédération a été dissoute. Le 18 janvier 1871, Guillaume Ier est proclamé Kaiser dans la galerie des Glaces du château de Versailles, devant Bismarck, 600 officiers et tous les princes allemands, à l'exception de Louis II de Bavière, qui a refusé de venir.

Le 28 janvier 1871, Jules Favre, vice-président et ministre des Affaires étrangères du gouvernement de la Défense nationale, signe un armistice, toujours à Versailles. Conclu pour trois semaines, cet armistice est prolongé jusqu'au 26 février, date de la signature du traité de paix préliminaire qui a lieu également à Versailles. C'est Bismarck qui signe pour l'Allemagne, et pour la France Adolphe Thiers, en tant que « chef du pouvoir exécutif de la République française ». La paix définitive sera signée par Jules Favre et Bismarck, à Francfort, le 10 mai 1871. Amputée de l'Alsace et de la Moselle, la France devra s'acquitter d'une indemnité de 5 milliards de francs-or à l'Allemagne.

1919, la paix ratée de Versailles

Le 11 novembre 1918, l'armistice met fin à quatre années d'une guerre sans précédent dans l'histoire. Dès le 19 janvier 1919, la Conférence de la paix, organisée par les pays vainqueurs mais où le conseil supérieur réunit les puissances principales – France, Royaume-Uni, Italie, États-Unis –, commence à élaborer les conditions qui seront imposées aux vaincus. Il faudra six mois de discussions et 1 646 séances tenues par 52 commissions techniques pour que les Alliés s'accordent, en août 1919, sur le traité auquel les Allemands seront soumis.

Le 25 janvier, les Alliés ont décidé de fonder une Société des Nations dont le siège, au mois d'avril 1919, a été fixé à Genève. Dès lors, la question qui se pose est de savoir si le traité de paix sera signé dans cette ville de Suisse, pays neutre, ou à Versailles, choix que privilégient le gouvernement et l'opinion en France, à l'unisson de la municipalité de Versailles. Signer la paix en imposant ses conditions au vaincu, ce serait effacer l'humiliation de 1871 et rappeler la victoire de 1783, avec le traité consacrant l'indépendance des États-Unis.

Les Français auront gain de cause. La Conférence de la paix, pendant six mois, poursuit ses travaux au Quai d'Orsay, à Paris, et à l'hôtel Trianon Palace, à Versailles. Les experts remettent leurs conclusions à un premier Conseil des dix, puis à un Conseil des quatre formé par Clemenceau, Lloyd George, Orlando et Wilson, c'est-à-dire les chefs de gouvernement de la France, de l'Angleterre et de l'Italie et le président des États-Unis. Ce sont des débats dont l'Allemagne est exclue. Logée à l'hôtel des Réservoirs, la délégation allemande trompe le temps en jouissant de la partie nord du parc, du château jusqu'aux Trianons, espace qui a été privatisé pour elle, ce qui ne plaît pas aux Versaillais, car l'humeur, en 1919, n'est pas à la réconciliation franco-allemande.

Chez les Alliés, les discussions sont parfois orageuses, car les points de vue divergent fortement. Alors que les Français veulent abaisser l'Allemagne, la faire payer et s'en prémunir au maximum pour l'avenir, les Britanniques aspirent à ce qu'elle se relève rapidement après sa défaite pour redevenir un acteur économique de premier plan et un partenaire ou un client pour l'industrie d'outre-Manche. Le 7 mai 1919, le traité peut enfin être présenté à la délégation allemande chez qui, dès lors, la consternation le dispute à l'indignation. Non seulement les conditions imposées à l'Allemagne sont très dures, mais le principe retenu est de faire porter au vaincu la responsabilité totale du conflit. Toutes les contre-propositions que vont faire les Allemands, comme l'organisation d'un référendum en Alsace-Lorraine, sont rejetées. De l'autre côté du Rhin, le futur traité n'apparaîtra pas comme autre chose qu'un « *Diktat* ».

Le 17 juin, après quelques ajustements, le texte est de nouveau présenté aux Allemands, dont la signature est exigée dans les cinq jours. L'Assemblée de Weimar finissant, contrainte et forcée, par voter son accord, le traité, le 23 juin, est accepté par les Allemands. Et c'est le 28 juin 1919, entre quinze heures et seize heures, que le traité de paix est signé dans la galerie des Glaces, en présence des 26 délégations alliées, de plusieurs centaines d'invités et de 400 journalistes.

L'Allemagne perd environ 15 % de son territoire et 8 millions d'habitants. L'Alsace et la Moselle sont restituées à la France, tandis que les cantons d'Eupen et Malmédy sont attribués à la Belgique, la Posnanie et la Prusse-Occidentale et le corridor de Dantzig à la Pologne reconstituée. Une partie du Schleswig-Holstein, habitée par une population danoise, revient, après plébiscite, au royaume de Danemark, qui n'a pourtant pas pris part à la guerre. Les colonies allemandes, en outre, sont partagées entre la Belgique, le Japon, la France et l'Empire britannique. La Société des Nations reçoit la tutelle de la Sarre, dont les mines sont données à la France, un plébiscite devant, au bout de quinze ans, déterminer si la région demeurera sous statut international ou reviendra à la France ou à l'Allemagne.

Les clauses militaires du traité de Versailles reviennent à désarmer l'Allemagne, qui doit livrer ses canons, son aviation et toute sa flotte de guerre (qui se sabordera dans la baie de Scapa Flow, en Écosse). L'armée allemande est limitée à 100 000 hommes, et le service militaire est aboli. La France a en outre exigé la démilitarisation de la rive gauche du Rhin et d'une zone de 50 kilomètres sur la rive droite. Cette zone sera occupée par des troupes alliées pendant quinze ans, évacuées par tiers tous les cinq ans.

Sur le plan financier, le traité stipule que « l'Allemagne reconnaît qu'elle est responsable [...] de tous les dommages subis par les gouvernements alliés et associés et par leurs nationaux ». Les réparations qui en découleront, leur montant et leurs modalités de versement, seront à régler.

Le traité comprend encore des clauses pénales, qui resteront lettre morte : des responsables allemands de la guerre doivent être mis en jugement, en particulier l'empereur Guillaume II, accusé d'avoir bafoué la morale internationale et l'autorité des traités, du fait de la violation de la neutralité de la Belgique en 1914.

En mars 1920, le Sénat américain, en dépit de l'insistance de Wilson, refusera de ratifier le traité de Versailles, ce qui privera la Société des Nations de la participation des États-Unis, et rendra caduques les garanties anglo-américaines qui avaient été données à la France.

À l'automne 1919, l'économiste britannique John Maynard Keynes, qui avait fait partie de la délégation anglaise à la Conférence de la paix mais l'avait quittée au printemps, estimant que les demandes d'indemnités de guerre adressées à l'Allemagne étaient excessives et empêcheraient le pays de se relever économiquement, ce qui nuirait à l'économie mondiale, publie *Les Conséquences économiques de la paix*, livre dans lequel il critique le traité de Versailles sur la base de ces arguments. En 1920, l'historien-journaliste Jacques Bainville lui répond dans *Les Conséquences politiques de la paix*, essai où l'auteur, disséquant le traité, lui reproche d'être « une paix trop douce pour ce qu'elle a de dur, et trop dure pour ce qu'elle a de doux ». Bainville, dans cet essai, considérait qu'il aurait fallu mettre fin à l'unité allemande, scellée en 1871, ce qui était, de sa part, sous-estimer la force du sentiment national allemand produit par la Grande Guerre. Mais il prévoyait surtout, avec une prescience confondante, ce qui, de fait, adviendra quinze ans plus tard : le réarmement allemand, l'annexion de l'Autriche, la crise des Sudètes, le pacte germano-soviétique, l'invasion de la Pologne.

Le traité de 1919 a clos une longue série. Versailles a accueilli depuis nombre de rencontres au sommet et de conférences internationales, mais aucune guerre n'y a trouvé son dénouement. La paix que l'on y goûte est celle de l'inaltérable beauté du lieu.

BIBLIOGRAPHIE SÉLECTIVE

COLLECTIF, *Histoire de la diplomatie française*, Paris, Perrin, 2005.

DA VINHA (Mathieu) et MASSON (Raphaël) (dir.), *Versailles. Histoire, dictionnaire et anthologie*, Paris, Robert Laffont, coll. « Bouquins », 2015.

KEYNES (J. M.), *Les Conséquences économiques de la paix* & BAINVILLE (Jacques), *Les Conséquences politiques de la paix*, Paris, Gallimard, coll. « Tel », 2002.

PETITFILS (Jean-Christian), *Louis XV*, Paris, Perrin, coll. « Tempus », 2021.

—, *Louis XVI*, Paris, Perrin, coll. « Tempus », 2021.

ROTH (François), *La Guerre de 70*, Paris, Fayard, 1990.

SOUTOU (Georges-Henri), *La Grande Illusion. Quand la France perdait la paix. 1914-1920*, Paris, Tallandier, 2015.

20

La République gaullienne dans les meubles des rois

par Fabien OPPERMANN

Dans les années soixante, le général de Gaulle conçoit un projet ambitieux pour faire de Versailles un nouveau lieu du pouvoir de la République. Depuis 1871, le château a déjà accueilli le Parlement, et il est utilisé ponctuellement pour recevoir les chefs d'État étrangers. Mais de Gaulle voit plus loin : l'ancienne demeure royale et surtout Trianon connaissent alors un renouveau inédit, qui transforme l'ensemble du domaine en écrin pour la diplomatie et les secrets des grands de ce monde.

De Gaulle : une ambition républicaine pour Versailles

En contrebas du château de Versailles, juste derrière le bassin de Neptune, se dresse le Trianon Palace, long bâtiment néoclassique construit en 1910 par l'architecte mondain René Sergent. À l'ombre de l'ancienne demeure royale, l'hôtel est devenu lui aussi un lieu d'histoire, en accueillant en 1919 les préparatifs du traité de paix entre les Alliés et l'Allemagne vaincue. Plus loin, en continuant sur le boulevard de la Reine puis l'avenue de Trianon qui pénètre dans le parc, on trouve le Grand Trianon, chef-d'œuvre de marbre de Hardouin-Mansart, qui abrita les délices de la cour de France.

Un château royal, un hôtel de luxe, un petit palais : dans les années soixante, c'est là que la présidence de la République a manqué s'installer, au détriment de l'Élysée.

Versailles n'est pas un lieu inconnu du général de Gaulle lorsqu'il revient au pouvoir en 1958. Dans ses *Mémoires de guerre*, parus cinq ans plus tôt, il évoque, parmi les images de la nation qui ont fait naître en lui « une certaine idée de la France », « la majesté du soir à Versailles », qui frappe « le petit Lillois de Paris ». C'est non loin du château, lors du bal de Saint-Cyr à l'hôtel des Réservoirs, que s'est officialisée l'idylle avec Yvonne Vendroux. Et c'est tout au fond du parc, dans le pavillon de chasse de Marly, qu'il a trouvé refuge pendant quelques mois en 1946 lorsqu'il quitte le Gouvernement provisoire et qu'il attend la remise en état de sa maison lorraine, la Boisserie.

De Gaulle n'ignore pas que Versailles est revenu sous les feux de la rampe dans les années cinquante, à la faveur de la souscription « la Sauvegarde de Versailles[1] », lancée en 1952 pour sauver le monument

1. La Sauvegarde de Versailles est une souscription publique lancée par le secrétaire d'État aux Beaux-Arts André Cornu au

et qui a rencontré un immense succès populaire. Les Rockefeller s'en sont mêlés, Sacha Guitry y a tourné son *Si Versailles m'était conté*, et la reine d'Angleterre est venue en 1957 inaugurer l'opéra de Louis XV restauré. Le nouveau chef de l'État n'ignore pas non plus que Versailles est devenu un lieu de tourisme incontournable, qui attire alors un million de visiteurs chaque année, séduits par les ors et les œuvres d'art que Gérald Van der Kemp[2] s'attache à faire revenir pour remeubler la demeure royale.

Mais Versailles est aussi le lieu de l'histoire de la nation, où la monarchie et la république se sont succédé pour en faire l'un des symboles de la permanence de l'État. De Gaulle le sait, et sa présidence va transformer considérablement le château de Versailles, pour en faire un nouveau palais de la République.

La Ve République n'a pas encore un an lorsque, le 4 août 1959, les services de la présidence demandent à l'architecte en chef de Versailles d'établir un projet technique et financier pour aménager l'aile sud du Grand Trianon pour l'accueil de chefs d'État, et l'aile nord pour les réceptions. Marc Saltet[3], qui dirige les travaux de l'ensemble du domaine depuis cinq ans, se met à la tâche, immense : le Grand Trianon est

---

début de l'année 1952, destinée à récolter 5 milliards pour subvenir aux besoins de restauration de Versailles.

2. Gérald Van der Kemp (1912-2001), conservateur du château de Versailles de 1953 à 1980, trois décennies durant lesquelles les restitutions et le remeublement prennent une ampleur inédite.

3. Marc Saltet (1906-2008), architecte en chef des bâtiments civils et palais nationaux, chargé du château de Versailles de 1954 à 1973.

ouvert au public et n'est absolument pas adapté à un quelconque usage d'habitation ou de réception. Il faut réparer ou remplacer les parquets, restaurer les boiseries et menuiseries, refaire l'ensemble des peintures. L'installation électrique est largement insuffisante, et les sanitaires pour ainsi dire inexistants, hormis quatre ou cinq groupes de toilettes destinés aux visiteurs. Les jardins sont en ruine, certains parterres à l'état d'abandon, les treillages dévastés. Le devis envoyé par Saltet, en septembre, est énorme : 329 millions d'anciens francs pour le logement des chefs d'État, 179 millions pour les salons de réception, auxquels s'ajoutent 235 millions de travaux d'électricité, 23 millions pour les installations téléphoniques et entre 9 et 47 millions pour le chauffage. Environ 800 millions, donc. Est-ce le montant astronomique des travaux qui a fait peur aux services de l'Élysée ? Pendant deux ans, on ne parle plus du projet.

L'Élysée à Versailles ?

Au début de l'année 1961, la présidence de la République se soucie à nouveau de Versailles et Trianon. Marc Saltet est prié de fournir une nouvelle étude, comprenant cette fois-ci, outre des espaces pour recevoir les chefs d'État étrangers et des salons de réception, un appartement pour le président de la République.

De Gaulle n'aime pas l'Élysée, et l'année 1961 est riche en réflexions pour envisager un déménagement de la présidence dans un autre lieu. Vincennes est évoqué, de même que Fontainebleau ou les Invalides. C'est dans ce contexte que, le 3 août, le Général entreprend à l'improviste une tournée des châteaux autour de Paris : Compiègne le matin, Fontainebleau au début de l'après-midi, puis Versailles à la fin de la journée. Prévenus une heure avant son arrivée, les services de la conservation font évacuer le château et les cours juste avant que la DS présidentielle ne franchisse le portail. Le chef de l'État est reçu par le conservateur Gérald Van der Kemp et par l'adjoint de Saltet, Jean-Louis Humbaire. Il leur explique être à la recherche d'un lieu pour recevoir ses homologues étrangers, dans des formats variables. Trianon pourrait convenir pour le Premier ministre britannique, mais il ajoute : « S'il s'agit du shah de Perse ou de la reine d'Angleterre, eh bien, nous les logerons à Trianon, et les grandes réceptions se feront au château. » En quelques mots, de Gaulle esquisse l'usage attribué à l'ancienne demeure royale, qui, avec ce projet, reste avant tout un palais de la République.

Les projets du Général vont même plus loin ; il confie à ses interlocuteurs versaillais que, dans le contexte de la construction européenne et atlantique, Fontainebleau pourrait recevoir les réunions multilatérales, avec l'avantage de pouvoir travailler et loger au même endroit. Enfin, il confirme son souhait de déménager la présidence de la République : « Il faut admettre que le chef d'État est mal logé à l'Élysée, qui est trop petit et est placé au milieu des automobiles. Il n'est pas impossible d'envisager que le chef de l'État vienne un jour habiter à Trianon. »

Plus qu'un lieu de prestige, c'est donc un palais de la République que de Gaulle envisage d'aménager à

Trianon. Le château de plaisance est cependant trop petit pour abriter la résidence du président et l'ensemble des services afférents : le secrétariat général et le cabinet, le secrétariat général aux affaires africaines et malgaches, l'état-major particulier, le service du courrier, l'intendance, le service de presse ne peuvent pas loger, à côté des nombreuses pièces de réception et d'un appartement privé, dans le Grand Trianon. Le conservateur du château trouve rapidement une solution ; au moment de la visite du Général, l'hôtel Trianon Palace, à mi-chemin entre le domaine de Trianon et le château de Versailles, est à vendre pour un milliard et demi de francs. Van der Kemp suggère au président de s'en porter acquéreur, pour « avoir un bâtiment pour les bureaux qui de cette façon ne sauraient être installés en tout état de cause à Trianon ». L'architecte Marc Saltet renchérit quelques semaines plus tard auprès d'André Malraux : « Le grand projet de Trianon n'est viable que si le complément de la propriété de l'hôtel de Trianon Palace existe pour faire de l'hôtel les bureaux et salles de conférence[s] nécessaires. Si cette propriété nous échappait, je pense que le projet ne pourrait pas être réalisé, ne donnant pas le résultat qu'on en attend. »

L'été 1961 est propice à la réflexion ; le Général part à Colombey avec les plans des châteaux qu'il a visités, pour prendre une décision. Pour Trianon, Marc Saltet a repris son projet de 1959, avec les appartements du chef d'État étranger dans l'aile sud – le chef de l'État devant dormir dans la chambre de l'impératrice –, les salons de réception dans l'aile nord, et, ajout notable, un petit logement prévu pour le président français dans le petit appartement de l'Empereur, que Napoléon occupa dans les jours suivant son divorce d'avec Joséphine, dans l'aile entre la cour d'honneur et l'ancien jardin du Roi.

Un palais pour les hôtes de la France

Poussé par André Malraux, le choix de Trianon est arrêté le 12 avril 1962 ; il s'agit d'aménager le Grand Trianon pour recevoir les hôtes de la France, avec une « résidence temporaire » pour le président de la République. L'idée d'un déménagement de l'Élysée est abandonnée : le coût de l'opération, ajouté à la symbolique d'un retour du pouvoir exécutif à Versailles, a sans doute eu raison du projet. Dans ses *Mémoires d'espoir*, le Général évoque l'hypothèse du départ de la présidence du palais de l'Élysée, où, « compte tenu des servitudes qu'imposent conjointement la Sécurité, le Protocole, la circulation, la curiosité publique », il se sent « enfermé ». Vincennes semble avoir eu sa préférence, Versailles étant « excessif » et le Trianon « menaçant ruine ». Le projet Trianon n'inclut donc pas le relogement du président. La rumeur continue cependant de courir : en juillet 1962, le journal *Toutes les nouvelles de Versailles et de Seine-et-Oise* annonce que « le général de Gaulle a choisi le Grand Trianon pour y demeurer dès l'an prochain de façon permanente ».

Près de 20 millions de francs sont prévus pour ce chantier : la moitié pour les travaux d'architecture, et l'autre moitié pour la décoration. L'Élysée hésite encore cependant à inclure le logement présidentiel dans le projet ; il faut attendre le 13 mars 1964 pour que le général de Gaulle donne son accord pour l'aménagement d'un appartement, finalement installé dans l'aile de Trianon-sous-Bois : au bout du palais, sur deux étages, cette petite aile est plus discrète, à l'abri des regards, et aisément isolable des autres pièces. C'est un choix judicieux, qui permet au président de disposer d'un appartement vaste et indépendant.

À l'été 1962, le Grand Trianon ferme ses portes au public et se pare d'échafaudages et de barrières : le chantier gigantesque commence. Les boiseries sont déposées, les meubles remisés, les tableaux décrochés, les lustres descendus. L'ancien petit palais de plaisance de Louis XIV se vide pour laisser la place aux ouvriers.

La transformation du vieux palais du XVIIe siècle en un logement destiné aux grands de ce monde, avec les normes de confort les plus actuelles, n'est pas aisée ; l'électricité et le chauffage sont largement insuffisants, les réseaux d'eau ne permettent pas d'alimenter les nombreuses salles de bains prévues. Il faut installer le téléphone, la télévision, et des cuisines ultramodernes pour organiser des réceptions d'État dans la galerie dite des Cotelle.

Ces travaux, dirigés par Marc Saltet, se font au prix d'interventions titanesques sur le monument historique. Les parquets sont déposés et on creuse des tranchées pour faire passer les réseaux, les câbles et les tuyaux. Dans l'épaisseur des murs, derrière les boiseries, l'architecte cache la technique qui apportera la lumière et l'eau aux dirigeants du monde entier. Sous la cour d'honneur, on creuse à 6 mètres de profondeur pour créer deux salles, qui abriteront l'énorme transformateur électrique et la centrale frigorifique. Cinquante-huit kilomètres de câbles électriques sont tirés dans tout l'édifice. Un film, réalisé par Pierre Zimmer pendant les trois années du chantier, témoigne de l'ampleur des opérations et, sans doute, des contestations. En 2008, à l'occasion d'un hommage rendu à Saltet à l'académie d'architecture, sa diffusion provoquera quelques réactions gênées dans l'assistance ; les pratiques des architectes en chef des Monuments historiques, soucieux de la préservation du caractère patrimonial des édifices sur lesquels ils interviennent, ne résistent pas toujours aux pressions du pouvoir.

L'architecte profite tout de même du chantier pour procéder à la restauration de certains ouvrages ; les boiseries, les revêtements de marbre, les menuiseries d'une centaine de baies sont remis en état. On restitue quelques états anciens, comme le dallage du Salon rond que Louis-Philippe avait remplacé par du parquet, ou les fleurs de lys des chambranles grattées à la Révolution.

En août 1965, le gros œuvre est achevé, y compris dans l'aile de Trianon-sous-Bois qui doit abriter le logement du président. Les décorateurs entrent en scène, avec à leur tête deux hommes à peine quarantenaires, le chartiste Jean Coural[4], administrateur du Mobilier national depuis tout juste deux ans, flanqué de Serge Royaux[5], qui cumule des missions pour le garde-meuble de la République en plus de ses commandes privées. Royaux, grand amateur des lignes

---

4. Jean Coural (1925-2001), administrateur du Mobilier national de 1963 à 1991.

5. Serge Royaux (1924-2016).

épurées et des ébénisteries raffinées, est un parfait connaisseur de l'Art déco, qu'il décline au domicile particulier des Bettencourt ou dans les ambassades ; il place le néoclassicisme au sommet, avec son élégance et sa rigueur. Pour lui, la droiture de Louis XVI l'emporte sur les courbes du rococo. La confiance que lui accorde Malraux et sa mission au Mobilier national lui ouvrent les portes des palais de la République : outre Trianon, il sera chargé de la décoration de bureaux à l'Élysée, de l'hôtel de Lassay et même de l'hémicycle de l'Assemblée nationale, en 1970.

Le goût du Général, entre classicisme et sobriété

C'est donc un décorateur chargé de mission au Mobilier national qui prend en charge l'aménagement des appartements destinés au chef de l'État et à ses invités, comme il le ferait pour n'importe quel riche industriel de sa clientèle privée. C'est aussi un fin connaisseur de Versailles et de la haute époque, qu'il a mis en scène dans des expositions, comme celle aux Arts décoratifs sur *Louis XIV, fastes et décor*, en 1960, ou celle consacrée au peintre Le Brun en 1963. Il a également le sens de la mise en scène, à l'exemple du musée des Arts décoratifs où il aménage des espaces évoquant la vie quotidienne, précurseurs des *period rooms*, loin des vitrines qui, jusque-là, présentaient les objets indépendamment les uns des autres.

Le recours à Royaux est révélateur du goût du Général ; loin de la modernité voulue par Vincent Auriol, qui fait appel dans les années cinquante à

André Arbus pour décorer l'appartement des chefs d'État à Rambouillet, de Gaulle a sans doute besoin de sobriété et d'ancrage dans la tradition. Par ailleurs, à l'opposé de ce que Gérald Van der Kemp réalise dans le même temps au château de Versailles, il ne s'agit pas de remeubler Trianon-sous-Bois et l'aile destinée aux hôtes étrangers, mais bien de les aménager, comme une résidence privée destinée à être utilisée : « Meubles, tentures et objets d'art seront placés en fonction de votre plan. Cela nous est d'autant plus facile qu'il ne s'agit pas pour nous de faire des reconstitutions historiques, mais de meubler un appartement privé », écrit l'administrateur du Mobilier national à l'architecte Marc Saltet en mai 1964.

Coural et Royaux font de Trianon-sous-Bois un lieu de vie, à la fois solennel mais sans emphase, qui correspond à la personnalité du chef de l'État. Au rez-de-chaussée, une enfilade de pièces est destinée à recevoir les espaces de réception et de travail ; le premier étage est consacré aux appartements privés. Le décorateur a le sens des symboles : les pièces les plus nobles, le bureau du Général, le salon, accueillent des meubles de bois doré pour marquer l'usage des lieux. Un mobilier plus simple, blanc, ou blanc orné de quelques dorures, est destiné aux autres salles. Au rez-de-chaussée, l'austérité est palliée par les couleurs des tentures et tissus d'ameublement, qui rythment la succession des espaces et associent deux teintes : bleu et vert dans l'antichambre, gris et grenat dans le bureau des aides de camp, jaune et vert dans le bureau présidentiel et le salon. À l'étage, la décoration est plus intime, presque bourgeoise, à l'image des salles, plus modestes et basses de plafond ; les tissus sont sobres, en toile de coton.

Les meubles proviennent pour l'essentiel du Mobilier national : de l'Empire au rez-de-chaussée, et du Louis XVI, plus léger, à l'étage. Cent quatre-vingt-deux pièces de Sèvres, bleu et blanc, ainsi que des bronzes complètent la décoration.

En quatre ans, le statut de Trianon change. Le petit château de détente du Roi-Soleil qui accueillait le public au fond du parc de Versailles – un peu moins de 200 000 personnes en 1961 – se transforme en palais de la République, avec des salles de réception, des chambres avec salle de bains, des bureaux, des cuisines à la pointe de la modernité. De Gaulle suit les opérations de près, par l'intermédiaire de son ministre des Affaires culturelles. Le 2 juillet 1962, alors que tout le monde est à pied d'œuvre pour lancer les travaux, Malraux s'est en effet installé au pavillon de la Lanterne[6], à l'autre extrémité du Grand Canal. Quelques mois plus tôt, son appartement a été soufflé dans l'explosion d'une bombe posée par l'OAS, et il prend possession de ce qui est traditionnellement la résidence de week-end du Premier ministre, que Pompidou lui a concédée. Depuis la Lanterne, le ministre-écrivain surveille l'évolution du chantier, convoque régulièrement l'architecte et le conservateur, échange avec l'administrateur du Mobilier national et

6. Le pavillon de la Lanterne, ancienne résidence du capitaine des chasses et gouverneur de Versailles bâtie en 1787 à la lisière du parc de Versailles, est la résidence de plaisance des Premiers ministres de 1959 à 2007, puis des présidents de la République depuis 2007.

avec Royaux ; il visite le chantier dès qu'il peut, et y accueille même de Gaulle. En août 1963, le Général vient à Versailles se rendre compte de l'avancement du projet ; après un déjeuner au pavillon de chasse de Marly, il est accueilli à Trianon par son ministre, qui s'improvise guide, maître d'ouvrage et maître d'œuvre, avant d'offrir un thé servi à la Lanterne.

Les crédits du patrimoine à la rescousse du projet présidentiel

Le président et son ministre sont d'autant plus attentifs que le financement du projet est complexe. Annoncés à un peu moins de 20 millions de francs pour les travaux d'architecture et de décoration, les coûts s'envolent pour atteindre 45 millions. Qu'à cela ne tienne : la loi de programme sur les monuments, qui vient d'être votée le 31 juillet 1962 à l'initiative de Michel Debré, a permis d'octroyer à sept lieux emblématiques de l'histoire de France 180 millions de francs[7]. Versailles, parmi les sept, est de loin le plus favorisé, avec 80 millions de crédits destinés aux restaurations d'ampleur qui doivent y être conduites. Les alertes de la Rue de Valois, qui précise que « l'esprit

---

7. Les lois de programme sur les monuments, en 1962, 1967 et 1978, permettent de dégager des crédits considérables pour la restauration de monuments historiques. La première, en 1962, a fait le choix de sélectionner sept monuments emblématiques de l'histoire de France, dont cinq anciennes résidences royales : le Louvre, les Invalides, les châteaux de Vincennes, Versailles, Fontainebleau et Chambord, la cathédrale de Reims.

de la loi est d'assurer la réfection et la restauration des grands monuments et non d'y effectuer des travaux d'habitation. Il y a là une considération importante tant sur le plan financier que sur le plan psychologique et même politique », restent sans suite. À compter de 1963, et faute de crédits suffisants sur le budget des Affaires culturelles, en particulier pour les aménagements, les responsables du chantier de Trianon puisent allègrement dans cette manne financière ; la réfection du réseau électrique de la future résidence présidentielle est jugée prioritaire par rapport à la restauration du bassin de l'Encelade qui s'effondre. La confirmation de l'aménagement d'un logement pour le président augmente encore le coût du chantier, d'autant que les choix d'équipement sont parfois onéreux.

Ces errements financiers émeuvent la Cour des comptes ; en 1967, son rapport est accablant. Elle pointe du doigt les dépenses excessives et, de manière plus globale, les « entorses aux procédures réglementaires », avec des marchés passés en régularisation *a posteriori*, ou des ententes de gré à gré. L'urgence de l'opération posée par le pouvoir politique s'est exonérée des règles budgétaires, au détriment non seulement de la transparence, mais aussi des besoins que le château de Versailles pouvait avoir, dans le cadre de la loi de programme, en matière de restauration.

Mais l'opinion publique n'y trouve rien à redire ; hormis quelques caricatures de Moisan dans *Le Canard enchaîné*, qui dénoncent la monarchie gaullienne avec un Général grimé en Roi-Soleil, la presse est quasi unanime pour célébrer, au printemps 1966, la renaissance de Trianon magnifié. Le 28 avril, Charles de Gaulle y est accueilli par Malraux, qui lui fait les honneurs de son nouveau palais. Le chef de l'État parcourt l'ensemble des salles, séduit par son nouvel appartement, tout en subtilité, par la magnificence des salons d'apparat, qui ont bénéficié des dispositions d'un décret de 1961 ordonnant le retour à Versailles de tous les meubles et éléments de décoration qui s'y trouvaient avant la Révolution, et par l'aile dévolue aux hôtes étrangers, qui seront logés avec tous les égards dus à leur rang. « Voilà quelles sont les richesses de la France quand elles sont remises en valeur par un Malraux », proclame publiquement de Gaulle, qui affirme là le rôle essentiel de son ministre dans la conduite du chantier. Le public ne s'y trompe pas et se précipite, enthousiaste, pour visiter le palais restauré : « Lorsqu'enfin s'ouvrirent les portes du Grand Trianon, hermétiquement, désespérément closes depuis trois ans "pour cause de réparations", il y eut comme une espèce de ruée. La foule se précipita, voulant tout voir. Il fallut canaliser, n'admettre que des groupes de vingt-cinq ou trente personnes, accompagnées par une conférencière. Pour sa "première", Trianon compta huit cents entrées. Le lendemain, cela tourna à l'émeute. Des gardiens furent bousculés, des barrières brisées. La conservation décida, en désespoir de cause, d'ouvrir toutes grandes les portes. On assista alors à ce spectacle stupéfiant : [...] la lame de fond des visiteurs de l'été s'arrêta, frappée de stupeur, une fois franchi l'auguste péristyle [...]. Il s'établit un silence de cathédrale. Le parcours se fit dans l'ordre et la discipline. On était comme écrasé par la somptuosité du décor[8]. » En 1967,

8. René Briat, « L'événement artistique de l'année : Trianon », *Plaisir de France*, n° 338, décembre 1966, p. 61.

plus de 330 000 visiteurs découvrent le Grand Trianon, deux fois plus qu'en 1962.

Musée ouvert au public et en même temps résidence de la République : la cohabitation n'est pas simple. Certains protestent déjà contre l'utilisation de Trianon pour y recevoir des chefs d'État, privant les touristes de la possibilité de visiter les lieux. Trianon-sous-Bois et les appartements réservés aux hôtes de la France restent fermés, pour des raisons de sécurité et de confidentialité ; en 1972, un projet porté par Henri Domerg, conseiller et beau-frère de Georges Pompidou, consistant à ouvrir au public les parties du palais réservées au président et ses invités, est finalement écarté.

« Je travaille pour l'avenir », avait dit de Gaulle à son directeur de cabinet en évoquant Trianon. Dans les trois années qui séparent l'ouverture du palais de sa démission, le Général ne recevra finalement que de rares hôtes à Trianon. Quatre exactement. Le premier, le duc d'Édimbourg, est reçu à déjeuner le 20 décembre 1966 dans la galerie dite des Cotelle et ne dort même pas dans la chambre prévue dans l'aile ouest. Un autre déjeuner est organisé en février 1968 pour le général Aref, président irakien ; une réunion de travail se tient, toute une journée, avec le président américain Richard Nixon le 1er mars 1969. Seul le Premier ministre britannique Harold Wilson étrenne les installations luxueuses prévues pour les hôtes de la France, lors d'un séjour de deux jours en juin 1967.

De Gaulle quitte le pouvoir en avril 1969 sans avoir utilisé le palais de Trianon comme il l'entendait : un lieu d'influence à l'ombre du château de Versailles, un écrin de la diplomatie au moment où l'ordre international évoluait, une résidence présidentielle sinon permanente, du moins digne de ses occupants. L'âge d'or du Trianon de la République se situe durant la décennie suivante, les années soixante-dix, avec Georges Pompidou et Valéry Giscard d'Estaing, qui y accueilleront le monde entier, lors de visites d'État somptueuses qui allieront l'hospitalité à Trianon aux féeries festives du château. Le sommet du G7 voulu par François Mitterrand à Versailles en 1982 sera l'apogée et le chant du cygne : sept chefs d'État et de gouvernement logés en même temps dans le petit palais, qui doit fermer ses portes au public pendant six semaines alors que, désormais, plus de 3 millions et demi de visiteurs du monde entier visitent le château chaque année. L'éloignement de Paris et la diminution progressive de la durée des visites officielles font le reste ; à de rares exceptions près, les portes de Trianon se referment sur les rois et les présidents. C'en est fini du rêve du général de Gaulle, qui voulait faire de Versailles et de Trianon un nouveau lieu de l'exercice du pouvoir.

Bibliographie sélective

LAURENT (Xavier), *Grandeur et misère du patrimoine d'André Malraux à Jacques Duhamel*, Paris, École nationale des chartes, 2003.

MCGRATH (Karine) (dir.), *Un président chez le roi. De Gaulle à Trianon*, Paris/Versailles, Gallimard/château de Versailles, 2016.

OPPERMANN (Fabien), *Le Versailles des présidents*, Paris, Fayard/CRCV, 2015.

—, *Dans les châteaux de la République. Le pouvoir à l'abri des regards*, Paris, Tallandier, 2019.

21

Les fantômes de Trianon

par Jean-Christian PETITFILS

Le domaine de Versailles et de Trianon est-il hanté ? Si le fait est exact, il y aurait là sans doute quelque chose d'insondable, comme tout ce qui touche au paranormal, mais rien d'étonnant si l'on songe aux milliers de personnes ayant vécu au château ou s'étant promenées dans les jardins depuis plus de trois cent cinquante ans. Des visiteurs ayant passé la nuit au château racontent avoir aperçu, à l'heure propice aux spectres, des ombres inquiétantes et entendu des roulements de carrosse. Certains flâneurs dans le parc assurent avoir été témoins de l'étrange apparition d'une femme en robe à paniers, une ombrelle à la main, ou avoir entendu dans le lointain quelques accords musicaux du XVIIIe siècle.

Parmi les récits les plus curieux et les mieux documentés on trouve ceux de deux universitaires anglaises, Annie Moberly et Eleanor Jourdain, principale et vice-principale du St Hugh's College d'Oxford. Dans leur livre *An Adventure*, paru en 1911, elles témoignent avoir été projetées subitement dans un univers parallèle et avoir vécu un phénomène frappant de « hantise » dans le jardin du Petit Trianon.

Une vision inattendue

Voici les faits tels qu'elles les ont racontés. Ce dimanche 10 août 1901 – date anniversaire du jour le plus tragique de l'histoire de la monarchie française –, il faisait chaud et le ciel était quelque peu couvert. Grâce à une légère brise exhalant les parfums de l'été, l'air était vif, cependant qu'une dépression avançait sur la Manche, où le baromètre avait brusquement baissé. Vers dix-sept heures, les deux amies, après avoir visité le château, se promenaient dans le jardin proche du Petit Trianon. Soudain, au détour d'un sentier ombragé, une sensation de fatigue et d'oppression s'empara des deux femmes, comme un silence écrasant, comme une bizarre impression de solitude et d'angoisse. Les rares touristes avaient disparu. « Devenu plat et sans vie », le paysage s'était transformé. « Nous eûmes l'étrange illusion, écrit Miss Jourdain, de marcher dans un rêve. Les arbres, les feuilles, le paysage ne nous parurent plus naturels ; tout prit l'aspect rigide et figé d'une tapisserie. » Dans une clairière déserte, elles aperçurent deux hommes, « l'air digne et sérieux », en habits « d'un vert grisâtre, avec de petits chapeaux tricornes ». C'étaient peut-être des jardiniers, car ils tenaient en main un bâton ou une bêche et il y avait près d'eux une brouette et quelques outils aratoires. Dans un français approximatif, elles leur demandèrent où trouver le Petit Trianon. Ils les invitèrent « d'une manière apparemment désinvolte et machinale » à continuer leur chemin.

Elles passèrent près d'un bâtiment ancien, puis d'un pavillon de style chinois, « semblable à un kiosque à musique », qu'elles prirent d'abord pour le temple de l'Amour, parce qu'il figurait sur leur guide. Un homme en manteau, la face mate et tavelée de petite vérole, les dévisagea d'un air sombre et menaçant. « Je ressentis pendant un moment une vraie panique », note Miss Moberly. « Son expression, ajoute Miss Jourdain, était très méchante quoique ses yeux fussent vagues, et bien que je ne sentisse pas qu'il nous regardait particulièrement, j'éprouvais une répugnance à passer près de lui. »

Bientôt, un autre homme surgit, hors d'haleine. « Il venait apparemment de passer par-dessus ou à travers le rocher (ou quoi que ce fût) qui coupait la perspective au carrefour des sentiers. » Jeune, grand, avec des yeux noirs et des cheveux frisés sous un sombrero, il avait le visage rubicond et brillant de quelqu'un qui aurait longtemps couru. Il portait une cape dont l'un des pans flottait au vent. « Il semblait fort excité, poursuit Miss Moberly, quand il nous cria : *Mesdames, mesdames*, ou peut-être *madame* (mal prononcé), *il ne faut* (prononcé *fout*) *pas passer par là*. Ensuite, il agita son bras et dit avec une grande animation : *Par ici... cherchez la maison*. [...] Je me dirigeai immédiatement vers le petit pont à droite et, tournant la tête pour le remercier en même temps que Miss Jourdain, je m'aperçus à ma surprise qu'il avait disparu, mais le bruit de course reprit et, d'après ce bruit, cela se passait tout près de nous. » Sa compagne observa qu'il était parti avec « un curieux sourire sur le visage » et portait des chaussures à boucles.

Les visiteuses franchirent donc le petit pont rustique qui enjambait un charmant ruisselet. L'allée contournait une étroite prairie, limitée par des arbres. Elles arrivèrent à une maison de campagne carrée dont les hautes fenêtres donnant sur le Jardin anglais étaient fermées. Sur la terrasse, Annie Moberly aperçut une femme blonde en fichu vert et chapeau blanc en train de dessiner. « Elle nous vit et, lorsque nous passâmes non loin d'elle, à sa gauche, elle se retourna et nous regarda en plein. » Miss Jourdain décrit la scène un peu différemment : « Une femme et une fillette se tenaient sur le seuil et je remarquai particulièrement leurs tenues insolites : toutes deux portaient des foulards blancs enfoncés dans leur corsage, et la robe de la fillette, qui semblait n'avoir que treize ou quatorze ans, lui descendait jusqu'aux chevilles. La femme était debout sur les marches, penchée légèrement en avant, tenant une cruche à la main. [...] Ses cheveux châtain clair s'échappaient de sous son bonnet. Je me souviens que toutes les deux semblaient avoir pris la pose pour un moment, comme dans un tableau vivant, mais nous sommes passées et n'avons pas vu la fin. »

Après cela, accompagnées par un jeune homme sorti de l'une des maisons et ayant « l'allure d'un valet de pied », elles atteignirent l'entrée principale du Petit Trianon. Là, elles se retrouvèrent dans le monde présent, sous les arbres aux feuilles frémissantes et le vent léger. « Une noce joyeuse faisait le tour des salles bras dessus, bras dessous, en longue procession. » En état de choc, les deux promeneuses retournèrent à pied en silence à l'hôtel des Réservoirs à Versailles, sans échanger la moindre impression.

Les recherches

Une semaine plus tard, à leur retour à Oxford, Miss Moberly demanda à son adjointe : « Pensez-vous que le Petit Trianon soit hanté ? » « Oui, je le pense », lui répondit sobrement celle-ci, et d'évoquer ensemble le sentiment de dépression et d'anxiété qui les avait alors saisies. Depuis lors, elles furent littéralement habitées par cet épisode insolite, convaincues de s'être égarées un moment dans un monde mystérieux et d'avoir parlé à d'authentiques fantômes. En novembre 1901, elles écrivirent, chacune de leur côté, le récit de cet après-midi ; leurs récits concordaient dans l'ensemble. Puis, elles entamèrent de longues recherches sur l'histoire du Petit Trianon et ses jardins, qu'elles connaissaient à peine, consultant des récits, des mémoires, des plans anciens, recherchant des gravures et des photographies, fouillant dans les archives françaises les comptes de jardinage et d'entretien du domaine. Une seconde relation, composée vraisemblablement vers 1905-1906, compléta la première de quelques détails ayant échappé à leur mémoire.

À la vue d'un portrait de Marie-Antoinette par le Suédois Wertmüller, Miss Moberly crut reconnaître la dame aperçue en train de dessiner. L'homme au visage grêlé serait le comte de Vaudreuil, un familier de la reine et du Petit Trianon, qui avait joué dans *Le Barbier de Séville* avec un chapeau à large bord.

Quant aux deux jardiniers en livrée verte et tricorne noir, les deux Anglaises estimèrent finalement qu'ils appartenaient aux gardes suisses de la reine et les identifièrent aux frères Bersy. Elles retrouvèrent mention de la porte qu'elles avaient entendue grincer sur un plan ancien : elle ouvrait sur le bâtiment de la cuisine, devenu en partie en 1773 celui de la chapelle. Dernier détail, le petit pont qu'elles avaient emprunté figurait dans les *Souvenirs* du comte d'Hézecques, ancien page de la cour.

Quel incroyable mystère ! Pour Annie Moberly, elles avaient été projetées dans un rêve nostalgique de Marie-Antoinette en captivité en 1793, rêve qui renvoyait à des événements de l'année 1789. Ce serait, selon elles, une « empreinte mémorielle » dont elles auraient été imprégnées par transmission télépathique. Explication nébuleuse et alambiquée, on en conviendra.

Qui donc étaient Miss Moberly et Miss Jourdain ?

Écartons toute idée de canular ou de mystification volontaire échafaudée par les deux femmes. On ne saurait douter de leur moralité et de leur honnêteté. À leur arrivée en France, elles ignoraient à peu près tout de son histoire. On sait par des confidences postérieures faites à certaines de leurs élèves et par plusieurs lettres à leurs proches ou à leurs amies qu'elles avaient très vite raconté ce qu'elles estimaient être une stupéfiante expérience hors du temps.

Née en 1846, Charlotte Anne Elizabeth, dite Annie Moberly, était le dixième enfant de George Moberly, pasteur anglican puis évêque de Salisbury. Après avoir aidé consciencieusement son père vingt années durant dans des tâches de secrétariat, elle était devenue après sa mort, à quarante ans, principale du St Hugh's Hall, troisième collège féminin de l'université d'Oxford. Plutôt laide, avec une physionomie sévère et ombrageuse, c'était une femme rêveuse, musicienne, d'une piété tirant sur le mysticisme.

En 1901, elle embaucha pour vice-principale une ancienne étudiante d'Oxford de dix-sept ans plus jeune qu'elle, Eleanor Frances Jourdain, qui avait fondé une petite école à Watford, au nord-ouest de Londres, et préparait une thèse de doctorat à la Sorbonne. Cette fille d'un clergyman du Derbyshire offrait des traits délicats et un tempérament doux et romantique. Afin de s'assurer qu'elle s'entendrait bien avec elle, Annie l'avait persuadée de faire un petit voyage en France. D'où leur présence au château de Versailles puis dans les jardins de Trianon ce 10 août 1901.

Parue en 1911 à Londres chez MacMillan, sous une reliure bleu de France frappée d'une fleur de lys d'or, leur relation intitulée *An Adventure* connut un appréciable succès pour ce genre de littérature, généralement cantonnée aux milieux ésotériques : cinq éditions et plus d'une vingtaine de réimpressions en quarante ans, sans compter des éditions américaines et une traduction française publiée en 1978, avec une présentation très fouillée de Robert Amadou, grand spécialiste de l'occultisme. Jusqu'à la quatrième édition de 1931, les respectables demoiselles avaient usé de pseudonymes : Elizabeth Morison et Frances

Lamont. En Angleterre, terre privilégiée des revenants, la vogue saisit les milieux métapsychiques et parapsychologiques, même si la Society for Psychical Research, *The Journal of Parapsychology* et les *Proceedings of the Society for Psychical Research in London* demeurèrent quelque peu sur la réserve.

Miss Jourdain s'aventura seule au Hameau de la Reine le 2 janvier 1902 et, marchant dans les allées, crut percevoir une mélodie instrumentale en *la* bémol majeur. Un air dont elle transcrivit douze mesures : fragment musical indéterminé qu'on a voulu, sans preuve décisive, rapprocher d'un morceau de Gluck, de Philidor ou de Monsigny. Les deux universitaires revinrent plusieurs fois à Trianon, sans retrouver, à leur grande déception, les chemins de l'étrange. En 1904, alors que rien n'avait changé depuis trois ans dans le jardin, elles furent surprises de constater que les allées avaient été modifiées, que de grands arbres avaient disparu ainsi que le kiosque chinois, la maisonnette, le petit pont rustique et le rocher. Eleanor Jourdain mourut en 1934, Annie Moberly en 1937. Jamais elles n'avaient renié leurs écrits.

Une solution rationnelle ?

Pour les sceptiques il devait y avoir une explication rationnelle à ces extravagances. À la suite de perceptions rapides et confuses, relevant peut-être de la paramnésie, ces deux puritaines auraient été victimes de leur mémoire et de leur imagination sans doute un peu vive, enjolivant leurs récits, commettant des erreurs de localisation et d'interprétation. Peut-être avaient-elles été par trop imprégnées de Lewis Carroll (auteur des *Aventures d'Alice au pays des merveilles* et de *De l'autre côté du miroir*) et des romanciers du temps réversible ?

En 1965, l'écrivain Philippe Jullian, dans sa biographie de Robert de Montesquiou, l'ami de Proust, sembla apporter la solution. Les deux Anglaises avaient tout simplement assisté à une fête costumée que le poète dandy, qui possédait une maison adjacente au domaine royal, avait organisée avec son secrétaire et amant l'Argentin Gabriel de Yturri. Depuis que Pierre de Nolhac, le conservateur du musée, leur avait confié la clef du parc de Trianon, les deux compères y passaient de fréquentes journées en compagnie de quelques femmes élégantes et de poètes maniérés, triés sur le volet. Celle que les deux visiteuses avaient prise pour Marie-Antoinette n'était pas leur chère amie la comtesse Greffulhe, cette personnalité du Tout-Paris qui servira de modèle à Marcel Proust pour le personnage de la duchesse de Guermantes, car elle se trouvait alors au Carlton Hotel de Londres, mais peut-être la marquise d'Hervey Saint-Denys, qui se faisait peindre en Diane et photographier en costume du XVIIIe siècle. Et comment ne pas reconnaître en Yturri l'homme singulier et fébrile « couvert d'un sombrero » qui les avait interpellées avec un accent étranger ? Bref, tout s'éclaircissait. Égarées dans le jardin de Trianon, entraînées par l'imagination fantasmatique d'un lieu peuplé de tant de souvenirs, les voyageuses n'avaient vu en réalité que la répétition d'un spectacle costumé, vite transformé par elles en une apparition surgie de l'autre monde.

La thèse Montesquiou mise à mal

Cependant, les objections ne manquèrent pas. Aucune relation, aucun document n'indique que Montesquiou et ses amis aient été présents à Trianon cet après-midi du 10 août 1901. Une photographie représentant le poète des *Hortensias bleus* et Yturri les montre costumés d'un simple manteau à pèlerine et coiffés de toques d'astrakan, difficilement identifiables à des tricornes. Comment confondre Yturri avec « l'homme qui court », décrit comme ayant les cheveux frisés alors qu'il les avait plats ? Cela ne colle pas. Pas plus d'ailleurs que l'idée qu'on aurait tourné un film le dimanche 10 août 1901 en ce lieu. Des vérifications auprès de la maison Pathé entre autres demeurèrent infructueuses.

Plus troublant : le décor décrit par les enseignantes ne correspondait en rien à celui existant en 1901. La maisonnette derrière laquelle elles avaient vu la femme et la fillette avait été détruite depuis longtemps ; l'étrange pavillon circulaire également ; les arbres bordant le pré d'herbes hautes avaient été coupés. Comment expliquer que la porte du jardin ouvrant sur la cuisine ait pu battre alors qu'elle avait été murée depuis des temps immémoriaux ? Enfin, dans le Versailles de la IIIe République, un dimanche de surcroît, il n'y avait pas de jardiniers habillés de vert.

De très sérieux historiens se sont penchés sur les quatre récits des voyageuses et ont cherché à identifier les lieux et bâtiments décrits par elles. Pour Léon Rey, archiviste paléographe, bon connaisseur du Petit Trianon, le « jeu de bague » construit sous Louis XVI pour servir aux divertissements de Marie-Antoinette et détruit sous Napoléon aurait pu être le « pavillon chinois »[1]. Un autre passionné de l'affaire, Guy William Lambert, de la Society for Psychical Research, objecta que ce bâtiment ne se trouvait nullement dans la partie nord du jardin, près de l'entrée des Jardiniers, là où les demoiselles avaient situé leur vision.

Une scène de 1774 plutôt que de 1789 ?

Guy William Lambert comprit alors l'impasse dans laquelle s'étaient engagées les deux femmes. C'était le Petit Trianon de 1774, peu après la mort de Louis XV, qu'elles avaient vu, et non celui de 1789 ! Poursuivant son enquête à travers les archives françaises, le chercheur découvrit que jusqu'à cette époque les jardiniers du domaine portaient une livrée verte, que le jeune Louis XVI transforma en livrée rouge à son avènement. Ainsi les deux hommes entrevus par les demoiselles étaient peut-être les Richard, Claude et son fils Antoine, titrés jardiniers-fleuristes et botanistes du roi, « l'un plus vieux que l'autre », assuraient-elles. Dans un document des Archives nationales trouvé par lui, on lit ce passage : « L'on croit que comme les sieurs Richard sont en vert, ils doivent être en rouge avec des parements de velours bleu[2]. »

---

1. Léon Rey, « Une promenade hors du temps », *Revue de Paris*, décembre 1952, p. 117-123.
2. Archives nationales, série O^1 984, f. 468.

Des recherches postérieures, notamment celles d'Arnold Osborne Gibbons[3], semblèrent confirmer que les édifices et objets vus correspondaient bien au jardin de 1774, qui fut totalement bouleversé en 1775-1776 : la maisonnette bâtie contre le mur d'enclos des jardiniers et dont il retrouva les fondations, le bâtiment de la cuisine (plus tard remplacée par une chapelle), le rocher près de l'entrée des Jardiniers, bouchant la vue du chemin, la barrière d'arbres assurant la clôture, enfin le « pavillon circulaire » à caractère chinois, conforme à celui trouvé dans un fonds d'archives de la bibliothèque de Versailles, détruit par l'architecte Mique et impossible à confondre avec le temple de l'Amour, le belvédère ou le jeu de bague remontant tous à 1776-1777[4]. Dans cette hypothèse, les personnages entrevus n'auraient sans doute pas été le comte de Vaudreuil ni Marie-Antoinette, même si la jeune reine s'était vu offrir le domaine de Trianon par son mari à son accession au trône.

D'autres cas étranges

Le cas des deux miss ne paraît pas avoir été isolé. En 1914, trois Anglais, John Crooke, sa femme Kate et leur fils Stephen, assuraient avoir eu six ans plus tôt une vision de la « dessinatrice » au même endroit. En 1928, deux institutrices britanniques, Clare M. Burrow

3. Arnold Osborne Gibbons, *The Trianon Adventure : A symposium*, Londres, Museum Press, 1958.

4. Les deux Anglaises ne les avaient pas vus lors de leur première visite en 1901.

et Anne Lambert, pénétrant par la porte du Jardinier, auraient ressenti une forte oppression avant de croiser un vieil homme en roquelaure verte, coiffé d'un tricorne et portant un bâton de cérémonie. Elles affirmèrent aux enquêteurs n'avoir jamais lu *An Adventure* avant leur visite.

Quelques années avant la Seconde Guerre mondiale, par un beau matin de juin, le jeune Robert Philippe, plus tard professeur de dessin et d'histoire de l'art, accompagnant ses parents au Hameau de la Reine, s'était isolé un instant derrière un arbre, non loin de la laiterie, afin de satisfaire un besoin naturel. Au moment où il s'apprêtait à rejoindre ses parents, une dame étrange apparut près de lui et se mit à lui vanter la beauté du site. Gêné d'avoir été surpris, il alluma une cigarette. Il lui demanda si elle habitait à Paris. « Non, répondit-elle, à Trianon. – Mais il me semble que Trianon n'est pas habité. – Oui, mais pas pour moi. – Alors, nous nous reverrons ? – Peut-être. » Sa cigarette s'étant éteinte, le jeune Robert la ralluma, mais quand il releva la tête l'apparition avait disparu. Ses parents s'étonnèrent de l'avoir vu soliloquer.

D'autres cas encore ont été signalés, notamment en mai 1955, celui d'un avoué londonien et de son épouse qui avaient croisé une dame en robe jaune, entourée de deux hommes portant de longs manteaux ouverts sur le devant laissant voir d'élégantes culottes noires et des chaussures à boucles d'argent. Ces inconnus semblaient suivre une allée du bois des Onze-Arpents, lequel avait été aménagé à partir de 1780 dans le prolongement du jardin de la Reine mais avait disparu avant 1786 !

Un matin d'octobre 1958, le peintre alsacien René Kuder s'était fait enfermer à l'intérieur de la bergerie du Hameau afin de prendre des croquis en toute tranquillité. Soudain, le gardien entendit de grands coups frappés à la porte. Vite, il ouvrit au septuagénaire livide, qui tomba en syncope : « J'ai vu Marie-Antoinette sans tête descendre l'escalier », fit celui-ci après avoir repris ses esprits ; « j'ai même entendu le claquement de ses talons. »

Revenons au cas qui nous occupe. De quoi s'agit-il ? De réminiscences déformées par des lectures ultérieures ? D'un authentique phénomène paranormal ? D'un voyage dans le temps accompagné d'une matérialisation de personnes et de lieux disparus ? Serait-ce alors une « hantise recognitive », comme l'estiment certains parapsychologues ? Faut-il croire Jean Cocteau lorsqu'il écrivait avec la grandiloquence permise aux seuls poètes : « Une porte s'est ouverte par erreur le 10 août 1901 pour Miss C.A.E. Moberly et Miss E.F. Jourdain » ? Mais ne conviendrait-il pas alors de retourner la scène dans l'autre sens et de se projeter en pensée à Trianon par un bel après-midi de 1774 ? En raison d'une dilatation passagère de l'espace-temps bousculant l'ordre de la causalité, un peu comme dans la physique quantique, Claude et Antoine Richard, le râteau à la main, virent surgir au milieu de leurs plates-bandes deux étrangères bizarrement accoutrées – presque des extraterrestres ! –, qui se seraient mises à leur parler avant de disparaître ! Laissons ces voyages fantasmagoriques aux romans d'aventures ou aux films burlesques du style du *François Ier* de Christian-Jaque (interprété par l'inoubliable Fernandel).

Il est difficile de s'arrêter à une conclusion définitive. Le brouillard du temps a jeté un voile impénétrable sur ce qu'ont réellement vu les deux protagonistes. On navigue entre littérature fantastique et parapsychologie. Tout paraît étrange, insolite, troublant même, il faut en convenir, mais le caractère paranormal de cette « *Adventure* » n'est pas pleinement prouvé. Cela reste en tout cas une légende joliment romantique, digne du charme poétique du Petit Trianon et du folklore quasi surnaturel qui enveloppe la personnalité attachante de Marie-Antoinette, une promenade à corps défendant « dans les corridors de l'espace-temps », un « rêve éveillé », et peut-être – pourquoi pas ? – « vécu » de manière hallucinatoire par ces deux honorables demoiselles d'Oxford, à l'allure toute victorienne, par un bel après-midi d'août 1901[5].

BIBLIOGRAPHIE SÉLECTIVE

ALLEAU (René), *Guide de Versailles mystérieux*, Paris, Tchou, 1966.

AUDINOT (Didier), *Les Mystères du Trianon. Voyages vers l'au-delà*, Agnières, JMG Éditions, 2003.

IREMONGER (Lucille), *The Ghosts of Versailles. Miss Moberly and Miss Jourdain and their Adventure. A critical study*, Londres, Faber and Faber, 1957.

---

5. À noter que certains spécialistes du paranormal insistent sur le fait que des orages électriques peuvent jouer un rôle d'activation dans la manifestation de spectres. Or, dans une note envoyée en octobre 1902 à la Society for Psychical Research, les deux Anglaises écrivaient : « Nous avons depuis appris par le *Registre annuel* que le 10 août 1901 il y a eu une perturbation électrique générale dans toute l'Europe. » Serait-ce un début d'explication ?

JULLIAN (Philippe), *Robert de Montesquiou. Un prince 1900*, Paris, Perrin, 1965.

MACKENZIE (Andrew), *Peut-on expliquer l'inexplicable ?*, Paris, Presses de la Cité, 1967.

MOBERLY (C.A.E.) et JOURDAIN (F.F.), *Les Fantômes de Trianon. Une aventure*, Monaco, Rocher, 2000.

NOTICES BIOGRAPHIQUES

Isabelle ARISTIDE-HASTIR est archiviste paléographe, conservatrice générale du patrimoine. Depuis 2010 elle est responsable du département des Archives privées des Archives nationales. À ce titre elle est chargée de la correspondance de Marie-Antoinette et Axel de Fersen, achetée par les Archives nationales en 1982, et a publié en 2021, aux Éditions Michel Lafon, *Marie-Antoinette & Axel de Fersen. Correspondance secrète*. Elle a été commissaire scientifique, avec Jean-Christian Petitfils et Emmanuel de Waresquiel, de l'exposition *Louis XVI, Marie-Antoinette et la Révolution. La famille royale aux Tuileries* (Archives nationales, 29 mars-6 novembre 2023).

Éditeur, historien, **Jean-Vincent BACQUART** est doctorant en histoire contemporaine à la Sorbonne. Spécialiste des ordres religieux militaires, il a publié *Mystérieux Templiers. Idées reçues sur l'ordre du Temple* (Le Cavalier bleu, nouv. éd., 2019). Ses recherches actuelles portent sur les résurgences templières apparues dans les milieux maçonniques aux XVIIIe et XIXe siècles.

Docteur en histoire de l'art de l'université Paris-Nanterre et diplômée d'études supérieures de l'École du Louvre, **Claire BONNOTTE KHELIL** est collaboratrice scientifique au château de Versailles. Auteur de l'ouvrage *Le Soleil éclipsé.*

Le château de Versailles sous l'Occupation (Paris, coédition Vendémiaire/château de Versailles, 2018), elle a assuré le cocommissariat de l'exposition *Versailles Revival 1867-1937* en 2019 et la direction scientifique d'un colloque sur la protection des châteaux-musées franciliens durant la Seconde Guerre mondiale en 2021 (*Châteaux et musées franciliens pendant la Seconde Guerre mondiale. Une protection stratégique*, en codirection avec Christina Kott, coédition Hermann/château de Versailles, 2023).

Docteur en histoire, **Antoine Boulant** est l'auteur d'une dizaine d'ouvrages consacrés au XVIIIe siècle, à la Révolution française et au Premier Empire. Il a notamment publié *Le Tribunal révolutionnaire. Punir les ennemis du peuple* (Perrin, 2018), *La Journée révolutionnaire. Le peuple à l'assaut du pouvoir* (Passés/Composés, 2021), *Robespierre. La vertu et la terreur* (Perrin/BnF, 2022) et *La Révolution française. Vérités et légendes* (Perrin, 2023). Il a également consacré plusieurs ouvrages au palais des Tuileries, parmi lesquels *Les Tuileries. Château des rois, palais des révolutions* (Tallandier, 2016).

Conservateur général du patrimoine et adjoint au directeur du château de Versailles après avoir été conservateur au château de Fontainebleau pendant une vingtaine d'années, **Yves Carlier** travaille depuis de très nombreuses années dans les domaines des arts décoratifs et du décor intérieur en France du XVIe siècle à la période Empire, et plus particulièrement sur l'orfèvrerie parisienne du XVIIIe siècle.

Mathieu Da Vinha est docteur en histoire moderne après la soutenance d'une thèse publiée sous le titre *Les Valets de chambre de Louis XIV* (2004). Ingénieur de recherche, il est directeur scientifique du Centre de recherche du château de Versailles depuis 2010. Auteur de plusieurs études et articles, il travaille plus spécifiquement sur les usages de la cour de France et sur le fonctionnement quotidien du château de Versailles sous l'Ancien Régime.

Hélène Delalex est conservatrice du patrimoine au musée national des châteaux de Versailles et de Trianon. Commissaire de grandes expositions, en France comme à l'étranger, dont *Louis XV. Passions d'un roi* (2022-2023), elle a également écrit de nombreux ouvrages sur Versailles et l'Ancien Régime, dont *Le Carrousel du Roi-Soleil* (2016), *Un jour avec Marie-Antoinette* (2015) et, récemment, *Marie-Antoinette. La légèreté et la constance* dans la « Bibliothèque des Illustres », une collection coéditée par Perrin et la BnF.

Historien et journaliste, **Philippe Delorme**, né en 1960, a écrit plus d'une quarantaine d'ouvrages sur les dynasties souveraines et sur les destins d'exception, traduits en plusieurs langues. Il est à l'origine des analyses génétiques sur le cœur de Louis XVII. Grand reporter pendant plus de vingt-cinq ans à *Point de vue*, il a dirigé les périodiques *Généalogie Magazine*, *Point de vue Histoire* et *Dynastie*. Il est aujourd'hui chroniqueur pour *Valeurs actuelles* et collabore à différents titres. Il est régulièrement invité de l'émission *Secrets d'histoire* de Stéphane Bern.

Jean Paul Desprat, docteur d'État en histoire du droit, cadre dans le groupe Saint-Gobain, a publié une trentaine d'ouvrages, romans, essais, biographies historiques sur le XVIIe et le XVIIIe siècle. Il a en particulier écrit sur Henri IV (Tallandier), Mme de Maintenon, Mirabeau, le cardinal de Bernis (Perrin), le prince Eugène de Savoie (Le Seuil).

Jean-Claude Le Guillou, diplômé des Écoles des beaux-arts et des arts décoratifs, est l'auteur de plusieurs ouvrages illustrés sur l'histoire architecturale des châteaux de

Versailles, du Louvre, de Blois, de Chambord (Hachette) et d'Azay-le-Rideau (CNRS Éditions), ainsi que de nombreuses études de référence qui ont profondément renouvelé l'histoire du château de Versailles (*Versailles avant Versailles*, Perrin, 2011, et publications scientifiques dans la *Gazette des beaux-arts* et la revue *Versalia*).

Diplômé de l'École du Louvre, archiviste paléographe, docteur ès lettres, ancien pensionnaire de l'Académie de France à Rome, **Alexandre Maral** est depuis 2005 conservateur au musée national des châteaux de Versailles et de Trianon, où il est responsable des collections de sculpture et directeur du Centre de recherche. Il est l'auteur de plusieurs ouvrages autour de Versailles, notamment *Femmes de Versailles* (Perrin, 2016, rééd. 2019), et *Les Derniers Jours de Versailles* (Perrin, 2018, rééd. 2022).

Fabien Oppermann, ancien élève de l'École nationale des chartes et de l'Institut du patrimoine, est haut fonctionnaire et historien, spécialiste du château de Versailles à l'époque contemporaine. Il est l'auteur de plusieurs ouvrages et articles sur le sujet, notamment *Le Versailles des présidents* (Fayard, 2015) et *Dans les châteaux de la République. Le pouvoir à l'abri des regards* (Tallandier, 2019).

Camille Pascal, agrégé d'histoire et conseiller d'État, a été le collaborateur de Nicolas Sarkozy à l'Élysée et de Jean Castex à Matignon. Auteur de l'essai *Le Goût du Roi. Louis XV et le secret du Parc aux Cerfs*, il a aussi écrit plusieurs romans historiques salués par le public et la critique. *L'Été des quatre rois* a obtenu le grand prix de l'Académie française en 2018 et *La Chambre des dupes* évoque les amours de Louis XV et de la duchesse de Châteauroux. *L'air était tout en feu*, publié en 2022, raconte, avec la conjuration de Cellamare, un épisode méconnu de la Régence. Il vit à Versailles depuis de nombreuses années.

Historien, docteur d'État en science politique, **Jean-Christian Petitfils** est l'auteur de plus d'une trentaine de livres, essais et biographies, dont celles des rois Bourbons, d'Henri IV à Louis XVI. Il a dirigé chez Perrin *Les Énigmes de l'histoire de France* (2018), *Les Énigmes de l'histoire du monde* (2019), *Marie-Antoinette. Dans les pas de la reine* (2020). Il est membre du conseil d'administration de la Société des amis de Versailles, du comité scientifique du *Figaro Histoire* et de *Versalia* et du comité éditorial de la revue *Le Château de Versailles*.

Gérard Sabatier est agrégé d'histoire et professeur émérite des universités – histoire moderne. Spécialiste de l'histoire culturelle et des représentations, il a notamment publié *Versailles ou la Figure du Roi* (Albin Michel, 1999), *Le Prince et les arts. Stratégies figuratives de la monarchie française de la Renaissance aux Lumières* (Champ Vallon, 2010) et *Versailles ou la Disgrâce d'Apollon* (Rennes PUR/Versailles CRCV, 2016).

Archiviste paléographe, docteur habilité de l'université Paris-Panthéon-Sorbonne, **Thierry Sarmant** est conservateur général aux Archives nationales, où il a la responsabilité des fonds du Conseil du roi, de la grande chancellerie de France et du département de la Marine. Il a publié notamment *Régner et gouverner. Louis XIV et ses ministres* (avec Mathieu Stoll, Perrin, 2010), *Louis XIV homme et roi* (avec Mathieu Stoll, Tallandier, 2012), *Le Grand Colbert* (Tallandier, 2019), *Pierre le Grand. La Russie et le monde* (Perrin, 2020).

Journaliste, essayiste et historien, chroniqueur au *Figaro Magazine* et membre du conseil scientifique du *Figaro Histoire*,

Jean Sévillia a notamment publié, chez Perrin, *Zita, impératrice courage* (1997), *Le Terrorisme intellectuel* (2000), *Historiquement correct* (2003), *Histoire passionnée de la France* (2013), *Une histoire inédite de la France en 100 cartes* (2020), *Cette Autriche qui a dit non à Hitler* (2023), ainsi que, chez Fayard, *Historiquement incorrect* (2011) et *Les Vérités cachées de la guerre d'Algérie* (2018). Avec Jean-Christophe Buisson, il a déjà codirigé le livre-chapitres *Les Derniers Jours des reines* (Perrin, 2015) et *Le Dernier Carré* (Perrin, 2021).

Ancien élève de l'École normale supérieure, **Laurent Theis** a construit une carrière d'historien, d'éditeur et de critique. Spécialiste reconnu du haut Moyen Âge, il a été plusieurs fois lauréat de l'Institut de France. Président honoraire de la Société de l'histoire du protestantisme français, il est également le biographe de François Guizot.

Charles-Éloi Vial, archiviste paléographe, docteur habilité en histoire, est conservateur au département des Manuscrits de la Bibliothèque nationale de France. Il a notamment publié *Les Derniers Feux de la monarchie. La cour au siècle des révolutions, 1789-1870* (Perrin, 2016), *Napoléon. La certitude et l'ambition* (Perrin/BnF, 2020) et, dernièrement, *Sauver l'Empire. 1813 : la fin de l'Europe napoléonienne* (Perrin, 2023).

Pour en savoir plus
sur les Éditions Perrin
vous pouvez consulter notre site Internet

www.editions-perrin.fr

lisez!

et nous suivre sur les réseaux sociaux

Editions Perrin

@EditionsPerrin

@editionsperrin

Pour plus d'information :

#lisez! engagé

www.lisez.com

Imprimé sur du papier issu de forêts gérées durablement.

Achevé d'imprimer par
Normandie Roto Impression s.a.s.
N° d'impression : 2303942

Imprimé en France